思藻齋師友論學書札

柳惠昀書

羅國威 編

國家圖書館出版社

圖書在版編目（CIP）數據

思藻齋師友論學書札 / 羅國威編. -- 北京：國家圖書館出版社, 2018.4
ISBN 978-7-5013-6370-4

Ⅰ. ①思… Ⅱ. ①羅… Ⅲ. ①羅國威—書信集 Ⅳ. ①K825.46

中國版本圖書館CIP數據核字（2018）第051224號

國家圖書館出版社
官方微信

書　　名　思藻齋師友論學書札
著　　者　羅國威 編
責任編輯　南江濤
封面設計　程言工作室

出　　版　國家圖書館出版社（100034 北京市西城區文津街7號）
（原書目文獻出版社　北京圖書館出版社）
發　　行　（010）66114536 66126153 66151313 66175620
66121706（傳真） 66126156（門市部）
E-mail　nlcpress@nlc.cn（郵購）
Website　www.nlcpress.com→投稿中心
經　　銷　新華書店
印　　裝　河北三河弘翰印務有限公司
版　　次　2018年4月第1版　2018年4月第1次印刷

開　　本　889×1194（毫米）　1/16
印　　張　21.5
字　　數　100千字

書　　號　ISBN 978-7-5013-6370-4
定　　價　680.00圓

前　言

上世紀八十年代初，我研究生畢業，進入學界，適逢粉碎“四人幫”，撥亂反正，百廢待興之時，學界生機盎然，我亦很快融入其中。其間，百事縈於心，百物擾於情。諸如擇業、發文章、出版著作等事紛至沓來。劉孝標《答劉之遴借類苑書》云：“蛩蛩之謀，止於善草；周周之計，利在銜翼。”《爾雅·釋地》云，西方有比肩獸，與蛩蛩比，爲蛩蛩覓甘草，即有難，蛩蛩負而走。又據《韓非子·説林》載，有種鳥名周周，首重而屈尾，將欲飲於河，則必顛，其伴銜其羽而飲之。鳥獸尚且相互依托，以求生存，何況人乎？人既然生活在世上，必然地要和人打交道。當時友朋間的聯絡方式，主要靠的是信函。三十多年來，往還的書信積案盈箱。今檢點篋笥，得所存留者逾千通。信的作者，有的是白髮蒼蒼的老人，是師長，學界耆宿，他們對我的扶持和獎掖不遺餘力。有的是同輩，學界新秀，他們的批評和鞭策更是催我奮發向上的動力。通過這批書信，既可看到我治學所走過的艱難曲折道路，也可真實地反映我的心路歷程。正是在師友們的獎掖鞭策下，我纔有了今天的一點點成就。出於感恩之情，今從這批書信中選出三百餘通按原樣影印出版，既可睹作者的文章風采，亦可賞其書法藝術，讀者幸察焉。

蕭統《文選序》有云：“事出於沉思，義歸乎翰藻。”余之插架，盡昭明太子書也，故名余齋曰“思藻”，此乃本書取名《思藻齋師友論學書札》之緣由。

本書成書過程中，書法家柳惠均先生爲本書題寫書名，在四川大學圖書館工作的弟子丁偉爲我做信函的掃描録製，小孫女羅岫雲爲此書編目、打印。於此，深表謝忱。

羅國威

二〇一八年元月於四川大學竹林村

與臺灣大學教授齊益壽合影

2002 年 10 月於揚州文選樓

與日本立命館大學教授芳村弘道合影

2002 年 10 月於揚州瘦西湖

與復旦大學教授王運熙合影

2002年10月於鎮江

與臺灣大學教授張蓓蓓合影

2002年10月於揚州瘦西湖

與復旦大學教授楊明合影

2002 年 10 月於鎮江

與揚州大學教授顧農（左二）等合影

2002 年 10 月於揚州瘦西湖

與臺灣清華大學教授朱曉海合影

2002 年 10 月於鎮江

與日本九州大學教授岡村繁夫婦合影

2005 年 5 月於河南

目 次

83.11.22

国威同志：

得来函，知您到乐山后的情况。一方面为书籍散不便而为您担忧；一方面也为您已住进了一个风景宜人的旅舍，从事旧业，而感到欣慰！这个旅舍，我今夏游乐山时住过，面对浩浩流水与巍巍大佛，简直不想离去。希您暂时利用这个机会，把有关刘孝标的旧稿全部整理一下，作出版准备。今后如何？将来再说。

关于您的那篇短文，我不准备转投《光明日报》的《文学遗产》。因为他们编者，我虽不熟，但却听说，他们跟北师大的陈垣老校长，都有关系。故驳陈的稿件，他们不见得收。

我的打算，准备将此稿转投上海《中华文史论丛》，这是个全国有声望的刊物，而且对考证之作，很感兴趣，接受机会较多。您以为如何？致此即祝

平安！

汤炳正　十一月廿三日

国威同学：

连接来函，因忙碌疲劳，未即作复，甚以为歉！忙碌的原因，是我的《屈赋新探》的清样，已由出版社寄来，嘱早校对，立即寄回。以此，天天陷在校勘工作中，大约春节后，方可校完，整得我很累，但也只得硬着头皮干下去！

如有好的机会，您考博士研究生，我很赞成！我也认识几个招博士研究生的专家，但都不是中国古代文学研究者。如武汉大学的黄焯，招古汉语博士生，山东大学的王仲荦招历史博士生。但都对您无涉。我对此未回信的原因即在此。苏州大学的钱仲联，如各种条件都合适，而且有些把握，当然可以考。如把握不大，就要考虑。

您上次寄来的稿子，我立即介绍给上海《中华文史论丛》，他已寄来收据二纸。现将收据转给您。此后您如果有所询问，可直接按照番号写信去，免得转来转去费时间。

据友人告诉我，将在西昌成立"凉山大学"，综合性的，性质跟"成都大学""渝州大学"相同。未知今年暑期是否招文科？文科教师如缺，您有意去否？

赵晓兰，经过川吉二省拉锯后，现已留在研究所。但是，今天我接到毕庶春由丹东来信"求援"，原因是他的问题沈阳不给解决，仍在"搁浅"的状态中。他的处境比您还要惨。您到乐山，总算有了个"差可人意"的落脚点，总比"挂起"好得多了。您应当这样想！

关于章太炎先生"乐雅台"题记原文，千万设法弄到。拓本固好，抄本也可以。主要求其不错落就行了。希望您能及早寄来，至盼！

专候　　（周啸天到的事，希催促一下）

春节平安，并祝

阖府康乐！

汤炳正　元月廿一日

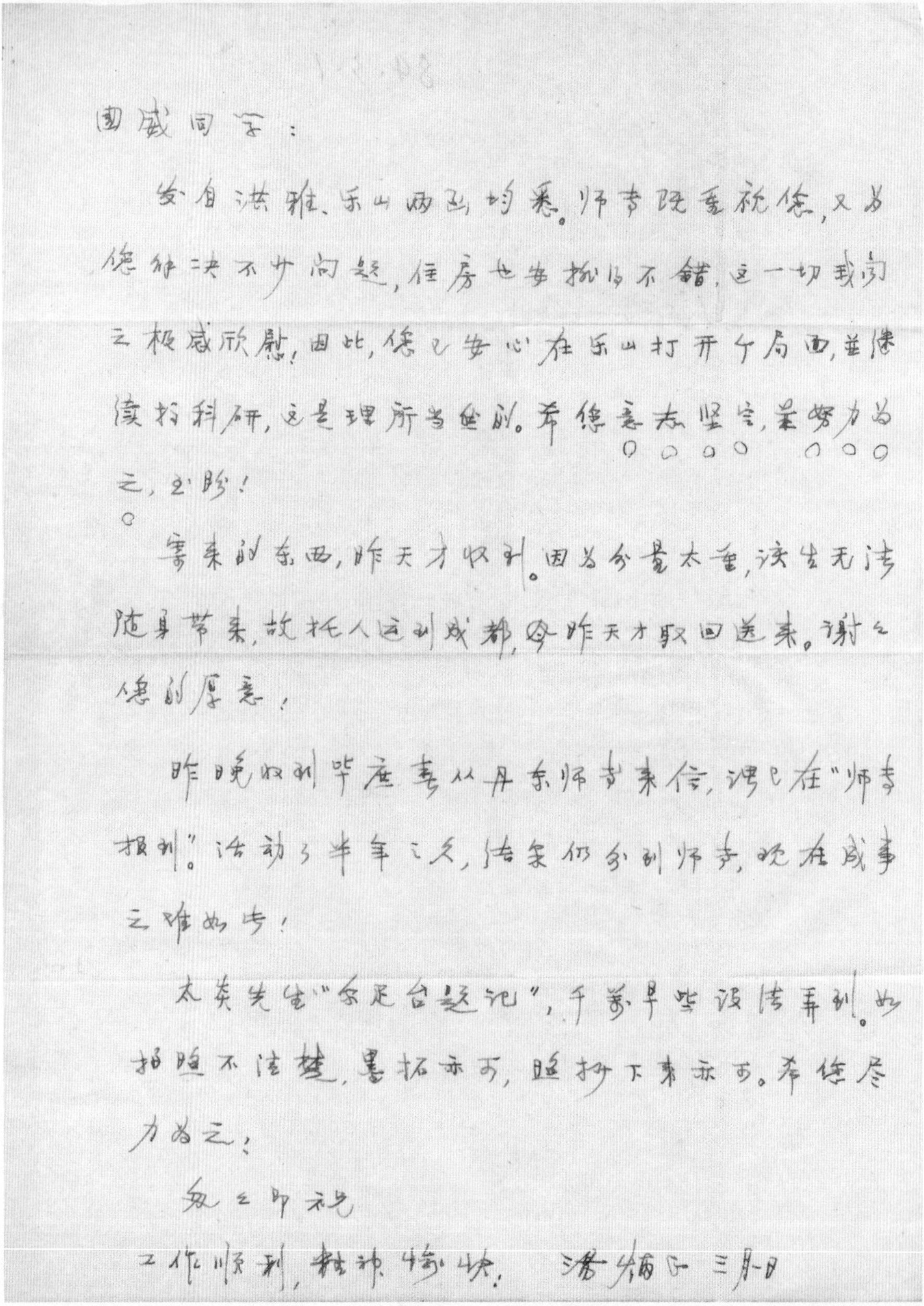

84.3.1

国威同学：

分自法雅、乐山两函均悉。师专既重视您，又为您解决不少问题，住房也安排得不错，这一切我闻之极感欣慰！因此，您已安心在乐山打开个局面，并使读书科研，这是理所当然的。希您意志坚定，并努力为之，至盼！

寄来的东西，昨天才收到。因为分量太重，谈生无法随身带来，故托人运到成都，今昨天才取回送来。谢谢您的厚意！

昨晚收到毕庶春从丹东师专来信，谓已在"师专报刊"活动了半年之久，结果仍分到师专，足见成事之难如此！

太炎先生"尔雅台题记"，千万早些设法弄到。如拍照不清楚，墨拓亦可，照抄下来亦可。希您尽力为之！

匆匆即祝

工作顺利，精神愉快！　汤炳正　三月一日

編者案：此函（1984 年 3 月 1 日）及下函（1984 年 3 月 8 日）中，都提到了章太炎《爾雅臺記》石刻。案此二處湯先生記憶有誤。樂山烏尤寺進山門的神龕後面右邊磚牆上，確嵌有一幅太炎先生手迹石刻，但那不是《爾雅臺記》，是太炎先生手書友人的一篇辭賦，左下有太炎先生手書跋語。托樂山文管所朋友幫忙，拓了兩幅，給湯先生捎去。湯先生在 1984 年 5 月 3 日函中所言"拓了章先生手迹石刻"，即指此。

國威同志：

二月底、三月初两函均悉，以屡事烦扰，未即作复，当能见谅！

您跟何阳同志有约我游乐山之意，甚为感谢！因去夏游峨眉，並顺路游了乐山。因此，今年暂不拟重游。以后年也许有此雅兴，那时再说。《屈赋新探》清样早已校完，二月十一日寄回出版社。他们回信说，端阳节前可能见书。

上海古籍出版社索阅《刘孝标集》样稿，意图是想为您出书。我的意见，除了两篇答辩稿寄去外，前言部分，也寄去。而且希望他们提出加工的意见。希您下个大决心，作个全盘整理。因此，您欲将前言部分转给《文史》，我看没有必要了。而且，不知什么原因，您这封挂号信，至今我还未收到。（旧来信，已收到此件，勿念。）

章师的"乐迟台题记"，希能早日设法弄到，至盼！

匆匆即祝

平安！　　　湯炳正　　三月八日

国威同志：

五月一日来函已悉。近来为了筹备一次"屈原问题学术讨论会"，忙得精疲力尽。系中型会，而面向全国。中心议题是评议"屈原并无其人"的怪论，当前是日本人叫得最欢。

劳您跟向阳找人拓了李先生手迹刻石，谢谢！拓工极佳，不愧为艺术品。

您在课程松动时，应及时把《刘孝标集校注》赶快写成全稿。您寄去的样稿，未知他们提出要求没有？如果有，可作修改时的参考。您有好强争胜之心，这是年青人成功的动力，勉之！

我转寄给上古编辑李子颖的《关于刘孝标生年质疑》，近已退回，未提意见。这类刊物，来稿如山积，要得到发表机会，确实不易。您不要为此灰心！不少过去的名作家，退稿往往达到百次，而不是几次，勿馁！

《书刘峻传后》早已转给北京《文史》（今天接到了收据，以后您可直接联系），结果如何，只有听之，不必挂在心上！[illegible]茶[illegible]未收到，先在此致谢意！匆匆即祝

平安！

汤炳正　5月3日

84.6.22

国威同学：

前一向这里主办"屈原学术讨论会"，几乎把我忙坏，您的来信，迄今未复，只是为歉，希谅！

今天接到来信，知书稿已修好，就要寄出，甚慰！

关于报考博士生，既然您们领导支持，当然可以报名。我所考虑的，第一考不上，乐山师专的工作是否有影响，如无，我也赞成您去试试看。

姜先生处，我完全可以写信推荐（包括私人信），因为他跟我的关系很好。只是信的内容，尤其是"推荐书"的内容，希您写给我一个提纲，致使我措文好一些，也免有所遗漏。至于私人信，我则无话不谈，希他垂青，勿念！专祝

（决定后，早示知，此信要走在前头）

平安！ 汤炳正 六月廿二日

20×20=400 81—08（温县印） 第 页

国威同志：

得两函及论文复印本，一切均悉。

来函之前，我早已用私人名义向姜亮夫先生介绍了您的情况。主要是对您的业务水平及品德表现作了肯定的、如实的反映。论文亦早挂号寄去。但至今他并没有回信。姜已八十三岁，精力极差，如有回信，我即告您。

杭大如寄来报名表册等，希您将"推荐书"早些转给我，以便填写。

此间，院"学位评定委员会"开会通过研究生学位时，我在场。您何以列第五，未提及。不知其故。

啸天同志为我刻的章，已托人带来，刻得很好；我写了一张行草单条，作为酬谢。祝

平安！ 汤炳正 七月廿九日

國威同学：

寄来"推荐书"及函件，皆早已收到。因我希望在姜亮夫君回信后，根据具体情况，再行填写并回信。不料，直等到最近，才接到"杭大古籍研究所"来信一封，知姜已避暑外出，我的信已交研究所作参考。看来，可能姜不便于事前许愿，也不便于和人交换意见，故才如此处理。

"推荐书"我早填好，并请王仲镛老师填写，这几天可能您可接到。总之，不管怎样，按原计划进行报考。路是人走出来的。希您努力准备，争分抢秒！即祝

平安！　　汤炳正　　八月廿七日

（外附杭大复件）

85.1.18

国威同学：

前后接两次来函，都在我生病当中。今天气候转暖，病体大有好转，能下床稍坐，故特执笔作短札，以免挂念！

川大既有门路，当然不能放过，应积极进行。我想，暂时不能解决家属问题，是可以的。这些问题，不久总要解决的。而现在急于提出，反而会影响您的前途。您以为何如？

苏州铁道师范学院，我虽有个熟人，但那里学校初建，条件不一定比乐山好。到那时再调动，增加麻烦。故与其急动，不如暂静。成都机会，是最理想的。祝您顺利成功！

本稿希能早改，早写出，不要为调动工作而推迟。匆专即问

近好！　　潘维正　元月十八日

第　　页

89.4.26

四川师范大学公用笺

國威同志：

现有一事相托，我有"宁夏大学"的朋友之儿媳王曉汾（尚未结婚），她已报考了川大的"定向（外语系）代培全国大专院校在职工"的研究生。已得通知，分数如下：基础英语62分，英汉互译64分，英美文学57.5分，法语60分，政治46分。看来分数平常，所以她们心里很不安。宁夏系少数民族地区，师资文化亟待提高，是否有优惠政策？是否可以根据具体情况，予以录取？此事，请您代为设法，帮忙办理。我等候您的消息，望能来个简单的信，说明情况，至盼！

匆匆即祝

撰祺！

湯炳正

四月廿六日

Ch001.3.872

89.12.17(一)

四川师范大学公用笺

國威同志：

这些日为我过生问题，劳您操心和奔走，我很感激，也很不安！

您走后，经我摸底与考虑，下列三件事，准备这样安排，供您参考：

（一）关于出纪念文集，[redacted]关键问题，在于经济。据摸底，所里无钱，学校也无钱；至于省教委是否肯拨钱，在当前中央"紧缩经济"的政策下，最多有百分之几的可能性。因此，您如果有暇，可先到教委摸摸底，如拨款无望，此事只有作罢。（如无暇，不去亦可）

（二）关于我的《渊研楼语言文字论集》的出版问题，希望最大，意义也最大。我当前是把重点放在这个问题上。即使要补贴几个钱，我的科研经费也够够。此事，请您多多拜托彭老师，请他大力帮忙。

（三）研究所为我祝寿的规模，已经是史无前例。身居"低人一等"的师范院校，只有这样大

四川师范大学公用笺

的气魄，有何办法。所里筹备规定，"不请外客"，因此，对彭静中与曾枣庄二同志，希望说明情况，婉言谢绝。因为此例一开，人数难于控制；如厚此薄彼，又易得罪人。请您把话讲委婉些，想他们二位是会谅解苦衷的。

您在川师处了三年，川师的领导作风，办事魄力，以及人际间的复杂关系，您是应当体会透了。因此，我作如上的三项决定，是经过深思熟虑的结果。您对我的内心活动，应当是理解的，恕不觍缕。

匆匆即颂

撰祺，并请届时光临庆祝会！

汤炳正

十二月十七日

（本拟派李诚同志专程拜访，说明情况。后因李诚到外去县指函授，只得函达。）

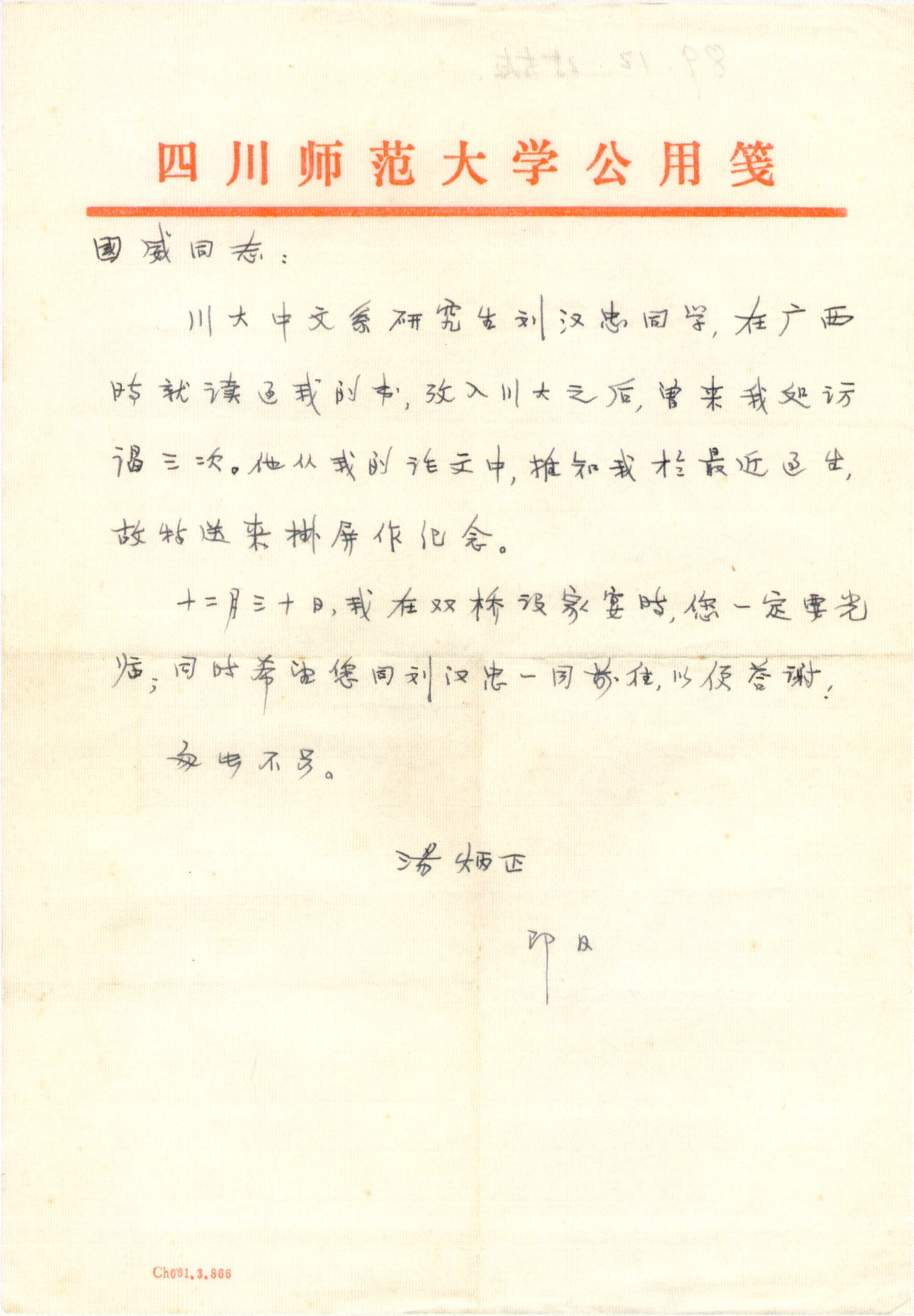

89.12.

四川师范大学公用笺

国威同志：

川大中文系研究生刘汉忠同学，在广西时就读过我的书，考入川大之后，曾来我处访问三次。他从我的论文中，推知我于最近过生，故特送来挂屏作纪念。

十二月三十日，我在双桥设家宴时，您一定要光临；同时希望您同刘汉忠一同前往，以便答谢！

匆此不多。

汤炳正

即日

Ch081.3.866

四川师范大学公用笺

国威同志：新年好！

大年初一，因故提前进城，住娃儿潘世源屋。初五日回校后，得知您曾来访。未能接待，甚为歉疚；未能晤谈，尤其遗憾！

拙笺前徵刘文洁同志意见，似怕赔钱。现特写《说明》一纸，请代转彭静中同志裁夺；他是行家，将来审稿，无疑更是有水平的责任编辑。当前出版界的困境，我很清楚。因而，此书只要能早日出版（纪念生日），具体办法，可以商洽。望静中同志能为祖国文化之发展着想，突破困难，襄此盛举。

匆此即颂

春祺！并祝

静中同志新年好！

汤炳正

二月六日

四川师范大学公用笺

國威同志：

今天世源回家，知欲將拙集目录，以便进行出版商洽。现將复印本之"自序"及"目录"寄去，希查收。此集收录极严，寧缺勿濫。

彭、趙二君处，不知何者希望更大？寄去之件，乃从复印副本取下，望能妥为保留，幸勿遗失！

我在趙君面前，没有直接有求於他，怕他为难。不知他对您是否表过态？

匆匆即颂

撰祺！

湯炳正

三月七日

Ch001,3,886

四川师范大学公用笺

國威同志：

我正月初三进城到世源处住了八天，昨天才回来。想您们的春节一定也过得很好！

现有四件事要告诉您：

(一) 您在台湾出书的稿酬，早已寄来，数目是美金伍拾元。我的稿酬，是伍佰柒拾元，也是美金。故汇来的总数是620,00元。但由于香港汇丰银行转汇时，又收了汇费等共壹拾肆元，故只实收来款606,00元。不过，我怕台方在帐目收支上不好处理，仍照620,00元的原数打了收据。这中间亏损14,00元，由我个人担负补了，故仍为您留下50,00元，待您来取。

Ch001.3.372

四川师范大学公用笺

(二)我主编的《楚辞赏析集》，其中《天问》是请北京大学的褚斌杰君撰写。顷接来信，谓已完稿寄出，但误把地址写成"四川大学·古代文献研究所"，请您代查一下，如有此稿，当代转。

(三)台湾将我的《语言之起源》赠了您一本，但地址写错，寄到我这里了，便中来取。

(四)您要我写钟鼎文条幅，年前已写好。虽不济事，但纪念意义不小。

您补正集的出版问题，是怎样解决的？时在念中。余不一一。

匆匆即祝

春禧！

汤炳正

二月廿四日

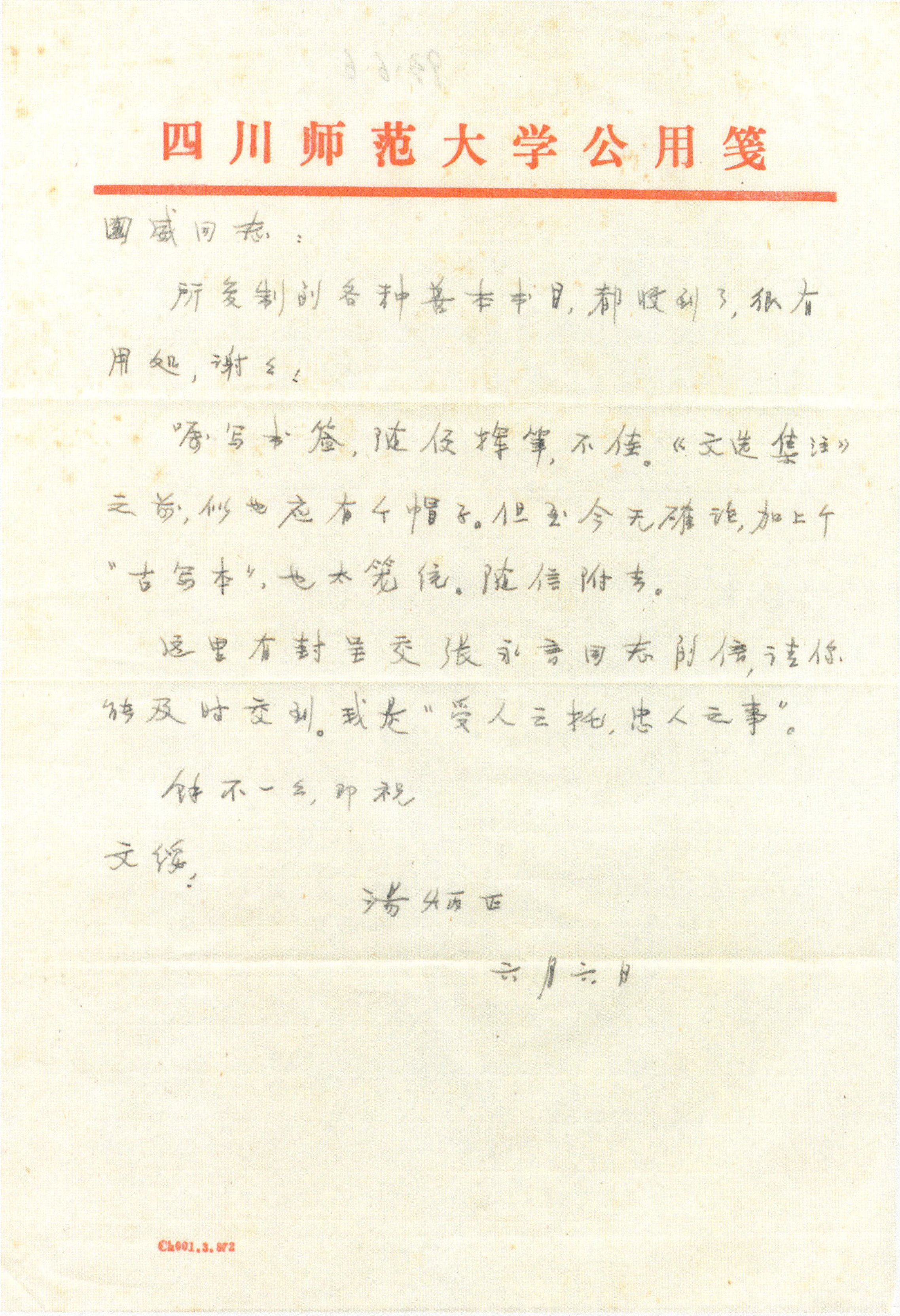
97.6.6

四川师范大学公用笺

國威同志：

所复制的各种善本书目，都收到了，很有用处，谢谢！

嘱写书签，随便挥笔，不佳。《文选集注》之前，似也应有个帽子。但至今无确证，加上个"古写本"，也太笼统。随信附去。

这里有封呈交张永言同志的信，请你能及时交到。我是"受人之托，忠人之事"。

余不一一，即祝

文绥！

湯炳正

六月六日

Ch001.3.972

蘇州大學

国威同志：

22日大函收悉。因连日此间政协开大会，未有寸暇奉复，请谅。从来札中知足下喜爱六朝文学，联虽自幼研究并写作骈文，但几年来指研究生的专业，都是古代文艺理论。现在所招博士研究生，专业是清代诗学。（不是文艺理论性质）未知足下研究的方向是否对口径。承询各节，奉告如下：

①84年冬底，要招博士研究生一到二名，专业是清代诗文或清代诗学。②年龄不能超过四十，即实足年龄39岁以内。③外语考一门，自择何种外语。④政治要考。⑤专业题目包括两种，一整个古代文学，一般性的；一清代诗学方面。参考书不外国内有代表性的文学史及文学作品选等。主要看考生理解及研究能力程度的深浅。入学后要学第二外语。

率此，草草奉复，即候

撰祉

钱仲联 三月廿一日

太炎先生之孙子章导同志与我相熟。太炎先生又是我叔父玄同先生之师，章家与我有世谊。因此，请代向令师汤先生为我道候。

地址：江苏省苏州市十梓街1号

国威同志：您好！

郑宏华同志还准备今天动身回四川，携致您惠寄 大札及照片の张，谢谢！可惜照片不但不清楚，而且还折损了。

大札言及 您正在接到老杨先生接待，很好！您随 老师陈容德，在他们的指导下，您会取得优异成绩的。朱晦翁有诗云："旧学商量加邃密，新知培养转深沉。"兹愿持此语以与 您暨同学们共勉也。

趁 宏华同志旋蜀之际，匆匆草此数行，聊当千里一晤。顺颂

学祺

王利器敬启

七月十八日

中国商业出版社　20×15=300　第　页

國威同志：

您好！

大札奉悉，谢谢您的帮助！《世说》等书已由卢仁龙同志寄来，勿念。

寒斋藏书，只要有了用的，都可借用或复製。

《金》已从树梁同志处取来，希望复製时不要拆以折心，以防损坏。此间向想了所借去交与复製社复製，被盗印一部出去，後来经公安查获，还引起通告，影响很坏；大连图书馆借去复製，他们没有徵得我同意，竟然多复製一份来送我，我问他们还复製得没有，他们说就多复製这一份来送你，以表谢忱。我说不能这样的。我当即把送我的那一份转送给大百科全书社了。《盾书考索》既然您處有，我想请您把其中引用《宋会要》處全部给我复製或请人抄录一份，全部费用由我负责。不一，顺颂

研祺 并候所中诸同志近好

刘浩 1月25日

齐鲁书社稿纸（20×15=300） 第 页

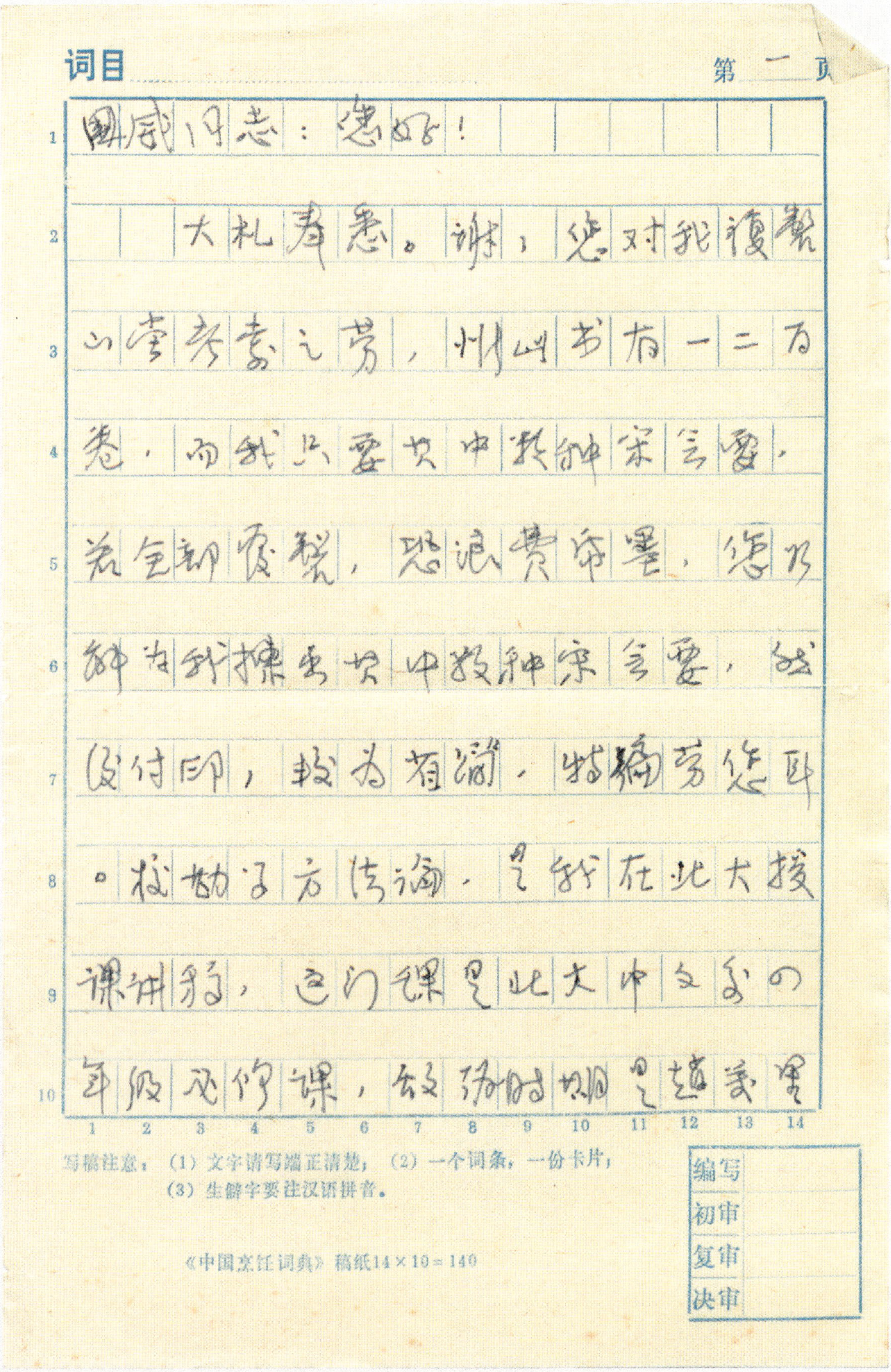

词目　　　　　　　　　　　　　　　　　第　一　页

国威同志：您好！

大札奉悉。谢谢您对我複製山堂考索之劳，此书有一二百卷，而我只要其中数种宋会要，若全部复製，恐浪费纸墨。您如能为我摘录其中数种宋会要，然后付印，较为有用。特稿劳您耳。校勘学方法论，是我在北大授课讲稿，这门课是北大中文系四年级必修课，教务时期是赵万里

写稿注意：（1）文字请写端正清楚；（2）一个词条，一份卡片；
（3）生僻字要注汉语拼音。

《中国烹饪词典》稿纸14×10＝140

编写	
初审	
复审	
决审	

词目　　　　　　　　　　　　　　　　　　第 二 页

讲此课，所用教材为元典章校例，以其不能用以整理先秦古籍，乃由我另编教材讲授，但此教材讲授，颇为当时学术界耆宿如陈援庵、余季豫、马叔平、胡适之、傅孟真等赞许，因之，此课就一直为我主讲，而我所以能在北大站住脚，即由于此也。比年在川师大授此课，以时间关系，只讲了古书旧式校理部分，而方法

写稿注意：（1）文字请写端正清楚；（2）一个词条，一份卡片；
（3）生僻字要注汉语拼音。

《中国烹饪词典》稿纸14×10＝140

编写	
初审	
复审	
决审	

词目　　　　　　　　　　　　　　第 三 页

論部分，幾次都没有講到，其实这部分才是这门课程重点，总想找时间把它讲完。但此部分，川师大有複製本，我手边僅存全份共只一份，以香港中文大学学報要去刊載，此时手中無存，一俟中文大学学報印出时，當即检一份寄您，希即多提意见也。不戬

順頌　研祺　并问

所里諸同志近好。　利器　二月五日

写稿注意：（1）文字请写端正清楚；（2）一个词条，一份卡片；（3）生僻字要注汉语拼音。

《中国烹饪词典》稿纸14×10=140

编写	
初审	
复审	
决审	

词目…………　　　　第　　页

周成同志：

您好！

大札奉悉。您提出编纂小型菜谱方案，适合我心，就请照办，只是查检原文，太偏劳您了。原定要搞辑补，目前已从将近六十种书中摘录得五十余万字，前不久在历史所熊德基同追悼会上，此次史学家三四百人都来了，我宣布这一消息，他们都大吃一惊。

剑涵　二月十五日

写稿注意：（1）文字请写端正清楚；（2）一个词条，一份卡片；
（3）生僻字要注汉语拼音。

编写	
初审	
复审	
通审	

《中国烹饪词典》稿纸14×10＝140

我将以此书序言，作为徐中舒先生纪念论文集论文之用。

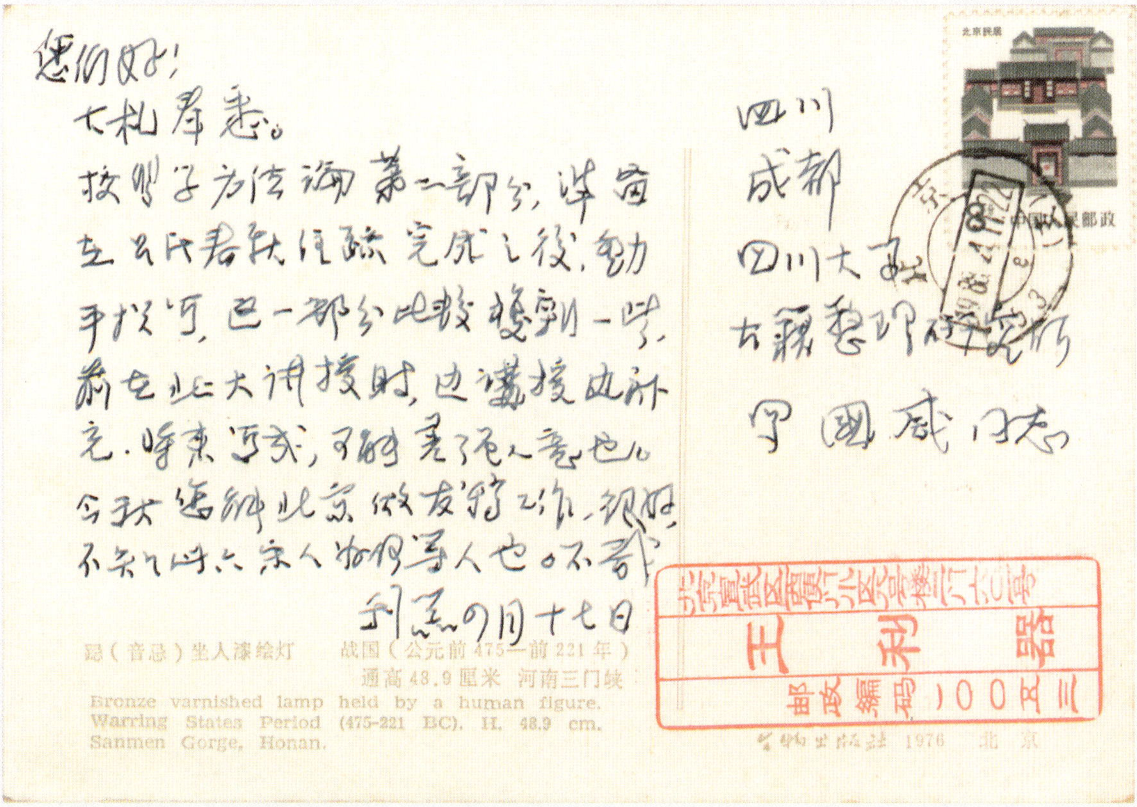

您们好！

大札奉悉。

按照子方法论第二部分，将由

在吕氏春秋注疏完成之后，动

手撰写，已一部分比较模糊一些，

需在北大讲授时，边讲授边补

充。俟定稿后，可斟酌学人意见也。

今秋应邀北京做友好工作，现时

不知何时去宋人物何等人也。不尽

利器四月十七日

四川

成都

四川大学

古籍整理研究所

罗国威同志

国威同志：您好！

存在您处的《金》书，希望能尽快送还寒斋，因此书已获有关方面同意，将全书交投出版，内部发行，即组织班子进行也。

致李茂书，烦为转交。

匆匆不一，顺颂

研祺

王利器 88.10.12

山东教育出版社 （20×15=300） 14—0328 1985.10 第 页

川北教育学院用笺

国威同志：

您好！

郭蔚同志送来大著及《笺》已收到，谢谢！

大著所说，已度越时贤，可喜也！浏诵一过，亦有不解已求言者：

一、封面题（南朝宋）刘峻著，这样错误，竟出现在封面上，不知何故。

二、孝标集久失传，后人搜集其诗文，如严可均、丁福保、逯钦立之书，都应当提及。愚平生治学，以"不掩人长，不护己短"八字为座右铭，却社，得收前修未密，后出转精之效果，希望今后注意及此！即如大著似未编录严辑全梁文，竟未收《与诸弟书》一文，此严氏据《文选·广绝交论》注辑得者，而文选注您固已引用之矣，不知何以失收此文也！

三、除于严辑全梁文补谢华启所引二句之外，再就杜甫《七月三日……戏呈元二十一曹长》诗九家集注师曰引刘孝标赋注："弯弧满月之势"一句。

郭蔚同志来京斋，谈起欲试便代查清人汪森《粤西丛载》卷十一"蔓洪"一条，特代催之。

匆匆不一，顺颂

研祺

王利器 十月二十三日

Ch092—01—884　　第　　页

第　页

国威同志：您好！

来信收到。大函有两个突出的错误：一是前人有成果或用别人成果而不提及，二是封面上的不合刊王段章，这些海外学者最注意的！

吉某攻读学位，很好！国外、国内招收博士生都十分注意本人的导师和推荐人，前次，我们的同学申报北大博士研究生，学校要他填写推荐人，他填了我和一位不三不四的、被赶出北京城的大已代，他填报了才向我说，我说糟了，赶快去把填表追回来，不然，要出问题。他没有照我说的去办，果然，没有被采纳，虽在他报考招博士生的老师是我的熟人，只要撤去这个害群之马，有可能录取的。川大日文系那女士四十多岁了，拿着我一张名片，就被东京大学录取了。请您把其他两位介绍人告诉我再说。

15×20＝300　　CH002·606·846

刘□　十一月三十日

另：手续表试点这些便益：导师武靖平，推荐人：季羡林、熊德基，家长我。

不知川师大邮政编号，故仲镛老师函，请转交，谢谢！

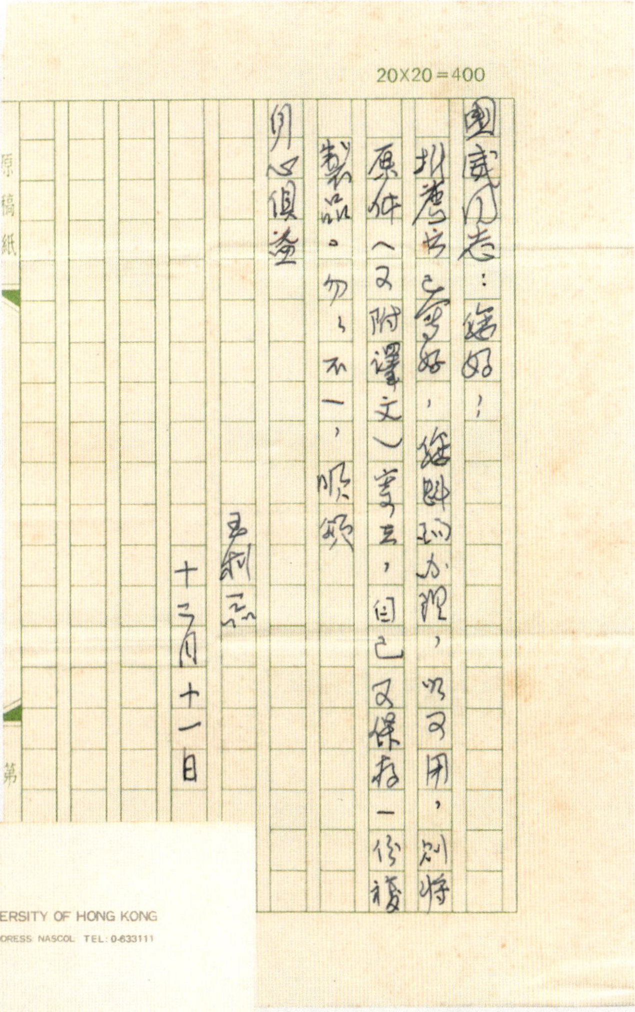

20X20=400

原稿紙

國威同志：您好！

推薦書已寫好，您斟酌辦理，如可用，則將原件（又附譯文）寄去，自己又保存一份複製品。匆匆不一，順頌

身心俱益

王利器

十二月十一日

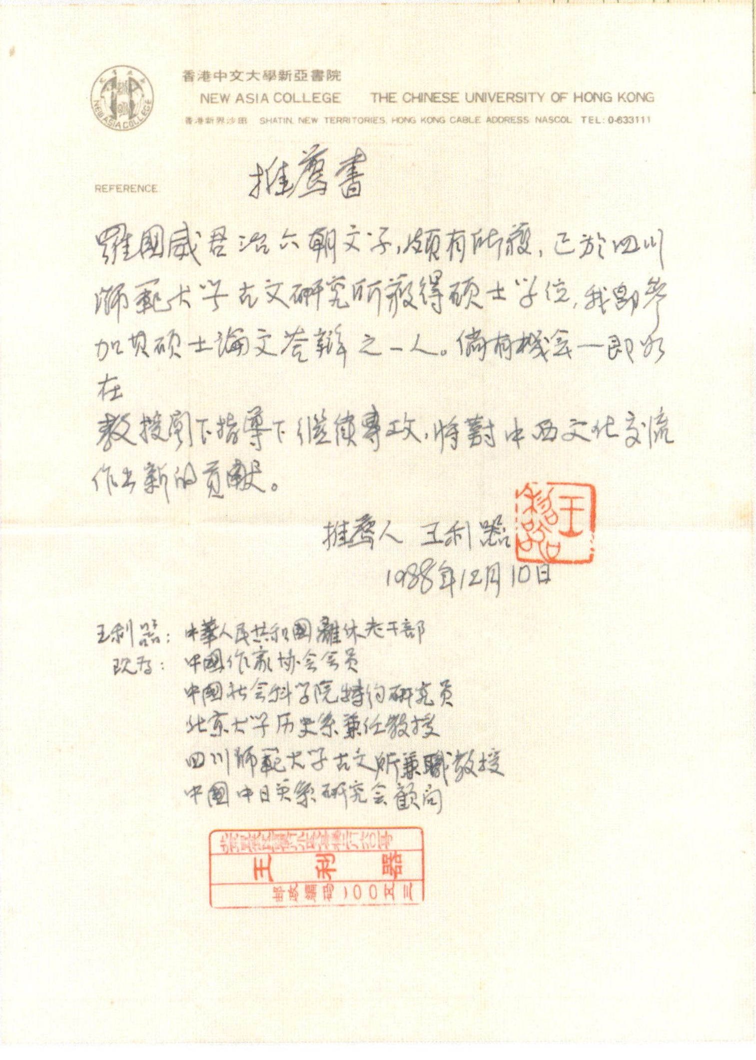

香港中文大學新亞書院

NEW ASIA COLLEGE THE CHINESE UNIVERSITY OF HONG KONG

香港新界沙田 SHATIN, NEW TERRITORIES, HONG KONG CABLE ADDRESS: NASCOL TEL: 0-633111

REFERENCE

推薦書

羅國威君治六朝文學，頗有所獲，已於四川師範大学古文研究所獲得硕士学位，我即参加其硕士論文答辯之一人。倘有機会一即（？）在

教授閣下指導下繼續專攻，將對中西文化交流作出新的貢獻。

推薦人 王利器

1988年12月10日

王利器：中華人民共和國離休老干部

現為：中國作家协会会员

中國社会科学院特约研究员

北京大学历史系兼任教授

四川師範大学古文所兼職教授

中國中日关系研究会顧問

王利器

第　页

國威同志：您好！！首先谢谢您的支持，及时把群书考索寄来了！！购书费及邮寄费共二十元另一角，已交邮汇出。另寄拙稿三种，聊表谢忱。希你多提意见！！文镜秘府论校注，日本已将序文译出刊载，据说还要译全文，而高野山大学已将此书列为教本矣。耐雪老人集，去年日本朝日新闻有书评，评价很高，我曾将朝日新闻文章请川师大古文所赵晓兰同志译出，惜译文已被朋友拿走，晓兰处或有底稿，可索阅也。水浒全传注序，为近年我的力作之一，兹以其中说经部分，改写为文试论以小说解经云，在香港中文大学讲座宣讲，颇引震动，都说讲说小说不可以登大雅之堂？有的朋友还开玩笑地说：王教授的個字值两張飛機票。此说讓手与左边也。

利器　三月六日

巴蜀书社

家中电话：三○一一八三一转三一九

宋会要人名索引已奉还，又及。

25×10=250

ch001.36.84.9

装订线

國威同志：您好！

多日不见，想已回川。嘱阅《江津县志》（民国十三年刊本）卷一《名胜》（页五十九下）郑国因洞载有宣和五年春议郎刘幹记文，不知此三文已搜求得否？？谨告。

又宋迷全用本心册之了记（页廿六下）

又王敦夫大小儒先姓记（页四十七上）

秦兵同志来函，言《全宋文》要辑稿补事，我已去函台告秦兵、文棋两同志，想不致有所为难也。明年《全宋文》会决定否？？明已决定，请早日告知，以便挑选一批象样的文章。秦兵来京跟面时，曾允诺以《全宋文》已出版者馈遗，亦祈转为日见寄，可稍作出一些意见，备求全之毁，幸甚！祝

同心俱益

并候

所里全体同志近好

王利器 谨启 十二月四日

此信有人来邀请去台北访问，我以须研究院或大学的学术界邀请才去为条件。

國威同志：您好！周建渝同志使我介紹與普林斯頓大學浦安迪教授，可能來此，已於昨日飛往紐約矣。您的留學事前途如何，甚念。此間出版龔向農先生唐書校記，希為貴平購寄一本，因為他是專攻唐史的。貴平主編一种刊志，前已將拙稿檢寄與您們一份，希望得到您們的支持。借去東京夢華錄索引，我隨時要繙的，希望早日归還，切勿更改，以免遺失。

祝好

王利器　八月十二日

首屆國際金瓶梅學術討論會
中國　徐州　一九八九年六月

国威：你好！

你的来信早已收到，但今天下午汤先生才将你的推荐表交来，我只好现在才给你回这封信，并立即将推荐书填好一并给你寄去，以免误了你的大事。

我近月来一直头痛，卧床不起，一切事情都搁起没有做。今天填写推荐书和这封信，亦是叫大厚代笔的。其它的事情就暂不谈了。

最后，祝你考试顺利。

即祝

近好！

仲镛　八四年八月二十七晚。

20×20=400　73—660市37—221金印12。　第　页

四川师范学院科研稿笺

国盛同志：

升庵艺术研究会议原拟在乐山进行，国盛往来路远，江上风寒，改到新都桂湖。一去旬日，昨始返蓉。询问出版社的情况，略为问了一下，社中正在改革，新的领导班子，上月下旬方始宣布。巴蜀书社本身无人事机构，所以借着人手不够，目前还谈不到增加编辑人员的问题。连原来已经通过招聘考试定下来的那个人，也都还未办理调进的事。这段时期，希望您能抓紧把词考标的校注工作搞完，早日出版本书。尔后如有适当机会，当为随时留意。

我的颈椎病，头痛已逐渐解除，左边肩臂和胸背痠麻之感，还相当厉害。正加紧服药，配以理疗。素书写字，极感不便。匆匆草此，余不一一。即颂

撰祉

仲璜 手复 十月八日

15×20=300　　第　页

成都杜甫研究学会

國威同志：

两书俱已收到。上月下旬因赴重庆参加西师研究生答辩，归来又患病累日，致稽裁复。亦以所询相经序中数事，大律亦应寻查还书，尚无结果，故迟迟也。

今日稍愈，乃自往图书馆略为检寻，粗有所获，特亟奉告，以备参考。

"口为天阃"（黄庭内景经注："口为天阃精神机"）

艺文类聚引相书轶要："口大容拳……贵且寿。"

"脑后为玉枕，其骨有十一般，皆公侯富贵之相也。"——人伦大统赋注引月波洞说。

"印堂有骨上至天庭，名天柱骨；天庭贯顶名伏犀骨，皆至三公。"——人伦大统赋注引宋齐丘玉管照神。

"华盖骨主清贵，伏犀主大贵"——太清神鉴　又云"眉为华盖"。

艺文类聚引相经序"代犀起盖"作"伏犀起盖"。

承惠赠文集见遗，至感！专此，即请

撰祉不一

仲镛 手上 一月廿二日

地　址：杜甫草堂内　　电话：7687

第　　頁

国威同志惠鉴：前夕过谈，至为喜慰。关于印制稿笺事，今日有出版社同志前来，据告最近他们已经印了七批稿纸，可以随时取用。因此，不必在乐山再印了。将此奉告。谢谢！

入秋来颇患感冒，虽深居不出，殊不能免。老怀阑乘，念君等羁旅千里，良可念也。草草不具，顺以

撰祉　并祝

阖家安乐愉快！

巴蜀書社

25×10＝250

CH001·93·8310

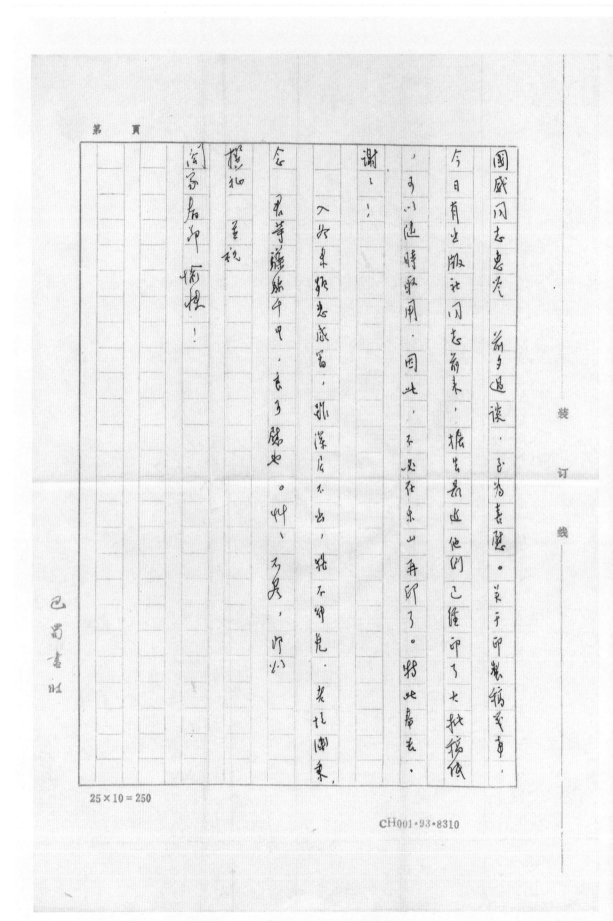

装订线

国威同志：

近去南充师院参加研究生论文答辩，归来得读来书，知川大方面，人事处仍中作梗，只得缓图。但据曾如果坚持，仍有可能办通。巴蜀书社办事也太拖沓，大学问题至今尚未完全办妥。后天我和文才将动身去荣县及犍为、乐山，我有一行，已写信刘仁清同道，见到他时我当为商此事，料到已写也比较好。返乐山时的时间许多，即良晤再一谈。匆匆即颂

近安

仲镛顿 五月五日

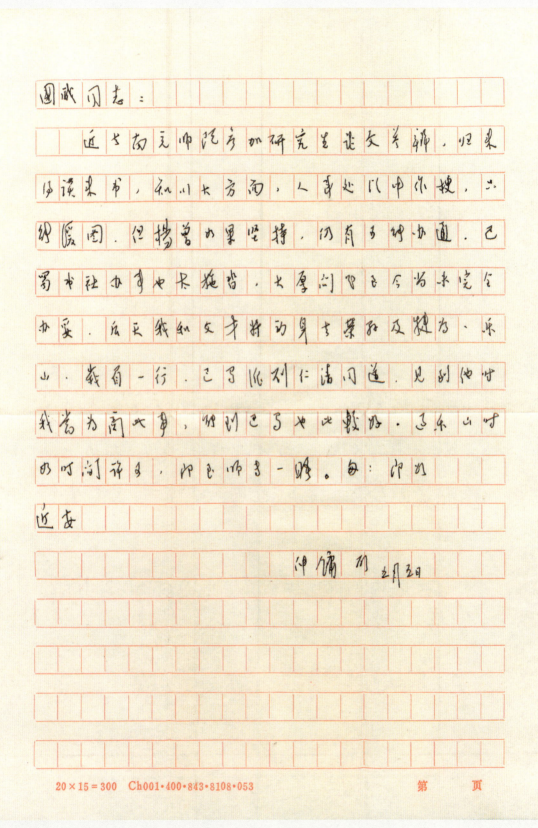

20×15=300 Ch001·400·843·8108·053　　第　　页

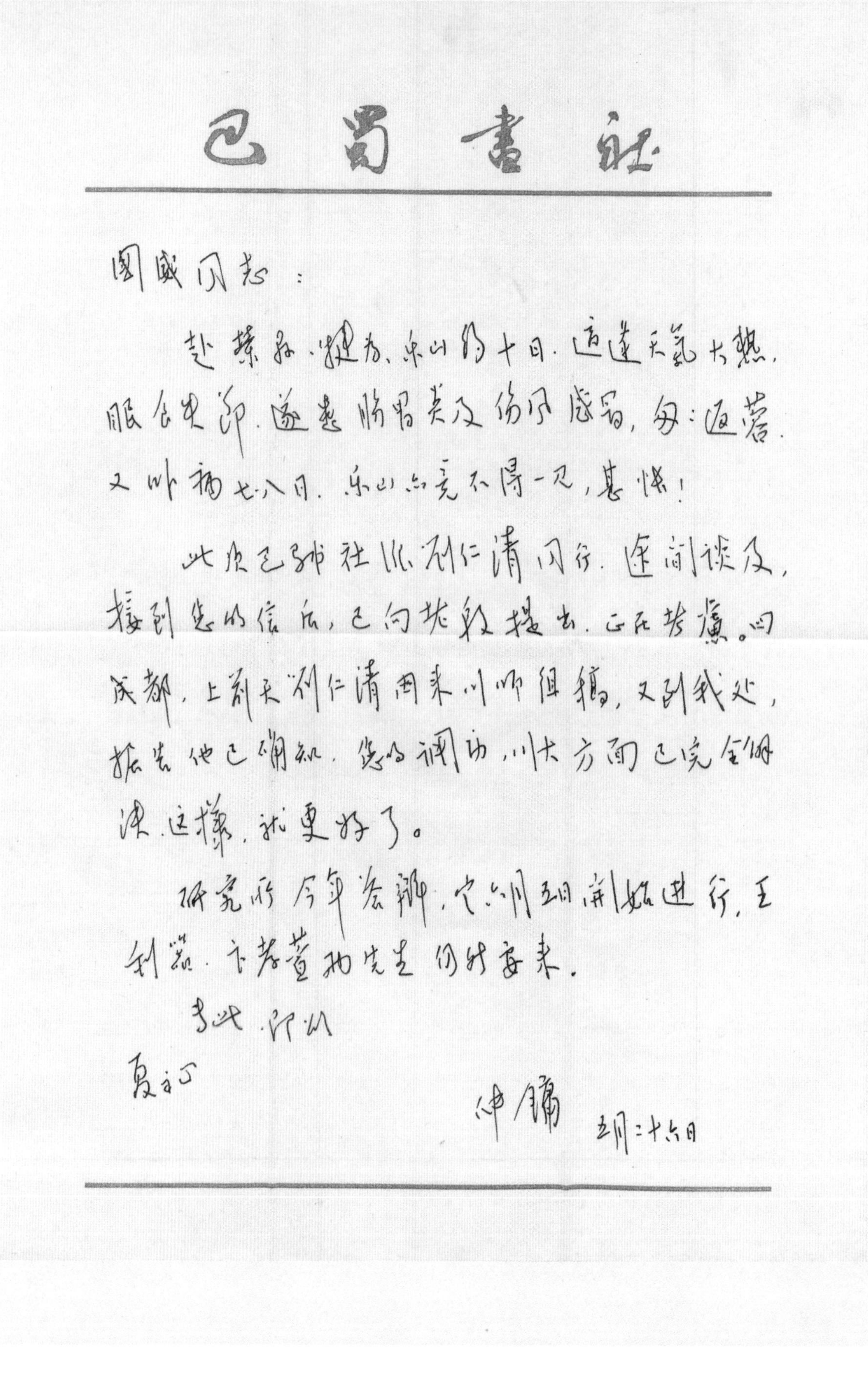

巴蜀書社

圉盛同志：

赴荣县、犍为、乐山约十日，适逢天气大热，服食失节，遂患肠胃炎及伤风感冒，匆匆返蓉，又卧病七八日，乐山亦竟不得一见，甚怅！

此次与敝社小刘仁清同行，途间谈及，接到您的信后，已向老段提出，正在考虑。回成都，上前天刘仁清因来川师组稿，又到我处，据告他已确知，您的调动川大方面已完全同意，这样，就更好了。

研究所今年会议，定六月五日开始进行，王利器、卞孝萱两先生何时要来。

专此 即颂

夏祺

仲镛 五月二十六日

第　页

国威同志：您好！

拙文考析拟请更易二篇，情非得已，大序所来，云当年告有关情况，故定以下二文，恢复古撰写，或编诗词，兹特将遗者择选，尚希以恕！顺候撰祺，不一，即颂

著祉

仲镛上

一月八日

答冬望山人书

楚纪述著志铭

以上精校明说、追子解二篇

25×10=250

ch001.36.84.10

装订线

巴蜀书社

國盛同志：

"方案"附《年譜》：

"（乾隆十四年）又訓門人沈廷芳曰：南宋元明以來，古文义法不讲久矣。吴越间遗老尤放恣，或杂小说，或沿翰林旧体，无一雅洁者。古文中不可入语录中语，魏晋六朝人藻丽俳语，汉赋中板重字法，诗歌中隽语，南北史佻巧语。……"注"见沈传书后"。对此可面告沈廷芳之语，不见他文中。属转时予述引也。

兼候道安！不备，即颂

文祉

仲庸上

十月廿四日

第　页

国钺同志：

前有学者说：清人蒋士铨著《红雪楼九种曲》中，有《桂林霜》一种，所演是否为瞿式耜、张同敞桂林殉难事？向未见此本，你们大图书馆藏有此书，请便中代为查看，如非瞿、张事，其本事大略，並希见示为感。此致

文祉

仲镛手上　六月十二日

25×10=250

装订线

巴蜀书社

ch001.36.84.9

四川师范大学信笺

国威贤弟：

连日酷暑复病，宋代文化讨论会开幕式，未能前来祝贺，甚歉，请代向曾刘二公致意，藏用先生归来，见时亦请代为道候，以未专函，不及见也。

川大图书馆藏方志中有明杜应芳《补续全蜀艺文志》五十六卷，前已拜托设法复印，便中切望留意及之，至感！

令郎高考，必当借胜，伫闻捷音！

专此 即颂

文祺

仲镛 手上

七月二十六日

地址：成都外东沙河铺　电话 442612　ch001.807.912

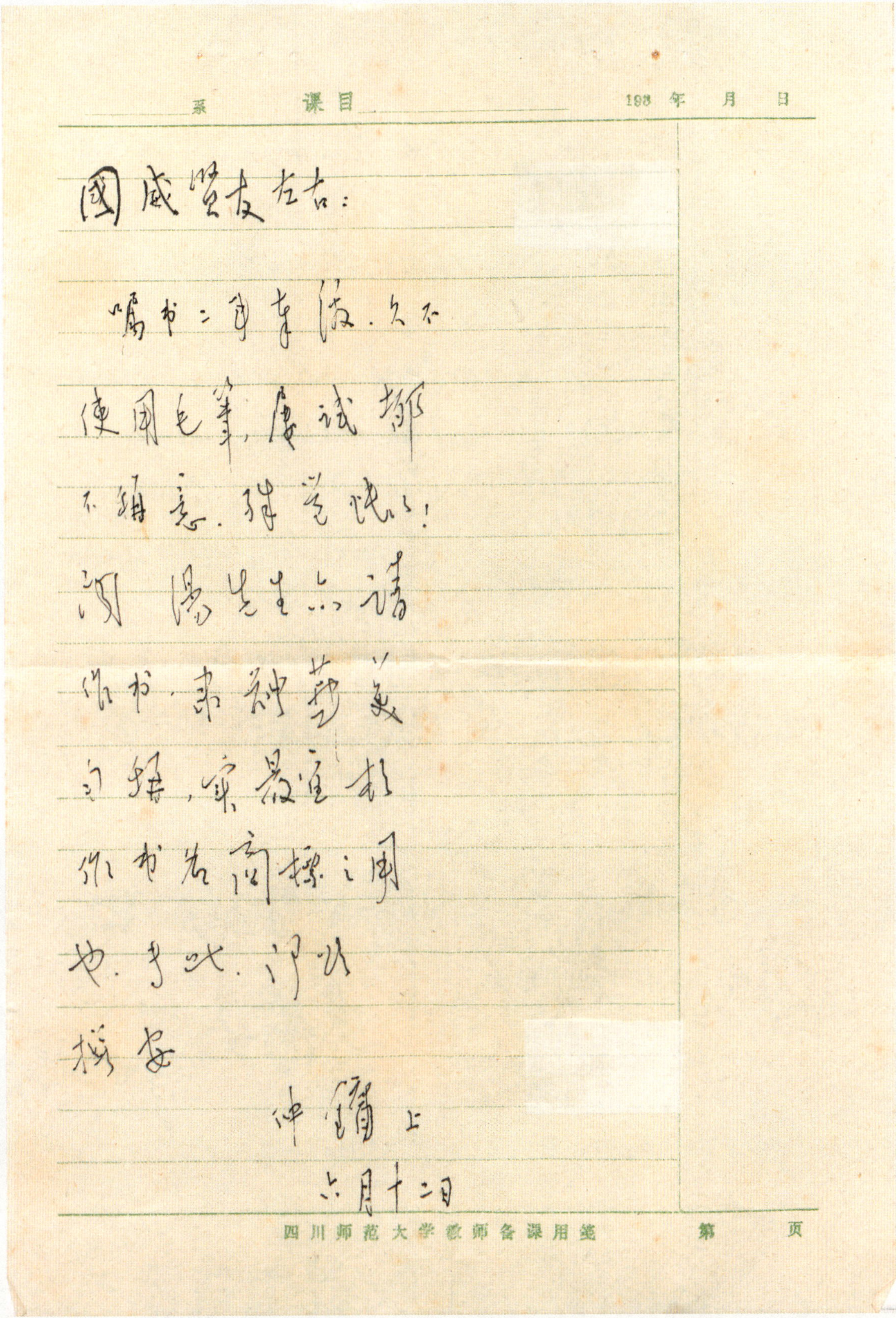

系 课目 198 年 月 日

国威贤友左右：

嘱书之件未復。久不使用毛笔，屡试都不称意，殊觉愧之！洞澂先生亦请作书，求神艺美之録，实最宜於作书者商標之用也。专此，即颂

撰安

仲镛 上

六月十二日

四川师范大学教师备课用笺 第 页

騈文	pianwen	rhythmical prose characterized by parallelism and ornateness
類書	leishu	reference books with material taken from various sources and arranged according to subjects
詩話	shihua	a form of literary notebook containing criticisms of and anecdotes about poems and circumstances of writing them

以上諸詞均可用漢字拼音，并以用之為是，但必須加英文注，使讀者不致茫然，方合體例，大意如此。

又 英文說明可不用標點符號。

國威兄 裁酌。

朱季黄

三月廿二日

20×20=400　第　页

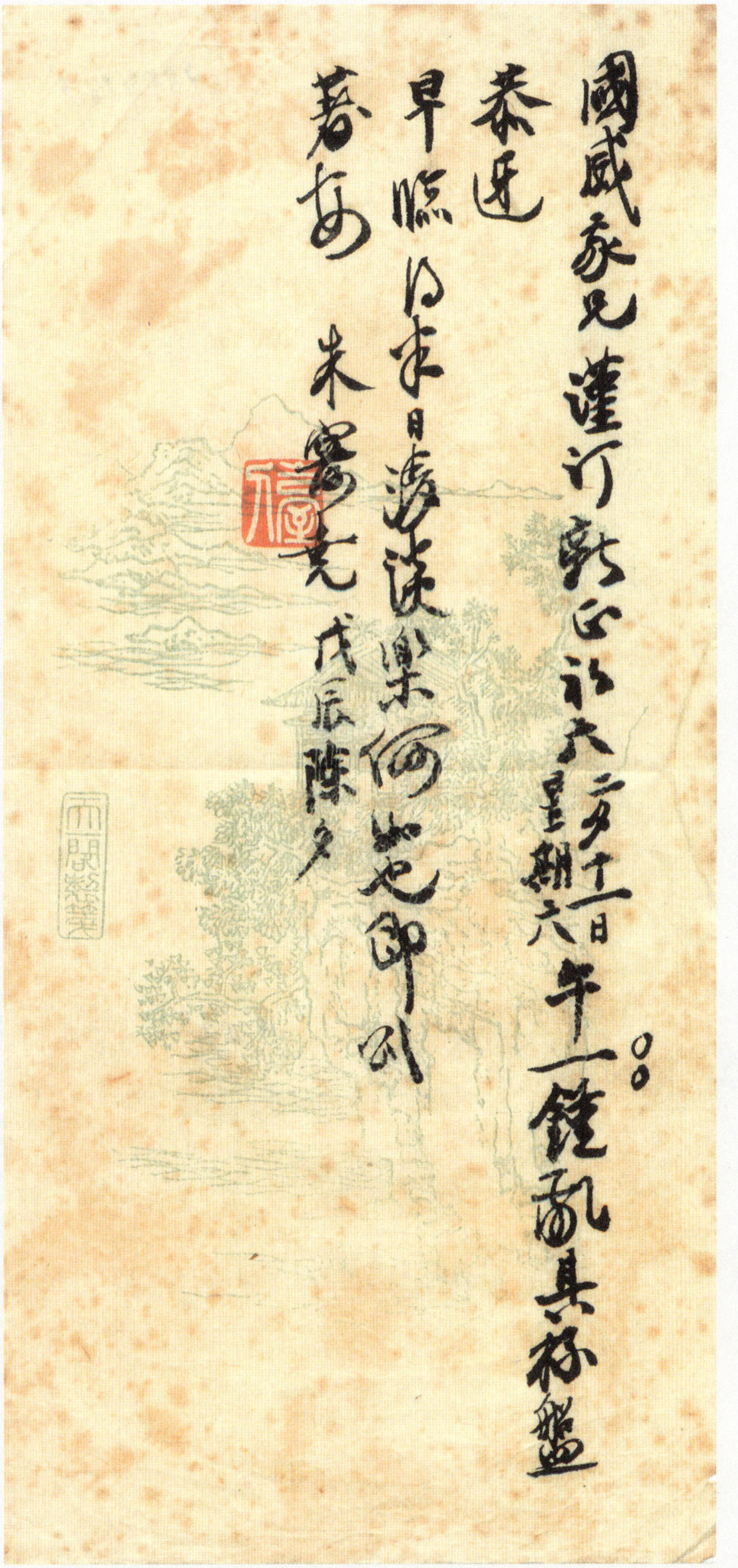

國威家兄 蓮汀 欽正 於六二年十一月十二日星期六午十一鐘亂具杯盤
恭迓
早臨同來暢談樂何如也即叩
春安 朱寄堯 戊辰除夕

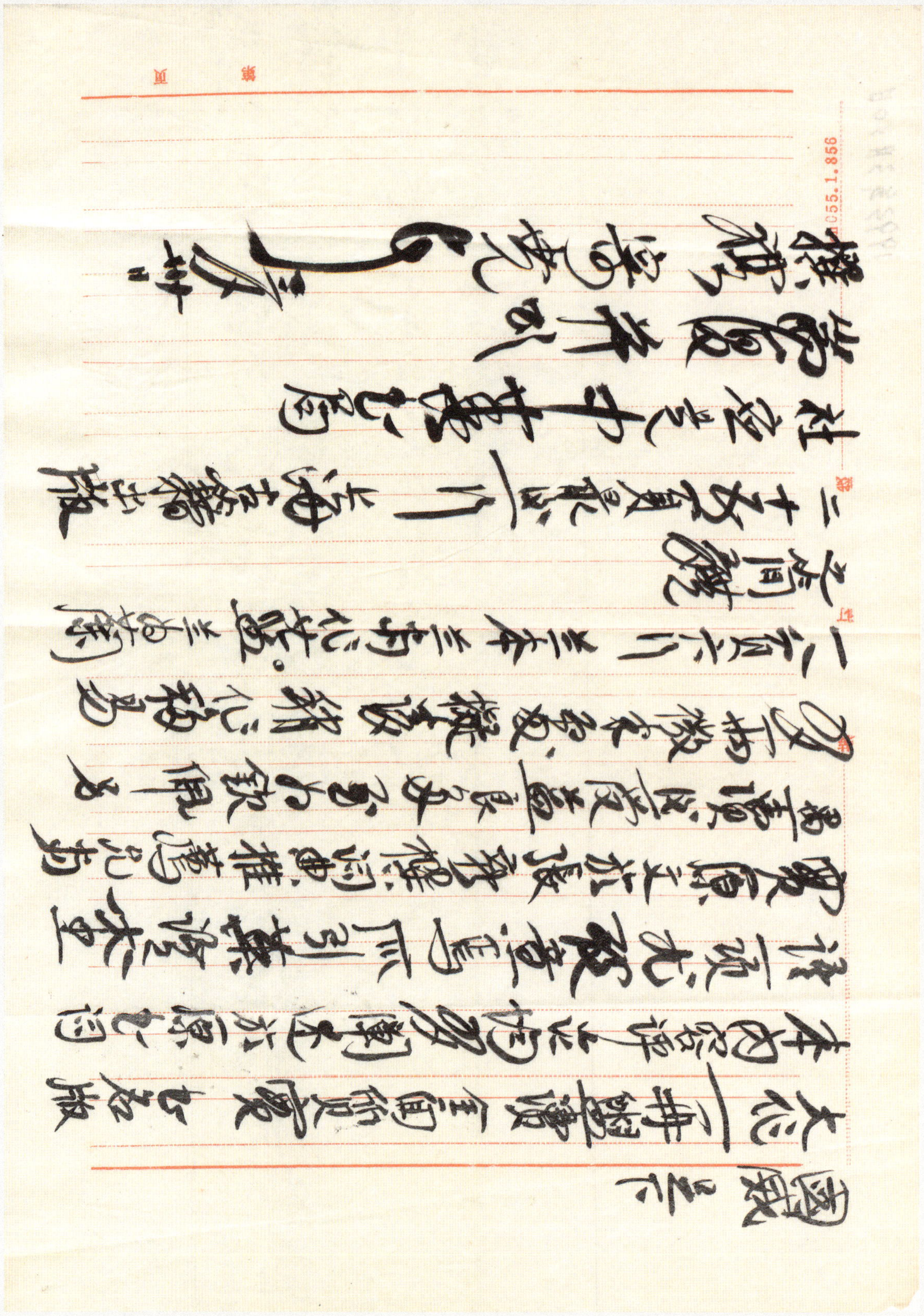

KURUME UNIVERSITY
FACULTY OF LAW
Telephone 0942-43-4411

1635 Mii-machi Kurume-shi
Fukuoka-ken 830
JAPAN

羅 国威先生台鑒：

一別以来、已経十月、先生にはご健勝で、ご研究のご様子、衷心より慶賀申し上げます。5月21日ご投函の玉函、確かに拝受いたしました。

去年の秋、先生の大論〈任昉年譜〉所載《四川大学々報》哲学社会科学版1994年1期号、わざわざご恵送を忝うし、深謝に堪えません。〈任昉年譜〉は、考證精覈、援引該洽、選学のみならず六朝文学研究に貢献すること甚大で、頗る感佩し、以後随時参看させていただいております。夙に貴論文を拝受し感謝しておりましたが、最近数年間、久留米大学文学部の創設や、創設後の文学部長の劇職に翻弄されておりました為に、中国の友人や日本の友人からの恵賜論著に対し、殆ど皆お礼状を欠いておりまして、非常に失礼、お許し下さい。

今次の玉函によれば、拙稿〈永青文庫藏敦煌本文選注箋訂〉(上)を先生が中文に翻譯して、中国の選学研究者等にご紹介賜わります由、洵に光榮の至りに存じます。喜んで翻譯を承諾いたします。ご芳情、ありがとうございます。

拙稿後半部分は、上記の如き公務多端の為に、未だ公刊に及んでおりませんが、できるだけ早く完成したいと思っています。やがて発表しましたら、もちろん抽印本を先生に敬贈し、ご批正を乞いたいと思います。

末筆ながら楊明照先生に宜しくお傳え下さい。楊先生はご高齢ですのでご健康如何と心配しています。 恭頌

文安

岡村 繁 敬上

1996年6月1日

KURUME UNIVERSITY
FACULTY OF LITERATURE
Telephone 0942-43-4411
1635 Mii-machi Kurume-shi
Fukuoka-ken 830
JAPAN

羅國威教授 台鑒：

十一月七日発信の玉簡、確かに拜受いたしました。又、去る95年8月25日に発信の貴稿「任昉年譜」所載『四川大学々報（哲学社会科学版）』，及び96年6月12日発信の貴稿「世説新語唐鴻学批注輯录」，「世説新語辞典序」、並びに夙に拜受拜読，正に楊明照先生の学風を継承された珠玉の御論攷で，感佩いたしました。厚く御礼申し上げます。

又、拙稿「永青文庫藏敦煌本文選注箋訂(1)」を御中訳賜わりまして《学術集林》巻十一上に御発表賜わり、洵に光栄であり、感謝申し上げます。拙論の後半部分は、現在執筆中で、97年4月に原稿提出する『久留米大学文学部紀要』に掲載いたします。従って、暫くお待ち下さい。刊行されましたら直ちに先生の許にお送りいたします。

96年3月まで、私は久留米大学の文学部長をしていましたので、毎日多忙、先生から頂いた玉稿に対する謝礼の書信もできず、失礼ばかり重ねて来ました。お許し下さい。（日本の学者たちからも数多く著書や論文を頂きますが、同様に失礼ばかり重ねております）。そして、4月以降、やっとその多忙な役職から免れまして、安堵しましたら、最近、脳梗塞で入院し、一昨日退院したばかりです。1日80本も吸っていた香煙が、血液を濃くして、血管が詰まったようです。お元気な楊明照先生を模範にしたいものです。しかし、一命だけは取り止めましたので、御安心下さい。　楊明照先生に宜しくお伝え下さい。

恭頌

文安

弟　岡村　繁　敬上

1996年11月19日

1

羅國威教授 台鑒：

往日は、私の拙稿《永青文庫藏敦煌本文選箋訂（下）》について御懇切な御案内を頂き、又今般は再び玉函を頂戴いたしまして重ね重ねの御懇情、深謝に堪えません。

拙稿《箋訂》（下）の原稿（400字原稿×150枚）は既に稿了、《久留米大学文学部紀要》の投稿期限は本年4月10日ですので、既に投稿を終えました。以後、編輯委員会の方で出版の為の印刷会社を選定し、出版にかかります。それで発行は、大概6月ごろになるはずです。発行されましたら、直ちに先生の方へ抽印本をお送りしますので暫時お待ち下さい。

敦煌本《文選注》影印本は、現在、日本には販売されていません。嘗て数年前、私が文選学会で長春に参上した時、趙福海先生と北京の白先生に敬上した乙本は、特に永青文庫から割愛して頂いたものです。恐らく現在は、同文庫にも不在。然而、私は、この箋訂を稿了すれば其後は特に不要ですから、私の所蔵本を先生にお送りしてもよいと思っています。中国本土から単行本が

2

出版されるならば、私はそれを活用する心算です。

先生の御懇切な中訳に感謝しています。私は現在、白内障で入院しています。白内障の手術は3月19日に無事完了。再び視力を回復しつつありますので御安心下さい。

恭頌

文安

楊明照先生にも宜しく
お伝え下さい

岡村繁 敬上
1997年3月24日

羅國威教授台鑒：

3月17日の玉函、本日拝受いたしました。楊明照先生の新聞記事は、非常に興味深く拝読しました。そして楊先生が老いて益々強健な所以を知り、以て模範にしようと思っています。ありがとうございました。

拙稿《永青文庫蔵敦煌本『文選注』箋訂》下は、すでに印刷に付し、不日公刊されます。公刊されましたら、即刻、私蔵の『文選注』1本と共に、羅先生にお送りいたします。このようにして、羅先生の名譯を得て、中國学界に紹介していただけることは、私の非常な喜びであり、光栄であり、幸福です。現在の予想では、『箋訂』公刊の日時は、7月末ごろになると思います。

楊明照先生に対して、既に4月1日、王世貞批《文心雕竜》10巻の覆印本を郵送（航空便）しました。もう既に到着する頃ではないでしょうか？（過日の内閣文庫蔵《文心雕竜》影片も、航空便が非常に遅延して到着しているようですから）。

私の白内障に対するご懇切なご指導、ありがとうございます。現在は、近代医学の発達のおかげで、ここまで手簡が書けるようになりました。ご放念下さい。　恭頌

文安

岡村　繁　敬上

1997年4月26日

羅國威教授台鑒：

去る5月21日及び8月20日ご投函の玉簡已に拜受拜讀いたしました。楊明照先生の大冊《文心雕龍版本經眼錄》が已に成りましたようで、先生の老いて益々研究旺盛な御様子に敬服驚嘆しています。

御下問の古鈔無注卷3本《文選》の景印本は、小生未見。未だ島田翰《古文舊書考》、森立之《經籍訪古志》之文、亦未見。御下問を受けながら御希望に應ずることができず、失礼お許し下さい。

拙文《永青文庫藏敦煌本『文選注』箋訂（下）》，大層御心配をお掛けして恐縮です。最初7月末に公刊の予定でしたが、他の投稿者の論文提出が遅れましたので、印刷所に依頼するのが大変に遅延し、やっと8月中旬ごろに至って、印刷所から校正刷の第2次本が送って来ました。この調子では、《紀要》の発行は9月ごろになりそうです。そのような状況ですので、とりあえず、第2次校正刷をコピーして別便（今天発送）でお送りします。ご笑覽下さい。勿論、《紀要》第11号が完成公刊されましたら、後日お送りして御批判を仰ぎます。又その時敦煌本景印1本も贈呈します。恭頌

文祺

岡村　繁　敬上

1997年9月2日

羅國威先生台鑒：

11月5日ご投函の玉簡、本日拜受拜誦しました。既に拙稿の中譯を完了して、《学術集林》編輯部にご郵送下さったとのこと、洵に深謝に堪えません。

又ご譯出の途上で、小生の誤解謬記を種々ご訂正くださいまして、ありがとうございました。深く御礼申し上げます。

拙稿《永青文庫藏敦煌本『文選注』箋訂》(下)、やっと最近印刷が完成しましたので、別便を以て其の抽印一本を笑覧に供します。ご訂正を賜わりますようお願い申上ます。

そして、この抽印本と共に『敦煌本、文選注』景印本を敬呈いたします。該景印本を将来覆印される場合は、ご面倒とは存じますが、その前に下記の承認を得て下さいますよう、お願いいたします。お手紙だけでよろしい。(著作権のため)

日本国　〒112　東京都文京区目白台1-1-1

永青文庫事務局長　飯坂成一　先生

このごろ著作權の問題が、日本では強調されておりますので、永青文庫からの承諾書だけは取っておいて下さい。

よろしくお願いいたします。　恭頌

撰安

岡村繁　敬上

1997年11月15日

羅國威先生台鑒：

4月11日ご投函の玉簡、本日拝受相誦いたしました。先生のご厚情とご尽力によりまして拙稿《文選論》が、《学術集林》巻14、15期に掲載されますこと、厚く御礼申し上げます。《学術集林》には、最近刊号にも拙稿中訳を載せていただきまして、重ね重ね光栄の至りです。

現在、東京の岩波書店から拙稿《文選の研究》を出版してくれることになりましたので、その原稿整理に毎日忙殺されています。三百数十ページになるそうです。将来出版されたら贈呈します。

《文選》旧鈔本、旧刊本のうち、先生ご希望の上野本は、甚麼な本か、私は分かりません。もしかすると温古堂旧蔵古鈔本《文選》（大阪、上野精一蔵）？とも思いますが、この旧鈔本は、全く私の知る所ではありません。きっと前の世界大戦で焼失したのでしょう。又、九條本も亦た私は未知。影印本も未刊。従って、先生に両本共、提供することが不可能です。ご諒承下さい。

楊明照先生によろしくお伝え下さい。恭頌

文祺

岡村繁　敬上

1998年4月20日

羅國威先生台鑒：

六月三日の玉簡、正に拜誦いたしました。拙稿《永青文庫藏敦煌本文選注箋訂》、已に先生のご好意によって中訳され、《学術集林》という中国有数の学術誌に掲載されることになりまして、大変うれしく、光栄の至りに思っております。謝々

羅先生の大作《沈約任昉年譜》《陶弘景年譜》《温子昇年譜》等、近く出版されます由、楊明照先生の精覈な学風を継承される先生の大作の出現を刮目して待望いたしております。

楊明照先生におかせられては、老来愈益健康、二鉅冊をご出版の由、大慶至極に存じ上げます。

拙著《文選の研究》は、東京の岩波書店より出版することは決定しましたが、少し追加をする必要がありますので、印刷に入るのが遅れています。やがて出版されましたら、楊先生や羅先生に叱正を乞おうと思っています。恭頌

文祺

岡村繁 敬上

1998年6月19日

羅　國威先生台鑒：

6月29日ご投函の玉簡、本日拝受拝誦しました。『温子昇年譜』、『華陽隠居陶弘景年譜』、『沈約任昉年譜』等、先生のご労作が陸続として出版されますようで、ご同慶の至りに存じます。やがて拝読させて頂ける日を鶴首してお待ち申し上げております。

楊明照先生は、老来益強健、大作を次々に出版されることに感嘆畏敬しています。文心雕龍学会の時、北京で賜わった『抱朴子外篇校箋』上冊に続いて、過日先生より同書下冊を頂戴いたしました。已に謝礼のお手紙は、先生に呈上しました。

思うに、羅先生の書は、楊明照先生の書に酷似。羅先生がいかに楊先生を尊崇しておられるか、充分に推察できまして羨望の至りです。不肖の私には、このような門弟は一人も存在しません。　恭頌

文　祺

岡村　繁　敬上

1998年7月8日

no. 1

羅國威教授台鑒：

7月22日にご投函の玉簡、本日正にありがたく拝領拝誦いたしました。その翌日の7月23日は、私の誕生日に当たりまして、この奇しき暗合に、私は一層うれしく思いました。その日は1922年の「大暑」に当たります。まことに熱い夏日に生まれたものです。私の生来の「懶慢」も、ここに原因しているのでしょう。呵呵。

ところで國威先生が、碩学章太炎先生の高足である湯炳正教授のご門下であったことは、只今の玉函によって始めて知りました。太炎先生は、嘗て日本にも来訪され著名な國学者で、その師の俞樾は『東瀛詩選』44巻の編者として日本文学の専家たちの間でも極めて有名。私も、現在訳注を進めている廣瀬旭荘の詩の研究で、非常に厄介になっています。又、湯炳正先生は、中国屈原学会々長・四川師範大学教授であり、私の大学時代の同級生の(故)竹治貞夫教授と親交のあった碩学ですので、私も以前からよく存じ上げています。すでに80余歳のご老齢と仄聞していますが、今もご健勝ですか。1996年の末には、上海古籍出版社から『楚辞今注』という大冊を刊行しておられ、私も拝読しています。

とにかく先生の玉函に據って、章炳麟—湯炳正—

No. 2

楊明照という諸碩学に師事して来られたことを知りまして、羅先生の精緻的確な学問の来由が始めて理解できました。やはり優秀な学者は、優秀な師承によって育成されるものですね。

故神田喜一郎先生旧蔵の寶曆間刊刻の『劉子』は、現在、私はその所在を知りません。恐らく現在も神田先生の京都の旧宅に珍蔵されていると推定しますが、私は、それを閲読する方途を持ちません。遺憾ながら楊先生に宜しくお傳え下さい。恭頌

文祺

岡村繁　謹上

1998. 7. 30

羅国威教授台鑒：

去る8月18日の玉函、すでに拝領拝誦、多謝多謝。今年の暑暇は風光明媚な九寨溝にご避暑とのこと、まことに羨望の至りです。それに引きかえ、私は老病多事、且つ貧窮可憐、猛暑の中、拙宅で膝を抱いて過ごしていました。ご同情ください。

玉函によれば、先生の恩師、湯炳正教授が肝癌で薨去とのこと、謹んで故教授のご冥福をお祈り申し上げます。最近、南開大学の王達津先生、北京の王利器先生等、親しくして頂いていた碩学が次々と世を去られて、寂しい限りです。

又、本日9月30日には、先生最近のご力作、《学術集林》第12巻所載の〈沈約任昉年譜〉，《遼寧大学学報》151期，152期所収の〈温子昇年譜〉正・続をご恵送賜わりまして、毎々のご懇情まことにありがたく、厚く御礼申し上げます。今後、私の座右に置いて、研究に資したいと思っています。例のごとく、先生のご業績は精密無比、驚嘆しています。敬佩の至りであります。

今日、ご恵送下さった《学術集林》巻12の中を拝見しますと、中国の現代の碩学の論文が、ずらりと並載されておりまして、洵に圧巻ですが、王頲先生の〈"蝦夷"雑識〉は大変珍しく、楽しく拝読しました。

日本では、来たる10月10、11日の両日、東京の早稲田大学で日本中国学会の第50回記念大会が開催されますので、私も出席します。今から50年前の若いころ、はじめて中国文学を研究しはじめた時代が、なつかしく回想されます。あのころ共に入会した友達も、その多くが他界しました。

現在、私は、近々東京の岩波書店から出版する《文選の研究》を執筆中です。出版されましたら、ご批正に供します。では、お元気にお暮らし下さい。おついでの時、楊明照先生や屈守元先生に宜しくお伝え下さい。恭候

文祺

岡村繁 敬上

1998年9月30日

羅國威先生台鑒：

10月6日，10月23日ご投函の玉簡、いずれもありがたく拜受拜誦いたしました。このごろ貴國からの圖書が少し遅延するようで、ご心配をおかけいたしました。

本日は、ご郷里の「瓦屋山頂看日出」の美景照片までもご恵送賜わりまして、その神秘的美景に魅了されました。ありがとうございました。雄大な大自然を擁するご郷里をお持ちになっておられて、羨しく存じます。

陸曉光氏譯の拙論《南北朝末期的文学動向與文選學的興起》が御目睹に觸れましたようで、非常に光栄で欣快に存じます。

又《文選之研究》は、只今印刷中ですので、恐らく来年の前半には出版されると推察しています。あのように賣れない著書をよく出版してくれたものと感謝しています。最近は、日本人全般に讀書をしなくなって、出版業界はどこも苦境に立っているようで、負債のために潰れる書店もあることが新聞で報ぜられています。銀行も証券会社も不景気で潰れています。資本主義社会は厳しい社会です。

《日本国的文選學研究》を小生と共に合作したいという先生のご意向、大層うれしく存じますが、この課題に関しましては、既に私の門弟の牧角悦子（Makizumi Etsuko）

「日本研究『文選』的歴史与現状」（『昭明文選研究論文集』所収。吉林，文史出版社刊。1988年6月）があり，また同じく牧角小姐の「日本における文選研究の歴史と現状」（『二松学舎大学人文論叢』第56輯所収，1996年3月）があります。後者は前者を補訂したものです。故に，牧角小姐の方が私より詳悉していると思います。又この牧角論文によって，大概の情況は，中国学会でも承知していただいているものと推察しますが，いかがでしょうか。又牧角小姐には，《文選研究論著目録》（九州大学文学部中国文学研究室，文選学史研究会刊。1986年3月）という編纂物もあります。以上のようなわけで，《日本国的文選研究》は，既刊と重複するように思われますし，それ以後《文選》研究は，さほど日本で進展していません。

ご一考いただければ幸甚です。　恭頌

文祺

岡村繁　敬上

1998年11月2日

羅國威先生台鑒：

本日午前、11月17日の玉函を拝受、ありがたく拝誦いたしました。先生のご論文が、一日も早く《古漢語研究》に掲載され、ご教示を賜ることができる日を待望いたしております。

只今、貴國の江澤民首席が日本をご訪問中で、天皇の宮廷招待宴のテレビ実況や、其の他の會談のテレビ実況を、毎日楽しく觀ています。今後、江首席が訪問される仙臺市は、小生が30年前に在職していた東北大学の在る都市です。小生も嘗て老舎先生を案内して、魯迅の舊居等を訪れたことがあります。

先生は、将来日本を訪問したいご希望のようですが、小生は既に九州大学・久留米大学を退職（定年に由る）。日本では、一旦退職すると、あらゆる権限・発言力を剥奪する制度になっていますので、貴國の先生がたのように学校に対する影響力を小生は全く持ちません。お役に立たなくて、すみません。お許しください。恭頌

文祺

岡村繁 敬上

1998年11月27日

羅國威先生台鑒：

先生には、佳き新春を迎えれ、愈々益々ご健勝でご文祺のご様子、大慶至極に存じ上げます。

昨年12月21日に上海遠東出版社より久留米大学に送られて来ました印刷品が、再び久留米大学より私の住所に転送されて来まして、本日たしかに拝受いたしました。（私は、1997年3月、久留米大学を退職）

早速、開封しましたところ、《学術集林》巻15の大冊が入っており、それを披閲しましたところ、先生の名訳〈永青文庫蔵敦煌本文選注箋訂〉の前半部分が掲載されているではありませんか。早速に拝読、私は欣喜雀躍、感謝感激、先生のご懇情に厚く御礼を申し上げます。（以上のような事情に因り、お礼が遅れ、お許し下さい。）

拙著《文選の研究》は、現在初校が完了し、再校・三校が今後つづきますので、刊行は本年4月ごろと推測されます。総頁は、350頁前後と予想されます。刊行されましたら、勿論先生に御贈呈、御批正を乞います。楊明照先生にも宜しくお伝え下さい。恭頌

文祺

岡村繁 敬上

1999年1月19日

羅國威教授台鑒：

其後、ごぶさたしておりますが、お元気でお過ごしですか？本日は、先生に中訳をして頂きました"永青文庫藏敦煌本《文選注》箋訂"（續篇）所載の『学術集林』巻15をご恵送賜わりまして、深謝に堪えません。ありがたく拝読しております。先生の名訳によって、貴國の同志に瞥見して頂く機会に恵まれた拙論は幸福です。貴国の学者の批評が楽しみです。

去る4月18日（日曜日）下午11時30分より12時まで、NHKテレビの「世界の遺産」で、先生のご郷里の九寨溝の美景が放映され、私は、その絶景に息を呑んで見入っていました。火花湖、白鳥湖、草湖、鏡湖、長湖、色模山、五彩湖、黄龍、丹雲峡、飛瀑、真珠灘 etc. 終始、驚嘆の連続でした。今後、日本人はドッと観光に押し寄せるのではないでしょうか。

拙著『文選の研究』は、4月28日に発行されます。先生には贈呈いたします。岩波書店より Sea mail でお送りするそうです。若干遅くなりますが、どうかご批正ください。

楊明照先生の頌寿の学会には、できるだけ出席させて頂きたいと思っています。恭頌

文祺

岡村繁敬白

1999年4月25日

羅國威先生台鑒：

今般、楊明照先生九十華辰慶典の古典文献学会に出席しましたところ、非常な歓待を賜わり、且つ貴重な銘産名物まで多量に恵贈下さいまして、ご懇情まことにありがたく、厚く御礼申し上げます。9月8日午後、無事帰國いたしました。なにとぞ御放念下さい。まことに楽しい中国の旅でした。

帰国後、玉函を始めて拝受拝読、《文選李善注引書考證》全2冊を御希望のようですが、この書籍は非常に高價で上巻が日元27,810圓，下巻が30,900圓もしまして、合計58,710圓かかります。私が見るところ、これほど高額を出して買うほどの編書とは思いませんが、先生はどうお考えですか？私もほとんど使用しておりません。《文選索引》があれば、大概調査はできます。四川大学に1部あれば充分と思います。

多忙な日本に帰って来て、毎日いやになることばかりです。それに引き替え、貴国での旅は、天候にも恵まれて、全部目的を達しました。但、先生のご郷里に近い九寨溝に行けなかったことは残念でしたが、よい所はテレビで見ましたので、それであきらめます。　恭頌

文祺

岡村繁敬上

1999年9月13日

羅國威教授台鑒：

9月12日にご投函の玉簡、正に拝受拝讀しました。天津藝術博物館に敦煌本《文選注》残簡200餘行が存し、而も永青文庫蔵本の前半部分とは、吃驚しました。そして、既に先生が其の箋證4萬餘字を撰成しておられることを知り、辛苦!! 辛苦!!

先生の玉函を拝受し、早速東京の永青文庫の飯坂成一さんに書簡を書き、ちょうど書き終った21日正午ごろ、飯坂さんから電話が拙宅に入りまして、羅先生のご希望は、永青文庫の役員会で大概了承されたようです。就いては、羅先生の私信では、形式上不備ですので、正式に巴蜀書社（四川古籍出版社）の社長から、財團法人永青文庫理事長細川護貞先生に依頼書を出していただくよう、お願いしてほしい、とのことです。できればタイプライターで。（日本では、このように書類の形式を厳密に要求しますので、どうか宜しくお願い申し上げます。）羅先生と小生との共著が出版されますことを衷心よりうれしく思います。　恭頌

文祺

岡村繁敬上

1999年9月21日

羅國威教授 台鑒：

一別以來、已に2か月。お元気ですか。

過日は、巴蜀書社に対しまして、永青文庫への覆刊申請を出してくださるように、お願い申し上げましたところ、早速その斡旋の労をとってくださいまして、厚く御礼を申し上げます。

昨11月15日、永青文庫の役員会で許可された旨、私に通知がありました。（同封書翰を参照。）

この永青文庫からの正式通知によりますと、「永青文庫では華語で回答の許可書が書けないので、巴蜀書社社長の楊宗義先生に対し、この旨をお伝え頂きたい」とのことです。よろしくお願い申し上げます。

なお、この文面によりますと、覆刊許可の條件として、覆刊の際、① 当該『文選注』が永青文庫の所有であることを明記する。

② 刊行した印刷書籍を5部、永青文庫に納入していただくこと。

が、永青文庫の規定だそうです。この規定も、共に巴蜀書社々長の楊先生にお伝えください。恭頌

文安

岡村繁 敬上

1999年11月16日

福岡市東区青葉３丁目２１番５号
岡　村　繁　　様

拝啓　秋の気配も深まり毎朝の冷気に身の引き締まる日々となりました。

さて、早速ではございますが過日先生のお取次ぎを戴きました「文選」の刊行許可申請につきまして、添付写しのご申請をこの５日に受領致しこの程役員会の許可がおりました。

私ども華語が不得手でございますので、まことに恐れ入りますが巴蜀書社社長楊宗義様へこの旨お伝え戴きたく本書面差し上げました次第です。ご多用中のところ勝手なお願いではございますが何卒よろしくお願い申し上げます。この許可につきましての当方の条件は、当財団が所有者であることの明記と刊行物の五部納入のみでございます。

文末にて失礼とは存じますが、先生ご研究の益々のご進展とご健康を祈念致します。

敬　具

東京都文京区目白台１丁目１番１号
財 団 法 人 永 青 文 庫
理 事 長　　細 川 護 貞

飯坂成一

羅國威先生台鑒：

一別以来、已に二か月、長春では久しぶりに拜眉の機を得まして愉快でした。過日は玉翰を頂戴しまして、大層うれしく存じました。

ご指示を賜わりました先生のご著書の件、その書類を俞慰慈先生が作ってくれましたので、同封をもってお送り申し上げます。小生の御紹介が、お役に立てて大層快適に存じます。恭頌

文安

健康

岡村繁 敬上

2000年10月1日

在第四届《文選学国際学術研討会》開幕講話

大家好！

第四届《文選学国際学術研討会》在該学会的發祥之地——長春召開，日本也有不少研究者参加這次盛会，以中国為主的各国文選学者歡聚一堂，發表各自的研究成果，我们感到無上的榮光和由衷的喜悦。

首先，請允許我代表来自日本的学者向為召開如此盛大的国際学術研討会而付出很大辛勞的吉林省委、政府、長春師範学院院長趙立興先生，《文選》研究所所長趙福海先生，以及各位先生、各位女士，表示我们的深々的敬意和衷心的感謝。

回顧1995年8月在以俞紹初先生為中心的鄭州大学古籍研究所召開的第三届《文選学国際研討会》正好跨過了五個年頭。其間，在中国，1998年8月作為《文選学研究集成》的一環，由鄭州大学俞紹初先生、全国古籍整理出版規劃領導小組許逸民先生主編的《中外学者文選学論集》上下二册（中華書局出版）這本論文集，正如大家所知的那样，收録了1911年到1993年為止的80余年間所發表的56篇《文選学》的主要論文，可謂是劃時代的貢献，使我们的研究受益非淺，其受益程度無以衡量。

最近，四川大学羅国威先生的《敦煌本昭明文選研究》在日本東方書店的柜台出售中名列第一；福建師範大学穆克宏先生的《昭明文選研究》也博得好評，不勝欣慰。

與此同時，位於東海之東的日本，《文選》研究，在去年亦可謂進入了嶄新的時代。首先，我的《文選之研究》由岩波書店出版發行，接着，由研文出版社發行了富永一登先生的《文選李善注的研究》、清水凱夫先生的《新文選学——《文選》的新研究》。去年出版的這三本書，終於與小尾郊一、花房英樹两先生譯注的《文選》（全七册）、及興膳宏，川合康三两先生的名著《文選》等，再次引起了日本中国学界對《文選》的重視。

最後，我们衷心地祝愿這次《文選学国際学術研討会》順利成功

謝々大家。

日本学術代表团团長　岡村繁

俞慰慈　譯

2000年8月3日　於中国長春

訂　正

本誌前号の販書随録「お家再興」の中の〃関東軍が張作霖を爆死させた同年九月一八日の柳条溝事件〃を〃関東軍が満鉄線路に爆薬をしかけ爆発させた同年九月一八日の柳条湖事件〃に訂正いたします。

ベストテン　March

東方書店本店店頭調べ

CHINESE

①	敦煌本《昭明文選》研究	(羅国威)	黒龍江教育出版社
②	河山集(7)	(史念海)	陝西師範大学出版社
③	明末清初詩論研究	(孫立)	広東高等教育出版社
④	安陽殷墟郭家庄商代墓葬	(社科院考古研)	大百科全書出版社
⑤	上海的最後旧夢	(樹棻)	上海古籍出版社
⑥	明清治蔵史要	(顧祖成)	西蔵人民出版社
⑦	中国紹興酒	(馬忠)	財政経済出版社
⑧	陶澍集(上・下)	(陶澍)	岳麓書社
⑨	港式広州話詞典	(張勵妍)	萬里書店
⑩	随園食単	(袁枚)	江蘇古籍出版社

JAPANESE

①	中国 現代ことば事情	(丹藤佳紀)	岩波書店
②	東洋的古代	(宮崎市定・礪波護)	中央公論新社
③	気持ちを伝える中国語表現-700-	(赤坂智子・羅謙)	実務教育出版
④	古代中国	(貝塚茂樹・伊藤道治)	講談社
⑤	台湾の選択	(涂照彦)	平凡社
⑥	新華字典 改訂版	(商務印書館)	東方書店
⑦	現代中国の構造変動I 大国中国への視座	(毛里和子)	東京大学出版会
⑧	孫文 百年先を見た男	(田所竹彦)	築地書館
⑨	魅惑のアジアンスター INTERVIEWS		角川書店
⑩	字源物語	(加藤道理)	明治書院

販書随録　眼　疾

◇目歯魔羅という言葉があり、男性の老化現象は往々にして目から始まる。歯目魔羅の順だとする説もあるが、発音してみるといかにも品下るのでこれは採らない◇古代中国の文人墨客たちは年少の頃から、薄暗い油灯の下、夜を徹して読書に励み、詩文を草して目を酷使し、老いてその報いをうけた◇『老人天地』という雑誌の今年一月号によると、白居易の『白香山詩集』には白氏が眼疾に言い及んでいる詩句が三、四〇首もあるという。〃眼暗猶操筆、頭斑末掛簪〃、〃面黒眼昏頭雪白、老応无可更増加〃、〃散乱空中千片雪、蒙籠物上一重紗〃、〃縦逢晴景如看霧、不是春天亦見花〃、〃黒花満眼絲満頭、早衰因病病因愁〃。詩句にみえる症状から察するに白氏の眼疾はかなり重く、白内障の中期に達している◇杜甫も晩年に眼病を患っている。〃寒熱百日相交戦、頭白眼暗坐有胝〃、〃眼復幾時暗、耳従前月聾〃、〃此身飄泊苦西東、右臂偏枯半耳聾〃。これからすると、老詩人は視力が悪かっただけでなく、難聴でもあり、半身不随でもあったことがわかる。眼疾の方は〃颯颯開啼眼、朝朝上水楼〃の両句から判断すると、風に当ると涙の出る涙嚢炎であったろう◇欧陽修の晩年の眼疾は殊にひどく、〃病眼暗昏愁看花、不知花開桃与李、但見紅白何交加〃、〃眵泪浸澀眼瞳眊、昏視多其痛如刺〃、〃両目昏瞻視茫洋〃、〃目昏墨不分濃淡〃とあって、白内障である上に合併炎症をおこしていた可能性がある◇小生の場合は老来、目先にゴマ粒のような黒点が飛ぶ上に、右まぶたがやたらにけいれんするので弱っている。中国には〃左眼跳財、右眼跳災〃(左のまぶたがピクピク動く時は福運が転がりこみ、右のまぶたがピクつく時は災難が振りかかる)という俗諺があるので最近は右目をつぶり左まぶたを動かす訓練をしている。先日、電車の中で訓練していて前の座席のバアさんににらまれた。女性の自惚れは始末におえない。(K)

東方書店

東京本社〒101-0051・東京都千代田区神田神保町1-3☎(03)3294-1001・FAX(03)3294-1003・振替00140-4-1001
業務センター〒175-0082・東京都板橋区高島平1-10-2☎(03)3937-0300・FAX(03)3937-0955
関西支社〒564-0063・大阪府吹田市江坂町2-6-1☎(06)6337-4760・FAX(06)6337-4762・振替00960-0-306051

41

四川大學中文系

羅國威 教授 几下

來たる八月上旬、広島縣立廣島大學の赤岡功 學長

が、貴國を訪問する時、個人的な訪問ではありますが、

中日文化交流を促進するために、四川大學に參上して

四川大学長と面会することを希望しています。其の時、

羅國威 教授にご案内をして頂けたら洵に幸甚です。

ご多忙中まことに恐縮ですが、宜しくお願いします。

日本九州大学名誉教授 岡村 繁

四川大學中文系

羅國威教授道鑒

八月上旬，廣島縣立廣島大學的赤岡功校長將以個人身份訪問貴國。為促進日中文化交流，也將訪問貴校，并希望与貴校校長面晤。屆時羅國威教授能穿針引線，并給赤岡校長做向導的話，誠不勝感激。

百忙之中，給您添麻煩了。謝謝。拜托您了。

日本九州大學名譽教授　岡村繁

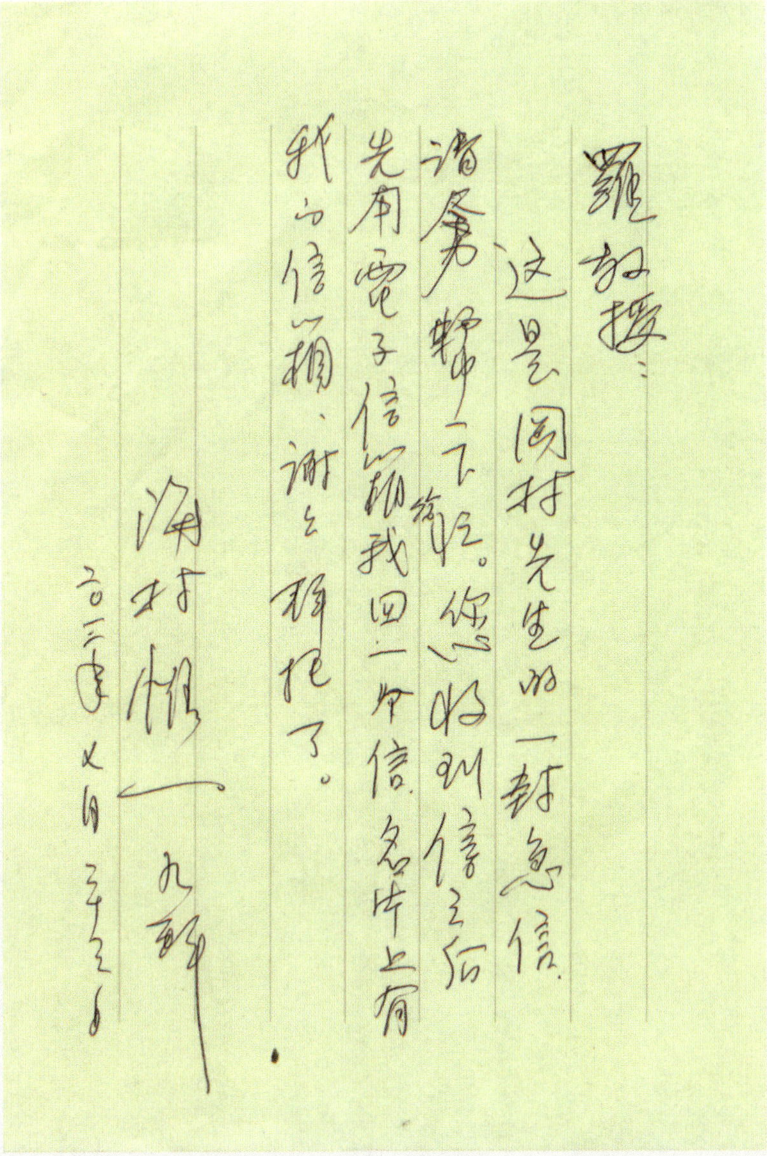

羅教授：

这是岡村先生的一封急信。

请参考一下吧。您收到信之后

先用電子信箱给我回一件信，名片上有

我的信箱、谢谢拜托了。

岡村繁 九拜

二〇一三年八月二十三日

羅國威先生
几下

岡村繁

敬白　先生好麼？

今般は羅國威先生の最近公刊の大著『六朝文學与六朝文献』、並びに『咸平集』を恵贈にあずかりまして、厚く御禮申し上げます。特に前者の『六朝文學与六朝文献』を拜見しますと、「古老詮釈文本的再度詮釈」に拙著「永青文庫藏敦煌本『文選注』箋訂」を採択してくだされ、羅國威先生自ら詳密な書評を頂戴いたしまして、洵に身に余る光榮。厚く御禮申し上げます。

まずは取り急ぎ謝禮まで如上。羅先生の健勝を祈り上げます。

二〇一一年八月廿二日　在日本福岡市。

羅國威先生 台鑒

先生好麼？

過般には先生の大著『六朝文學與六朝文獻』並びに『咸平集』をご恵賜、いずれも内容は甚だ高奇、篤く御禮申し上げます。特に前者『六朝文學与六朝文献』の中に小生往昔の拙著『永青文庫藏敦煌本「文選注」箋訂』をもご採擇くださいまして、ご懇情に感謝しております。

又、過日は小生等の請願を聞き入れてくださいまして、ご多忙の中、廣島縣立大學長を四川大學長にご紹介ご案内していただき、ご芳情のほど洵に有難く、先生のご芳情に對して厚く御禮申し上げます。

又、小生の非常な不注意に由って屢々羅先生のご尊名を誤用いたしておりまして、非常な失禮を重ねまして、深く陳謝いたしております。

先生、どうかお身體に注意されて長壽を保たれますよう東海の涯際より祈念しております。

敬具

追伸：小生既に九十歳の老耄になり、頭脳も身體も衰弱の極に在ります。

中国历史大辞典编纂处

国成同志：

函悉。友人中颇有招收博士研究生者，从足下专业看，宜报考古代文学，如南京大学程千帆教授、苏州大学钱仲联教授、南京师院唐圭璋教授、扬州师院任中敏教授，均可一试。古文献专业偏重于史，恐非足下所宜。目前，先整理刘孝标集。大文暂勿寄来，因我目前行踪不定，恐有遗误。祝　新年健康！

李荁

12.24.

通讯处见信封

大佛賓館

国威同志：

多年未见，时常想念您。我来南京工作已十年，今已七十，顷得来信，喜出望外，并悉《刘集校注》出版，如蒙即赠，无任感谢，当以《六朝史论集》回报。匆此，顺颂

文祺！

卞孝萱

12.1.

地址：新昌大佛寺8号　总机，6026700　45-17×94.4

江苏省社会科学院

国威同志：

6/3 信及稿件
6/12 改正错字信
6/23 〃
7/23 信及稿件
均收悉，勿念。

稿件已齐，俟详阅后与您进一步联系。

天热，请多保重。　此致

敬礼！

卞孝萱
7/29

电话：(025) 3593534 (宅)

国威先生：

大札奉悉。先生拟辑严氏漏收之先唐文字至二百万字，其功甚伟，钦佩之至。至于原拟请先生担任先唐辞赋补逸一事，鄙意以为在版权上是否会有问题的，因为：一、辞赋在先生所辑《补编》中只是一小部分，二、先生之书校点体例亦不知如何，但与《辞赋总汇》之体例想来不会完同，只是基本资料相同而已。

万君处有此书体例，请一阅。

此事比较麻烦的恐不在此，而在于先生之书九月要交稿，《总汇》先唐部分也要十月汇稿，在时间上确实有困难。但先生之资料原已辑好，辞赋佚文的份量想不甚大，主要是复印和改动体例要精

費一些时间，闻萧君言 先生需要帮助人，所以鄙意仍想请 费神玉成其事，倘荷 垂允，不胜感激。如何，请见示。顺颂

撰安

马积高 谨启 四、四

来示请寄长沙市湖南师大北村二栋二十三号

邮码四一〇〇〇六

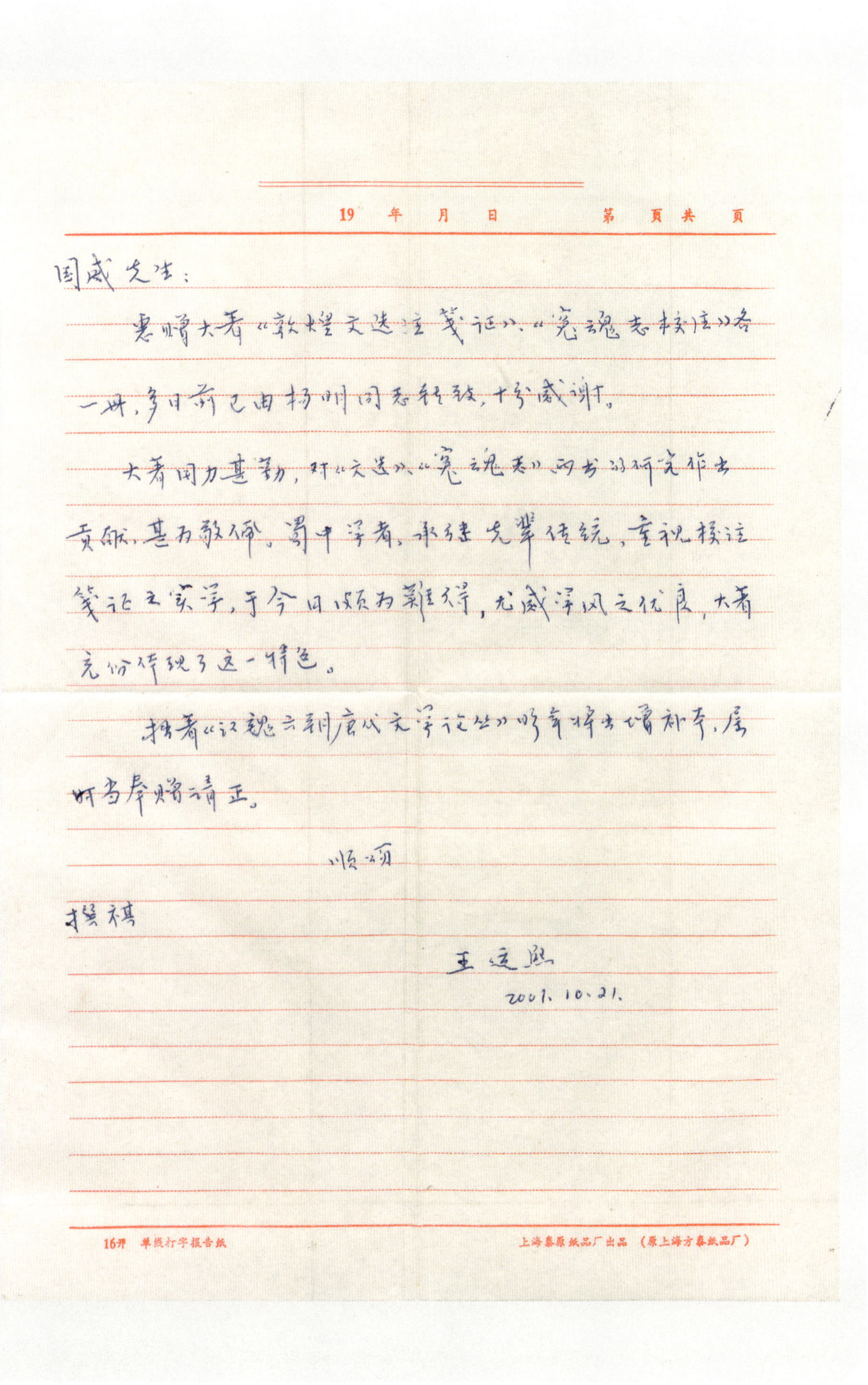

19 年 月 日 第 页共 页

国威先生：

惠赠大著《敦煌文选注笺证》、《冤魂志校注》各一册，多日前已由杨明同志转致，十分感谢。

大著用力甚勤，对《文选》、《冤魂志》两书的研究作出贡献，甚为敬佩。蜀中学者，承续先辈传统，重视校注笺证之实学，于今日颇为难得，尤感学风之优良，大著充分体现了这一特色。

拙著《汉魏六朝唐代文学论丛》明年将出增补本，届时当奉赠请正。

顺颂

撰祺

王运熙

2001.10.21.

16开 单线打字报告纸　　上海嘉原纸品厂出品（原上海方嘉纸品厂）

国威先生：

惠赠大著《日藏弘仁本文馆词林校证》一册，于昨前收到，非常感谢。

《弘仁本文馆词林》对研究汉魏六朝初唐文学，拾遗补阙，甚有裨益。惜原影印本不易得，今得大著整理点校，对研究者做了一件大好事。

屡承惠赠大著，衷心铭感。

顺颂

撰祺

王运熙

2002.4.13.

82.7 (69125)

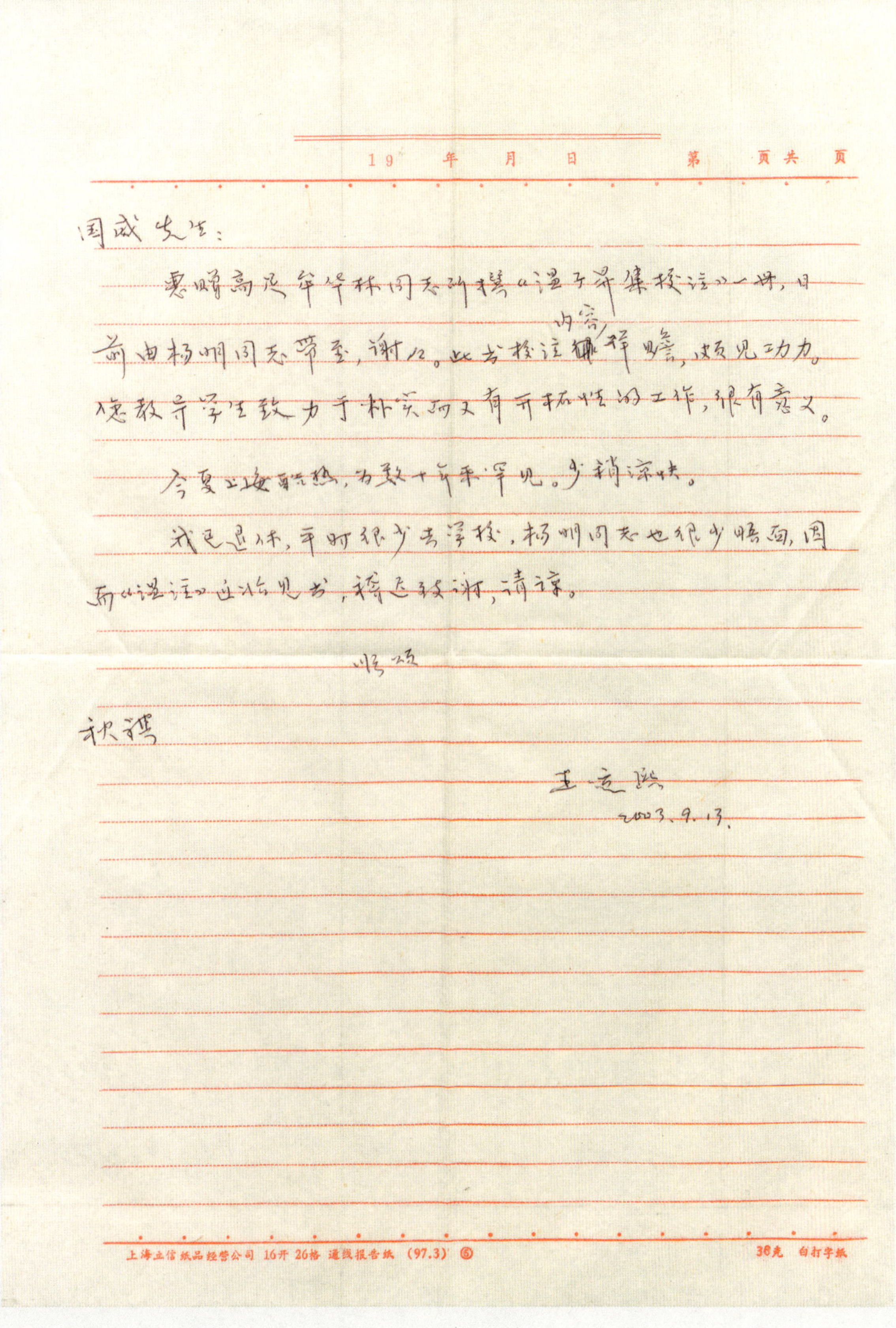

19　年　月　日　　第　页共　页

国成先生：

惠赠高足牟华林同志所撰《温子升集校注》一册，日前由杨明同志带至，谢谢。此书校注内容详赡，颇见功力。您教导学生致力于朴实而又有开拓性的工作，很有意义。

今夏上海酷热，为数十年来罕见。今稍凉快。

我已退休，平时很少去学校，杨明同志也很少晤面，因而《温注》迟始见书，稽迟致谢，请谅。

顺颂

秋祺

王运熙

2003.9.13.

上海立信纸品经营公司 16开 26格 道线报告纸 (97.3) ⑤　　38克 自打字纸

年　月　日　　第　页共　页

国威先生：

昨接杨明同志来电告知，最近收到您寄赠的《刘孝标集校注》（修订本）两册，其中一册是给我的，谢谢。您在汉魏六朝文学领域做了不少整理研究工作，成绩显著，令人钦佩。

杨明同志于上月夜回家途中，不幸被逆向行驶的助动车撞伤，小腿骨折，装了石膏，约一月后拆线，两月后始能借助器械行走。目下卧床休息，不能自由行动。所幸伤势不算太重，经疗养后或可基本恢复原状，可说不幸中之幸。他托我先写信给您，并致谢意。

时值隆冬，请珍摄。

顺祝

新年愉快

阖府安康

王运熙

2004.1.15

装订线

上海福盛·永兴纸品　16开　双线报告纸

THE CHINESE UNIVERSITY OF HONG KONG　香港中文大學

SHATIN · NT · HONG KONG · TEL.: 695 2111　TELEGRAM 電報掛號：SINOVERSITY　TELEX 電訊掛號：50301 CUHK HX　FAX 圖文傳真：(852) 695 4234　香港新界沙田・電話：六九五　二一一一

Our Ref:

Your Ref:

國威兄大鑒：十一月廿日手書拜讀，欣悉起居安抵府中，於本旬與。弟返港後，處理公私事件，積累如山，費時頗久，兩不得兼。公司家居，生活尚稱安靜。讀書修改，間以植花養魚自娛。至弟所附吳運中心現正辦理登記及編輯附吳運卷、重之文論文資料彙編，包括開內及譯文兩種，以及年譜年表彙編、開錄之整理等之一，待初步編輯完畢，隨即付印。預期之年后第二次附吳運國際學術研討會開會時可公開向世。則內容擴增，或比今次為佳。此次最大缺之莫過於文物之展出，可謂空白一片，實在是憾。維有附他寫遺跡，但因文物太不為人重，以上所藏出自極破壞殘缺無遺。二年後再出版全集，水準必較高，屆時將邀吾兄參加編輯。僅錄教絡相告，錯誤不少。且今後中華學校開，高等院校或外國之圖書館不會收藏。孫大忠義，出於意外，不便外宣。又弟之世侃

THE CHINESE UNIVERSITY OF HONG KONG 香港中文大學
SHATIN · NT · HONG KONG · TEL.: 695 2111
TELEGRAM 電報掛號：SINOVERSITY
TELEX 電訊掛號：50301 CUHK HX
FAX 圖文傳真：(852) 695 4234
香港新界沙田 · 電話：六九五 二一一一

Our Ref :
Your Ref :

校箋乃平生精力所萃，近出資料甚多，亦有出於我者，些微參入其中，極願加以整理重版，可惜年事不讓，精力漸趨衰退，雖勇於校箋之業，已覺厭倦，擬請云先合作整理，今年付出，合公，弟書就來擬訪，其有細節，謹遵尊著刪易，擇其校注及補編說明，並備用力之勤，搜羅之廣，尤出時人之上，不愧家學傳承有人，云先前程無量也。弟去歲赴上，航機內成都，我先往，二日探望云先，我將近今年以石刻廣書楊先為導，殊先路，同來拉過三峽，買舟而下，一覽名勝景色，則我深宜存此乾機回游卅韓佳，原因香港，亦時行程尚待云先加以指導，以書力赤時為主，而舒適之次敬及，如何指代示知，書印衛付今梓，出內，未知心願見程如何，開今我來，便中請如一撰，號以作為宅請，亦云先有閱覽，寄此順頌

撰祺，

楊勇拜 元月三日

附呈校箋洛陽伽藍記校箋乙冊，請指正　弟又及

THE CHINESE UNIVERSITY OF HONG KONG　香港中文大學

SHATIN · NT · HONG KONG · TEL.: 695 2111
TELEGRAM 電報掛號 : SINOVERSITY
TELEX 電訊掛號 : 50301 CUHK HX
FAX 圖文傳真 : (852) 695 4234
香港新界沙田 · 電話：六九五 二一一一

Our Ref :

Your Ref :

國威兄：四月六日手書今由溫州故里歸來拜讀，知道近况很好，尚無疾病。我於六月間曾有信給您，希望您今後能設法兼些課，教些書，可使教學兼長，教研於學有好處，但在學術思路過程中，往往得以指導，得以猛進。今接來信，知此信並未入目，一定中途遺失，令人大哭。生在這世紀之人，遂有信件洪喬截事，真是百思不得其解。可見四月發後，亦常人所能瞭解！您學問非常人所能及，功力之深，可以自知，不必求人知，同道有同樣深度者自會知其甘苦，望同行人並譽稱讚，勿望外行人個個拍手鼓掌也。是否？您當自信，能您所寫劉孝標集校注，誰能比擬，余前偶亦讀過其書，況他人乎？誰知余學問雜亂無章，胸無定業，徒教書員，何言學問？更有何著作？世說新語詞典，兩世時代校雅一冊，以備翻閱，廣言能得副教本先我拔讀為之不勝驚時之函。陳子昂學術會議定八月底召開，蓋方便台灣友人

THE CHINESE UNIVERSITY OF HONG KONG 香港中文大學

SHATIN · NT · HONG KONG · TEL.: 695 2111
TELEGRAM 電報掛號：SINOVERSITY
TELEX 電訊掛號：50301 CUHK HX
FAX 圖文傳真：(852) 695 4234
香港新界沙田・電話：六九五 二一一一

Our Ref :

Your Ref :

本友人，向我到在溫州時先已有約，不便離開，下秋去溫州安
排，亦未可知。我擬在十月間則三峽一游，下先到成都，俟
先陪游川中名勝，歸程下航三峽，並去先談重訂世說
新語事，望能順利完成我心存已久急欲重訂之業也。
總之若應我居之，我四月初到溫州之行，乃為溫州師院找來
千萬港元要建禮堂經費，參加破土典禮也。又以數十年在
外奔波，從來清明節日在家鄉掃祖墓，心中愧若
然，無能自解，亦決定於此次節前時掃墓也。不料須
負不填，勝男未療休，故日前連連返來，今已略有轉
力可作書以報吾故人也。安好
力前

楊勇拜啟 五月一日

THE CHINESE UNIVERSITY OF HONG KONG 香港中文大學

SHATIN · NT · HONG KONG · TEL.: 695 2111
TELEGRAM 電報掛號 : SINOVERSITY
TELEX 電訊掛號 : 50301 CUHK HX
FAX 圖文傳真 : (852) 695 4234
香港新界沙田 · 電話：六九五 二一一一

Our Ref :
Your Ref :

國威兄大鑒：久未問候，想近況佳勝。我現在參加此間招商局屬下國際旅遊有限公司主辦之長江三峽成都九天團，預定九月一日出發，當日抵武漢，以後沿途遊江而上，於九日晚（辛苦抵達成都）住成都飯店或同級飯店，十日早餐後便乘機返港。原擬八月底參加陳子昂會議，以天氣太熱，又恐沿途無人照顧，舟車住宿困難，故決定隨團較為安全舒適也。請於九月九日前後在校等候，或我電話連絡。若尊處電話連絡不很方便，則請兄設法來找我，但我們是否一定住成都飯店，又是問題。貴校九眼橋不知離市區遠否，若不遠，我來找您。如何？張永言先生世說詞典，是否已成印？請設法為我寄一本來！為盼。蔡翊堂世說語詞字典，本校能借出一讀，飽眼福矣。專此，即請

撰祺。

楊勇 拜 八月廿四日

國威先生大鑒：十月卅日手書拜讀，知
近況佳勝爲頌。九月初三峽歸來，稍
事休息，即作溫州之行，在溫凡三星期，
在師院爲漢語組研究班講課凡三考。
會談，因為期短促，及人員安排未達成最後
協議，未有結論。目前我們先實南戲及
對於籌建中心為先務，稍待有所發展，再
作進一步商討。此次得手書，知借重先生
爲其幫助，不知何日能實此願也。弟
在念中。弟十月廿三日返香港，正想趨前左右，
忽接來翰，承問住爲歉。弟十二月初或一月
初回溫州過年，約住二三月，至明年二三月
回港，已與老妻四十餘年未有在渡春節
矣，不知昔日勝境能復現否。前從之
溫州住址為信河街三角城頭溫州大廈
1703室，通訊處如有必要，請由
溫州師院老院長轉交亦可。匆此即頌
近安

弟　楊叟拜　十一月六日

此次錄與照以早復為快，請代早寄下至盼。
又及

THE CHINESE UNIVERSITY OF HONG KONG 香港中文大學

SHATIN · NT · HONG KONG · TEL.: 695 2111
TELEGRAM 電報掛號：SINOVERSITY
TELEX 電訊掛號：50301 CUHK HX
FAX 圖文傳真：(852) 603 5544
香港新界沙田・電話：六九五 二一一一

Our Ref:

Your Ref:

國威先生大鑒：十一月廿三日大函暨世說新語辭典、拜讀拜收，十分感激。略翻辭典，收羅詳備，而說服力不強。如：咄咄逼人、咄咄怪事，為兩種解釋，咄咄之意，最後人啟疑，且未引根據，初學者不易接受信從。又何以汝何大大，均未分別識辨及考稽，更需探導。既為辭典，若有失實誤導，後果堪虞！此等處，不知如何糾正才好，令人焦急萬分！又有雅辭辭為關鍵，輒塞之，皆快[illegible]他年見，[illegible]令人失望。先生序，寫得很好，言世說之各及卷[illegible]早已有文，見香港大學東方文化八卷二期，一九七〇年。想先生必見此文矣！至於世中所探感之研究研事，問題牽涉太多，一時無法解決，不知何時可成熟，得以水到渠成也。甚維請先生來言指此事，共同論學，人生樂趣，莫此為甚矣！敬盼早日見成！本世之之，如之何樂不為

新年快樂

楊勇拜 十二月七日

香港中文大學

國威兄：二月六日手書讀悉，知近况佳勝，可賀可祝。弟退休後初以體力尚
可，而鄉梓教育如此落後，令人悲甚；尤其師範教育，影响甚大，若
無可用之材，將來為人師表，後果可知，於是有設研究所之構想。年來
奔走，感困難者即為師資問題。正如兄言，溫州僻處海濱，交通阻
塞，以致偏閉甚多，有識之士，多不願屈就鄙地。想此事或胎死耳！
與貴校合作，條件複雜，教育乃百年大計，非朝夕事，更非金錢
所能代替。雄心既衰，無暇言此，祈諒之。弟現亟亟為念者，在將先未
死之时，把以往存稿能整理出版，最為上計。故列世說重订為首務，
半年以來，已校出注藻人名譜乙卷，待世說畢功，可一併出版。此書蒙
鴻學批注并能影印惠寄，不勝感激之至，有澄清之處，將必重附說
宋顏先生文選辨证，特鈔出奉上。弟居鄉間，影印無路，若待元明影
印，又恐耽誤時日。諸請原諒以上五千。肅复並頌
新禧

楊勇 拜年 二月十八日

香港新界沙田　電話：〇一－六九五二一壹一
電報掛號　六三三一
專用電報訊號　五〇三〇一　CUHK HX
圖文傳真　（八五二）〇一－六九五四二三四

香港中文大學

國威兄文席、三月四日手書及唐氏批語選錄稿均拜讀，十分感謝，此地敢讀唐批，確有數條是資深者，我會一一錄入拙著，待重版時予面世，當提及吾兄所賜者也。吾兄用功讀書，且幾年來發表著作甚多，誠此輩之翹楚也，殊佩佩。本月底因須有杭、湘基，三月初返港，此三月中如有教言，請寄浙江省溫州市三角城頭溫州大廈1703室，本人收便可。餘待後談，並復，頌

近祺

楊勇拜復　三月八日

又唐鴻學來歷請查明示下，以便說明出處。　勇又及

香港新界沙田　電話：〇一六九五二一一壹一
電報掛號　六三三一
專用電報訊號　五〇三〇一　CUHK HX
圖文傳真　（八五二）〇一六九五四二三四

THE CHINESE UNIVERSITY OF HONG KONG 香港中文大學

SHATIN · NT · HONG KONG · TEL.: 695 2111
TELEGRAM 電報掛號 : SINOVERSITY
TELEX 電訊掛號 : 50301 CUHK HX
FAX 圖文傳眞 : (852) 695 4234
香港新界沙田 · 電話：六九五 二一一一

Our Ref :

Your Ref :

國威先生道席：九月廿日、十月廿日手書，均于昨（九）日由徐州返港後拜讀，未能及时奉復，至為歉。世說重版已初步完成，正在商談印刷中，出版之後，自當奉請指正。十月间深圳大学召開之旅游文学年會，尚未決定是否參加，因此次會議邀人甚多，香港深圳文足取之論，若無特别事故，當參与會議，謀与先生一面，久别重逢，必倍感親切。饒宗頤先生是否為来年談及此事，不知潘先生有否直接連繫否？来港之後，數月來積務急需清理，心事煩亂，言不盡意，恍惚之至。

專此奉候並祝

近禧

楊勇 拜 十月十日夜

國威兄大鑒：三月廿日手書，弟於二月一日由溫州省親返港拜讀，知近況甚好，可喜可賀。研究之作不能太久，久則必逐漸鑽入牛角尖，七寶樓臺，自出外界難以吻合，學問乃想個別教學，往往可觸發良機，以前研究基礎，若得在教學中時加以發展，於個人進益，似有事半功倍之效。故弟勸兄從事教學，可發揮研究所長。我教學而不研究，亦必炒冷飯，讀講義，人云亦云，毫無長進。吾兄今既得教席，務於善自準備，學生眼中心中有素，決不能將有學問之老師也，不必忠言。兄以為然否？去年東紀文，被目為言尚能深邃。弟之世說，本校今次返溫過杭之時，交稿付印，但因指頭未安，前後脚接不清楚，故未交印，正在覓好印廠也。弟近來身體較前有進步，多食粗糧，運動十分用心思，勿費靈思，乃秘訣，並請吾兄參考。耑此布復並頌

教祺

楊勇拜　六月五日晨

THE CHINESE UNIVERSITY OF HONG KONG 香港中文大學

SHATIN · NT · HONG KONG · TEL.: 695 2111
TELEGRAM 電報掛號 : SINOVERSITY
TELEX 電訊掛號 : 50301 CUHK HX
FAX 圖文傳真 : (852) 695 4234
香港新界沙田 · 電話：六九五 二一一一

Our Ref :

Your Ref :

國威教授大鑒：六月五日手翰拜讀，藉知近況佳勝，至慰至頌。弟近年皆有大陸之行，老母今年[illegible]矣，身心尚好，春秋之間，總親臨侍侯，其餘時間，都在香港，種花讀書，聊為自娛。世說正在作最後校訂，或可於今年底排付印，又不知何時又面世了。子樺得博士學位後，任教黑龍江大學中文系，情形很好，我亦常有通訊。浸師院我很少去，黄世中教授並未提起先生有信去，以後亦不必寄去，但寄香港可也。香港天氣已熱，端午之后，常有32°，甚悶，潮濕故也。北國之人，不慣，唯冬秋則極美。天府之國，又必佳無。並祝

近好。

楊勇拜 六月廿五日。

國威先生大鑒：四月八日手書暨惠寄來《學術集林》均拜收，尚未細讀，因昨晚才由溫州故鄉返港。鄭騫錫《文選集注研究》云有此書，曾詢有關友人，亦不得要領，既今尚不知有此書否，待見面時詢知，容後再告。又近來身體較弱，亦校對拙著世說校訂修本有關，或需後方面世。屆時當奉請指政。匆覆至此

撰祺

楊勇拜　五月四日。

國威兄座：十二月九日手書奉讀，前奉周法高先生還魂記考證，寔是大陸雜誌22卷9–11號所載，乃老友親自將原雜誌合訂本撿出給我核對後交予影印，不誤。今云非大陸雜誌所載，卻自另一本者，則不知所云矣。專覆

並頌

新禧

楊勇 拜覆

十二月十七日。

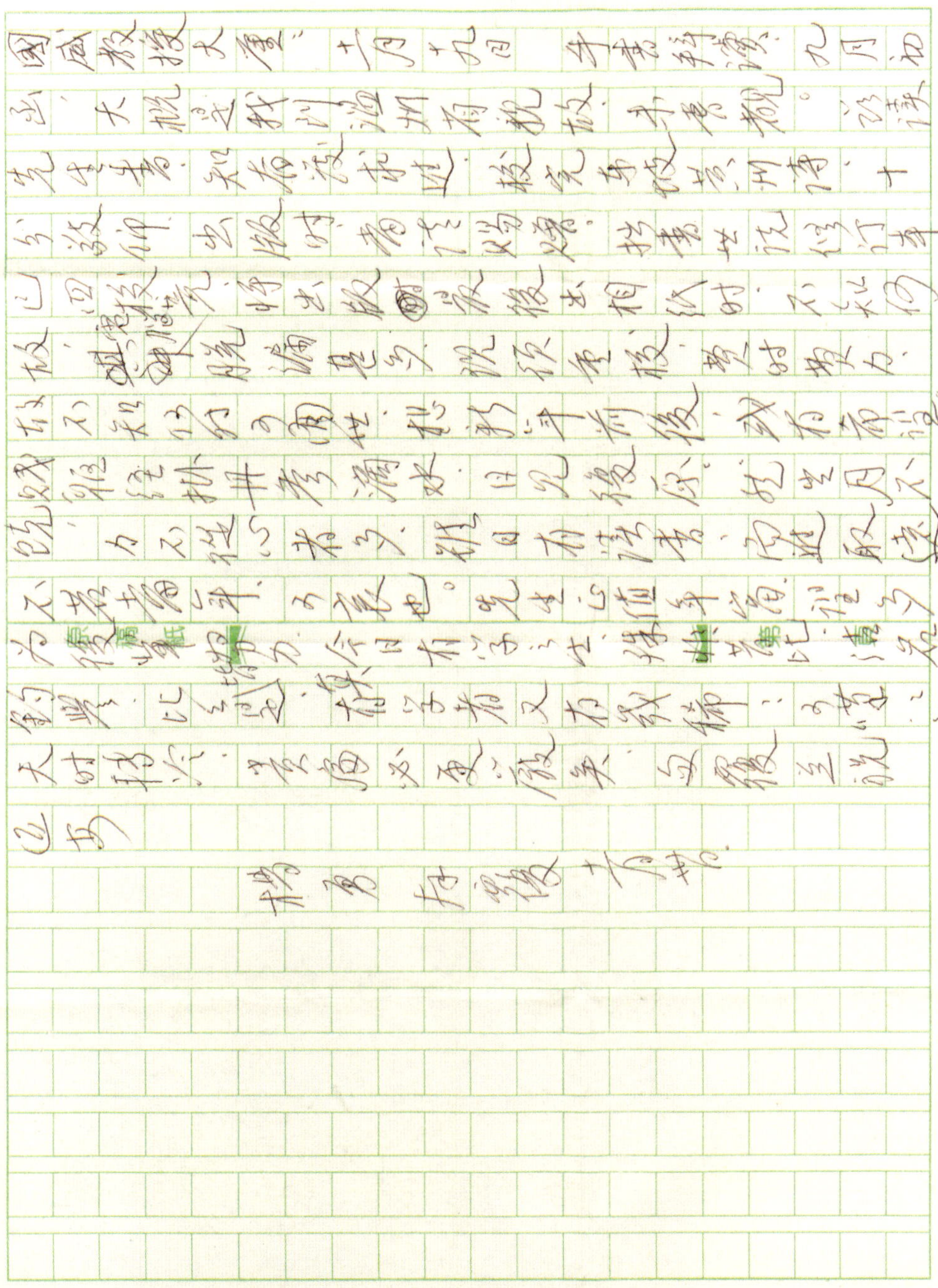
國威教授大鑒：十一月十九日手書拜讀。九月初函，大概是我門溫州有親故，未曾看觀。誦讀先生書，知有發求進，校完東坡黃州詩，十分敬仰。出版時，當請賜贈。拙書世說修訂本已四校完，將出版，最後出相紙時，不知何故，其中電腦脫漏甚多，現須重校，費時費力。故不知何時可面世。想新年前後，或有希望。殘軀經排卅參滴水，日見衰頹，況歲月不饒，力不從心者多。雖日有讀書，而進取遠不若當年，可哀也。先生正值年富，望多為後輩努力。今日有學之士，殊少其苦，沽名釣譽，比比皆是，真有學者又有幾稀：：可嘆之之。天時轉冷，貴府必更嚴矣，並覆並祝

近安

楊勇 拜覆 十一月廿日

國成兄：年底先後來二信及一賀卡，均一一拜收。只是拙書於上年十月初校對後事交与夜行商印製時，不意電腦發生故障，把原已校正的字，一一打回原形，且把其間許多大號字變小，小號字變大，弄得啼笑皆非，令人百思不得其解。幸得出版者及時發覺，只好重新再校，所費工夫，我手比當初多了一倍，真是苦不堪言。今年得竣事，然其間錯字尚不可免。為此情況，我自十一月初溫州回來後，數月來為辦此苦事，晝夜兼之，未出門一步，只得把此外事一概放下，遲遲未作覆。兄多次問訊，不勝歉然之至。拙書蒙存並別校，予於其五、

士敏，

聞人必各年華詩稿改不誤也，但在校對期間，為時太短，往往翻讀原稿，發現情況問題之多，我在序言中雖然有反之，而其中因節外人恐又不曾明白，當再作文詳述。聞八月天津南開有古籍整理文字研討會，我以體力衰退，不能出席，不知兄是否參加否？近來研究如何？中華書局將[illegible]先生李來世說箋注，想必入目。世說註意乃是文字傳新言外之意，恐不能用現代漢語譯了以意譯，不可以傳神，不知尊意何如？天氣漸入秋涼，四川[illegible]山區，想不致為秋江[illegible]之也。我三月間又將赴港[illegible]有[illegible]，行後再[illegible]

頌　撰祺

楊勇拜啟　三月二日

A. 文學103注一：「臣既克殷仲堪、楊佺期，後遣使開朝廷」，前人、程箋、李記皆以「後」字屬上句讀，或以為「殺」字或「破」字。皆意誤，當屬下讀為是。

B. 捷悟7「惟東亭一人常在前」。「前」字當作「後」。不然，全篇不通。

C. 棲逸篇10「而其兄欲建式遏之功」。「兄」字當作「弟」字。

D. 尤悔6「當取金印如斗大繫肘，後大將軍至石頭」。各標點本，「後」字皆屬上讀，誤。

E. 賞譽50「卞令目叔向」，「目」字自劉孝標起皆誤作「向」，非。世說此目多當時之人，目古人者亦其例。

F. 文學篇33「馨」字注，亦堪一提。乃綜合前人之見而判出其意。

一、條理清晰而有系統

A、把全書依數用阿拉伯字母編號，使人容易查考。初版一九六九年出版之後，其後如馬瑞英譯世說新語、余嘉錫世說新語箋疏及徐震堮世說新語校箋，其編排條例，無不依此而來。

B、並明劉孝標注例「已見」、「別見」、「已別見」例。（詳政事篇1注②）今後人查考容易。徐震堮亦襲其例，而未說明。甚者，本箋中誤出者，徐氏亦往往從之。如識鑒26原注云「蔡文、王忱並已見」。本箋云「王忱已見德行44注二，蔡則全書不見」。徐氏云「忱見德行44，蔡未見」。實則「蔡已見德行44注一，忱已見德行44注二」為是。今修行本已改正。又排調篇7注云溫顧已見，亦然。又徐書此例易考[illegible]

國威兄：近況可好，念甚。拙著《世說》修訂本終於面世，奉上一套兩冊，謹請指教。其中亦有數處，據之更正，使本說加改進，不勝感謝之至。八月九日書拜讀。以年齡及暑熱故，一切學術活動，都辭去，不參加《文選》研討會。如有佳文，極望能賜一份拜讀。專覆，祝近好

楊勇 八月廿五日。

國威先生道席：

去年八月卅日 華翰拜悉，并蒙

惠贈大著一部大作一篇，拜讀之餘，欽挹无似。早應修書致謝，

惟以課務繁重，遂稽延至今，务乞 鑒諒。

兹趁探親之便，隨函寄贈 拙著《唐詩采珍》一部，敬請

斧正。匆此復謝。順候

譯安

弟 張仁青 拜 一九九三年元月廿六日

于江西萍乡旅次

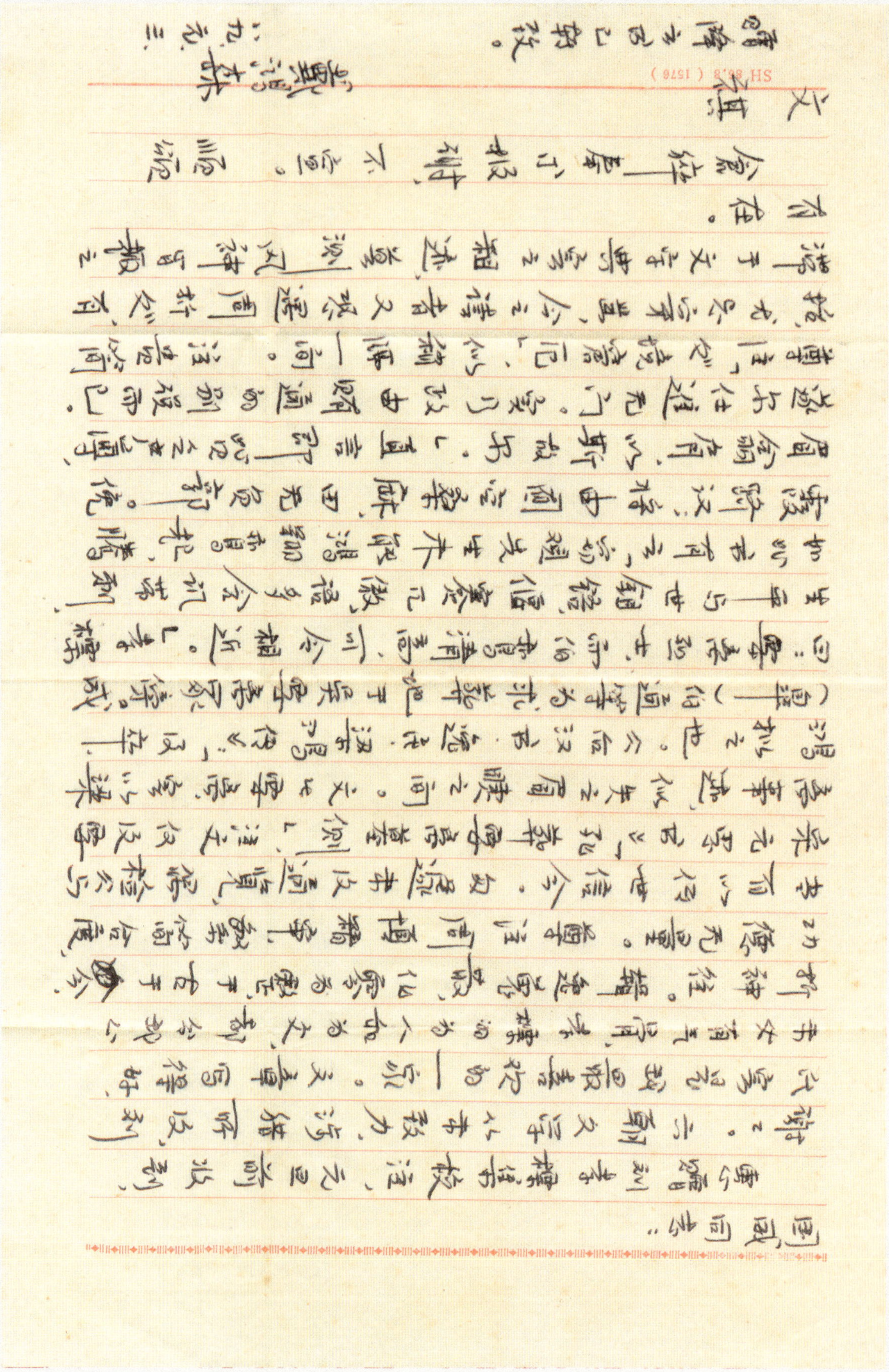

北京大学古文献研究所

国威同志：

您好！信收悉。大作《任昉年谱》，《古籍整理与研究》经初审拟采用，证明附上。

最近有机会来京否？代向贵所诸先生好。

顺颂

文祺

孙钦善

90.10.29

北京大学古文献研究所

国威同志：

你好。信已收到，假期里曾通话，无奈中断，当时再往罗琳处打，亦未打通。大稿本来《古籍整理与研究》已经编入第八期，中华书局也已审完，正待发排时，受命停刊。其中稿件多数已退作者，只选择了几篇供新刊物备用，贵稿亦在选用之列。后来《中国典籍与文化》确定了编辑方针，无法容纳长篇论文，但每年仍要出增刊，以论文为主，所以贵稿一直留在新编辑部。接前边的信后，又去问过他们，他们说是否采用仍未决定。增刊正在编稿，明年出第一集，你的稿子最后怎样决定，请径向古委会秘书处杨忠同志，地址也可写北京大学中文系转。

有几年不见面了，以后来京，争取相晤。

顺祝

文祺

孙钦善

92.10.15

文心雕龙学会信笺

国威兄：

托人带来的高著收到了。对高著的问世，谨致祝贺！兄长期致力于文学与文献研究，于六朝用力尤多，成果有助于学林，大矣。高著弟已置于案几，并推荐给学生，以资参考。

我届奔八之年，霜首、齿落、体弱，但未至昏愦，尚能读书，用电脑写作。近来接触较多的是20世纪中国古代文学史料学。如天假以时，想在这方面做点有益的工作。请兄不吝赐教。恭祝

起居安康

弟张可礼叩拜
2011年4月25日

郑州大学稿纸

纂已一文，请正过目，内中粗列有十四个项目，敬烦先生选择承担，至感。匆此，

即颂

撰安！

俞绍初上

一九九三年二月二十日

00110.89.3　　第　　页

郑州大学稿纸

閔威先生：

川大学报及大札先后奉悉。尊序对《世说》与《世说》之研究均作了全面评介，析论精确，言简意赅，读后得益良多，殊深钦佩！

目前，我所正在编纂《文选学论著索引》、《文选学论文集》二书，论文与相关资料均已搜集齐备，可望于上半年竣工。《文选学》书系之其他几种，编撰细则也已草就，俟拟定书目后当请先生选择数种执笔撰写并提要。《古籍整理出版情况简报》第二六四期载有《文选学研究集成》丛书开始编

00110.89、3　　　　第　　页

劉威先生如握：

大札敬悉。五月末本校拟举行文选学研究集成丛书第二次编务会议，有关大著列入丛书及聘先生为编委等事，本当在会上正式提请讨论，一俟决定再去信奉告。

本校学报于今年第三期起开辟「文选学研究」专栏，暂不定期，先生如手头有稿件，可供刊发，请立即寄来，用光篇幅。为此，即颂

撰安！

弟 俞紹初

一九九三年四月十一日

鄭州大學古籍研究所

國威先生：

久疏箋候，諒近來起居安適為頌。

遵囑此間專印大作，請莊企蕃帶來即可。

《選學書錄》，可為複印。陳八郎本提供方便，請預作準備。匆此，即頌

撰安！

俞紹初

九九五年五月二日

地址：郑州市大学路　　00721.93.7

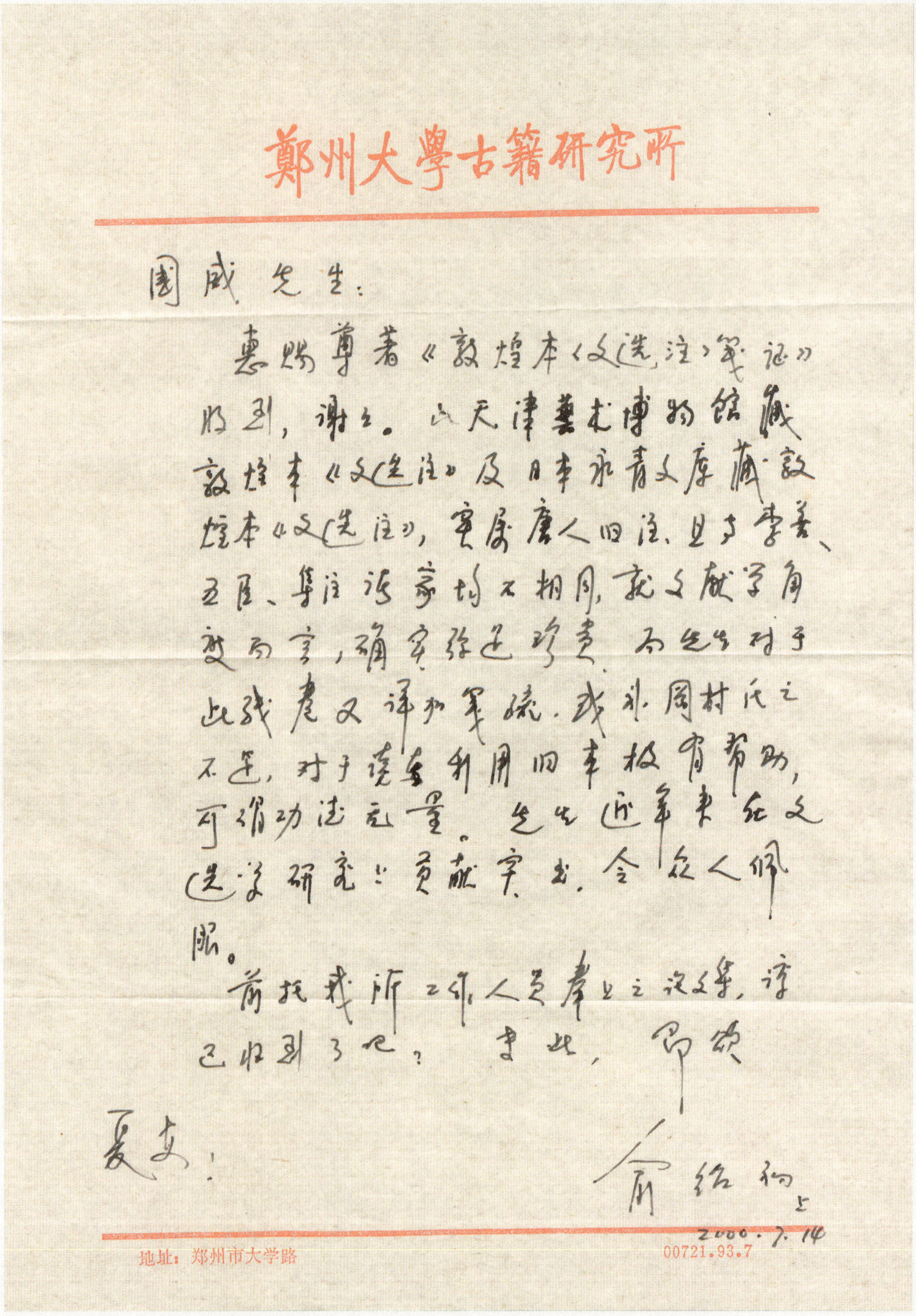

鄭州大學古籍研究所

国威先生：

惠赐尊著《敦煌本〈文选注〉笺证》收到，谢谢。此天津艺术博物馆藏敦煌本《文选注》及日本永青文库藏敦煌本《文选注》，实属唐人旧注，且与李善、五臣、集注诸家均不相同，就文献学角度而言，确实弥足珍贵。而先生对于此残卷又详加笺疏，或补冈村氏之不足，对于读者利用旧本校甚有帮助，可谓功德无量。先生近年来在文选学研究上贡献突出，令人钦佩。

前托我所工作人员奉上之论文集，谅已收到了吧？专此，即颂

夏安！

俞绍初 上

2000.7.14

地址：郑州市大学路　　00721.93.7

鄭州大學古籍研究所

国威先生：

八月二日惠书敬悉。先生在此次长春会议上收获甚大，并已开始为贵校领导所重视，才亦有此向，深感高兴。关于学会理事会事宜，此间正由李之亮君接任，积极办理，估计在月内即可寄至尊处，所需《索引》一册亦当随函附上，请勿虑。至于周村先生对大会所有关言论，经某几位正副会长在发言中商榷，认为最好请周村先生本人来写材料，似更合情理，不知尊意以为如何。草此奉覆，

即颂

撰安！

俞绍初 上

二8·九·八

地址：郑州市大学路　　00721.93.7

鄭州大學古籍研究所

周威先生：

惠书、大著《冤魂志校注》已收到，谢谢！

先生学业专精，著述不辍，范围又在不断拓展，令人钦佩不已。

日前，我代表文选学研究会赴镇江与当地人士商讨下届学术研讨会有关事宜，双方决定会议将于明年秋在镇江碧榆园召开，不日即可由镇江市人民政府发出通知，请到时与会，面叙别后种种。专此，即颂

近安！

俞绍初上

二〇〇一年九月二日

地址：郑州市大学路　　00721.93.7

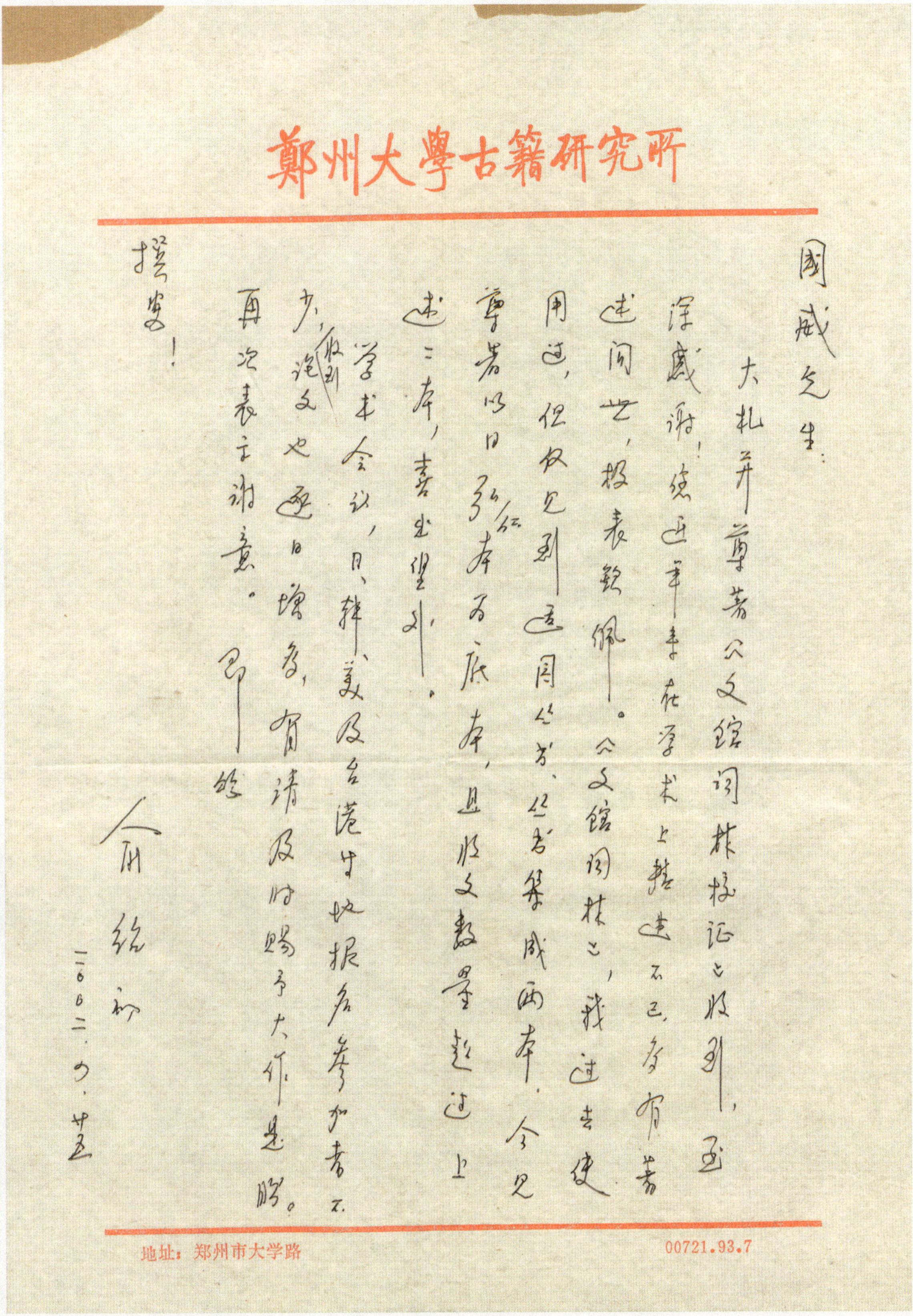

鄭州大學古籍研所

国威先生：

大札并尊著《文馆词林校证》已收到，至深感谢！您近年来在学术上精进不已，多有著述问世，极表钦佩。《文馆词林》，我过去使用过，但仅见到《适园丛书》、《丛书集成》两本，今见尊著以日弘仁本为底本，且收文数量超过上述二本，喜出望外。

学术会议，日、韩、美及台港地报名参加者不少，收到论文也逐日增多，有请及时赐予大作是盼。

再次表示谢意。即颂

撰安！

俞绍初

二〇〇二.七.廿五

地址：郑州市大学路　　00721.93.7

第　页

罗国威先生：

95年郑州文选研讨会一别，匆匆三年过去，会上未得详谈，但对先生的学问，早已神往。我曾拜读在国家古籍小组简讯上发的先生关于严可均氏《全上古三代秦汉三国六朝文》补遗的文章，以为浩大之工程，当补严氏之憾了。今盼早日见到此书。国内信息闭塞，不知进行得如何？出版否？由我、王同策、左振坤主编校点之《全文》已在河北教育出版社出版，故而十分关心先生之补编。

在98年第2期《古籍整理研究学刊》上拜读先生敦煌本《文选注》残卷的文章，很受启发，愿在文选学研究方面加强交流。

顺致

时祉

陈延嘉

长春师范学院教务处　（20×15＝300）　（69417）　（92.3）

7/5-98

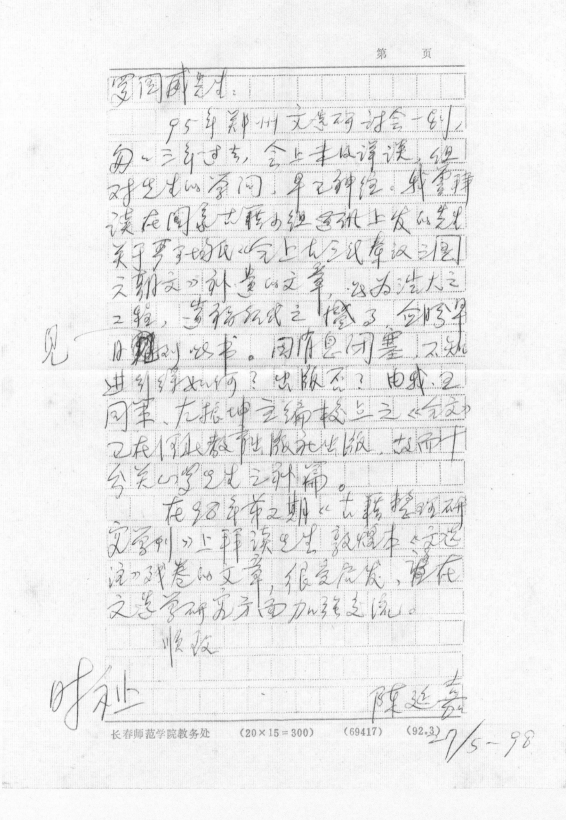

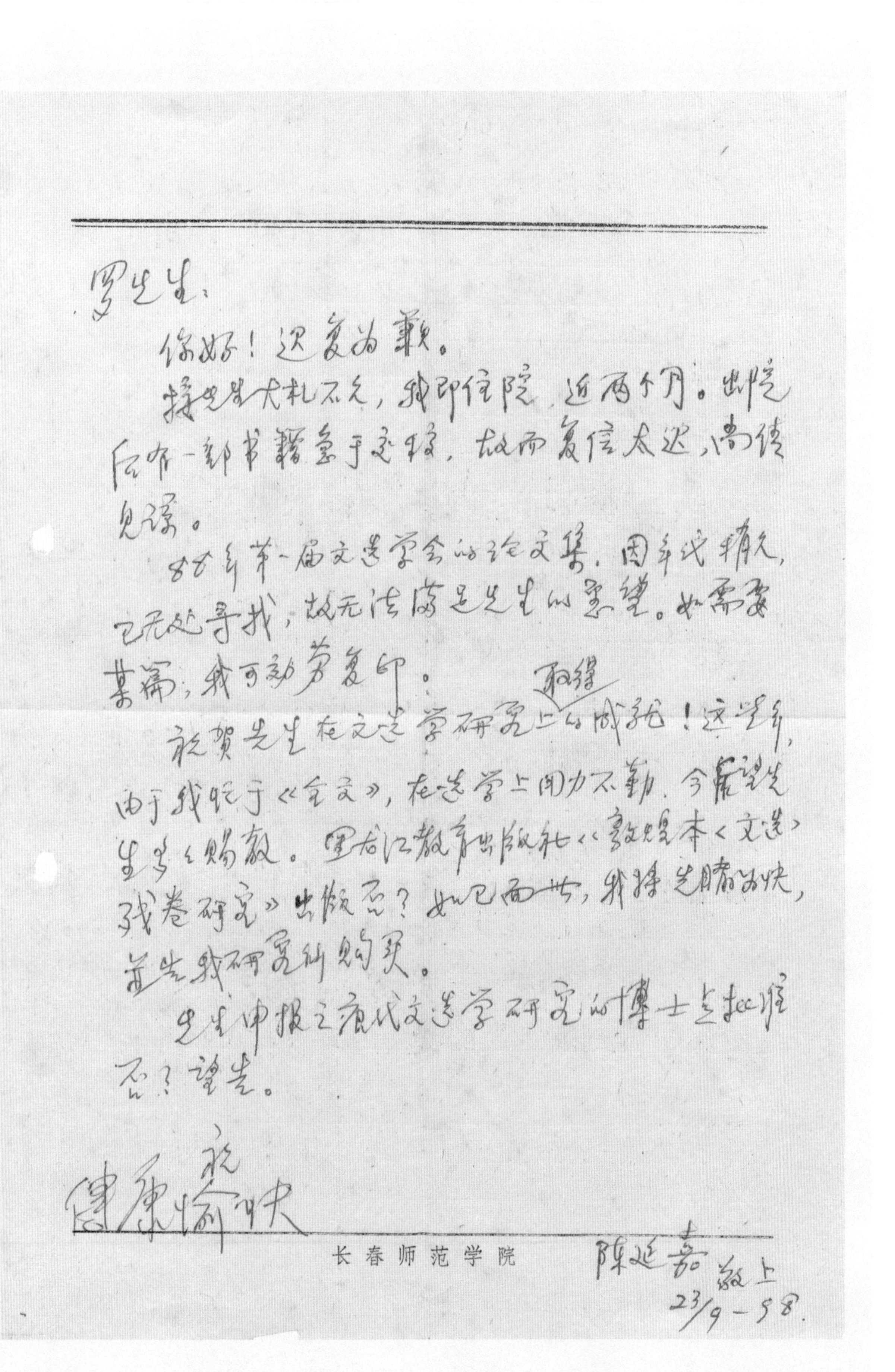

罗先生：

你好！迟复为歉。

接先生大札不久，我即住院近两个月。出院后又有一部书稿急于定校，故而复信太迟，尚请见谅。

88年第一届文选学会的论文集，因年代稍久，已无处寻找，故无法满足先生的愿望。如需要某篇，我可效劳复印。

祝贺先生在文选学研究上取得的成就！这些年，由于我忙于《全文》，在选学上用力不勤，今后望先生多多赐教。黑龙江教育出版社《敦煌本〈文选〉残卷研究》出版否？如已面世，我将先睹为快，并告我研究所购买。

先生申报之唐代文选学研究的博士点批准否？望告。

祝

健康愉快

长春师范学院　陈延嘉 敬上

23/9-98.

北方妇女儿童出版社

宁先生：

您好！接10月1日来信后不久，我即出差，回来后又忙于第二病之事，故所嘱之复印三篇论文，昨日才印毕。耽搁了一些时日，望见谅。

如蒙赐书，不胜荣幸，先谢了！

近几年来，因忙于他务，文字学研究已基本上放下了，虽有些想法，也无暇成文。而先生孜孜以求，硕果累累，十分钦佩，如有成果，尚希继续通报信息。文字学研究是我的研究方向之一，过一段时间还要继续下去，所以对有关文字学的信息和研究成果都感兴趣。

长春已进入采暖期，我院供应暖气了。不过，由于工厂停工，下岗的人太多，故相当一部分居民交不了采暖费，开不了栓，什么时候供暖，尚不得而知。此间风光，千里冰封，万里雪飘，可以是一种浪漫，也可以是一种严酷。四川就无此之虞，当是幸了。顺颂

秋安

陈廷嘉上 30/10

北方妇女儿童出版社

罗先生：

新年将至，祝你身体康泰、阖家欢乐、学业更上层楼！

接先生信及译作《永青文库藏敦煌本〈文选注〉笺订》（上），谢谢！因近期长春流感严重，处于高峰期，我家亦未免，故译作未及细读。我想，待先生之《残卷研究》出版后，与冈村先生的《笺注》对照研读，当能有大收获，届时将再谈心得。

我院学报和社科版开辟一《文选研究》专栏，如先生感兴趣，恳请赐稿，我可代为推荐。

随信寄去小品一篇，以为一刊物约稿，聊以塞责，一笑！

尚颂

年祉

陈延嘉 上

17/12-98

南方出版社

国威先生：

你好！收到大作《永青文库藏敦煌本〈文选注〉补笺》，感君厚意，谢谢！《补笺》已拜读，加之先生所译冈村繁先生《永青文库藏敦煌本〈文选注〉笺订》，先生做了一件大好事。先生所言之《补笺》之作的"三点意义"，极是。以笺证注，可据敦煌本改正现行刻本之错误，如钟会《檄蜀文》"旌麾首舞干羽"之"干羽"，可改正刻本之"干戚"，冈村繁检引《书·大禹谟》，再加上先生之进一步解释，令人信服。不过，敦煌本之注和冈村先生之《笺订》亦有可商讨处。如陈琳《为袁绍檄豫州》对"幕府董统鹰扬"之"幕府"之注："幕，大也。府，聚也"，冈村引《汉书·李广传》"莫府省文书"的颜师古注引晋灼《汉书音义》云："晋灼曰：将军职在征行，无常处，所在为治，

18×15=270 第 页

南方出版社

故曰言幕府也。莫，大也。或曰：卫青征匈奴，绝大莫，大克获，帝就拜大将于幕中府，故曰莫府。莫府之名，始于此也。'此敦煌本注关于'幕府'起源的说法，即来自晋灼注的或说。"从训诂的角度看，此说不妥。莫、幕为古今字，此"莫"即帐幕之幕，训"大"似嫌迂曲。其实，晋灼之说已被师古否定，~~他说~~"师古曰：'二说皆非也。莫府者，以军幕为义，古字通单用耳。军旅无常居止，故以帐幕言之。廉颇、李牧市租皆入幕府，此则非因卫青始有其号。又莫训大，于义乖矣。"是矣。故"绝大莫"不能训"绝广大"，而是绝大漠，莫与漠通。府训"聚"，虽有此训，但于此处似迂曲。府由保管文书和财物处引申为负责此处之

18×15=270　　第　　页

南方出版社

官吏，再引申为一般官署之通称，故幕府之"府"不当训"聚"，而为官署之义，幕府者，引军无定处，以军帐为府也。先生"笺"中引王逸注"幕，大帐也"为是。以我看，幕府一词，至唐，已不算什么难词，如需解释，亦不必如敦煌本之注，敦煌本之注反使浅近的问题变难深了，这是古注之当改进处。不知先生以为如何？

第四届文选会之邀请函，我院已给黑大应子晖先生寄去，先生可放心。我的意输给先生说，黄先生又托刘跃进先生捎信来，希参加会议，是在收来信之后。

近年来，我一直忙于在《全文》的基础选一部文集，二人合作，我负责的部分才完成多半，诸事繁杂，进展迟缓。我深

18×15=270　　第　页

南方出版社

感功力不足而貽笑大方，爭取今年年底打完。

餘不一一。敬祈

秋安

陳延嘉
10/9-99.

18×15=270　　　　第　　頁

北方妇女儿童出版社

同威先生：

您好！译作及大札均已收悉，谢谢！

先生在文选学研究方面多所建树，甚为钦佩！郑州会议因较忙碌，未及面晤谈，明年长春之会，可补遗憾。我对先生大名，早有耳闻。90年代初，我主持《全上古三代秦汉三国六朝文》标点，从国务院古籍组出版的通讯中，看到先生作"全文"之补篇，已全完成，所以一直关心着此补编的出版，不知中华书局方面现在有何动静？

黑大范子烨教授欲参加明年年会一事，我已与长师院先生谈妥，因现不是假期，待开学后再发邀请函。

长春已进入秋天，天气已开始凉爽。前一段太热，妹妹全家从湖南来，说是把太阳带到了长春。她们已经回去了，我也该开始工作了。

20×15=300　　96.3　69222　　第　页

北方妇女儿童出版社

近一年来，我忙于在《全文》的基础上，搞一个选本。由于水平所限，颇为吃力，不过，做为一次学习，也有一些新的收获。我是搞古汉语的，对于古代文学只知一鳞半爪，深入进去，觉得问题不少，过去的许多研究显得浅薄。看来，读懂古人的流畅，仍是一个长期的艰巨的任务。这方面，望你不吝赐教。

顺致

秋安！

延嘉 顿首

20/8-99.

我的地址与先生来信所写的有变化，请注意。

20×15=300　　06　3　60222　　第　　页

北方妇女儿童出版社

同威教授：

你好！昨日接到11月11日来信，并上信亦收到。先生接连有大作发表，可喜可贺，足见先生功力之深和用力之勤。不过，尚希以健康为中心，不可过劳。我这个人虽然喜欢弹钢琴，也教外孙学钢琴，但确如毛泽东所说"不善于弹钢琴"，总是抓住一件事不放，加之资质愚钝，更无暇他顾，故而著述不多。前些年忙于《全上古三代秦汉三国六朝文》的校点、排版和校对、审校，这两年又忙于在《全文》的基础上搞一个选本，用在《文选》上的时间几乎等于零，虽然也有些问题，有点想法，但出版社的合同早已过期，不敢再抽时间撰写。所以拜读大作，于我受益非浅。加之我退休在家，闭门撰述，很少去图书馆，学术信息不灵，因先生寄来的大作，对我就更加珍贵，谢谢！

《〈文选〉分类之我见》已拜读。对于此题，

20×15=300　　97　2　69222　　第　　页

北方妇女儿童出版社

刻版的时候，才发觉疏漏了"移"类的姜本无，在"檄"前加上"下"后，《昭明文选》在"檄"后"对问"前，是不会是同一情况？当然，这只是推测，不能做为确证的。第二，先生说"《昭明文选》一节，且无论就昭明本编者解题……抑或尤袤注……都与致现存已注'檄'类解题……的意思相类"，先生的强调了这是两种解题，但"意思相类"，你用"檄"类解同的解题，来证明"移类"之可以成立，但"相类"之"难"却不能成立，似乎自相矛盾。这也许是表述上的不准确，也许是对解题的问题，想出来请教。

明年的《文选》会议在岳阳召开，我院对此十分重视。也由主与会者也有几十人左右，过几天可发出正式邀请函。

长春已是初冬景象，你们下了一场雪。

20×15=300　　97　2　69222　　第　　页

北方妇女儿童出版社

我没有研究，故提不出肯定的意见。提出《文选》文之分39类者，据我所知是台湾的游志诚先生。他有一长文，曾寄赠给我拜读。（是否有他人在前，当先生亦知。）我是比较赞同的。前边已言，因我未专门研究，我个人没有肯定的意见。~~据先生大作所论~~傅刚先生的观点大概是进一步阐述这一问题。95年郑州的会上，也曾有人提出（似乎是傅刚）这一问题，但未展开讨论）。关于"难"是否单列一类的问题，除了先生提出的根据外，我尚无其他根据，故亦不敢确指其有无。但对先生的意见，我有两点不解，提出参考。先生说"难，止司马相如《难蜀父老》一篇"，以此做为否定"难"的立类，恐不妥。因为在《文选》中，某类文体只选一篇者，所在多有，如册、令、广记、对问……等。所以选文的多少，不能做为文体立类的根据。是否有其他的可能，即因为只选了一篇，所以在

20×15=300　　97　2　69222　　第　页

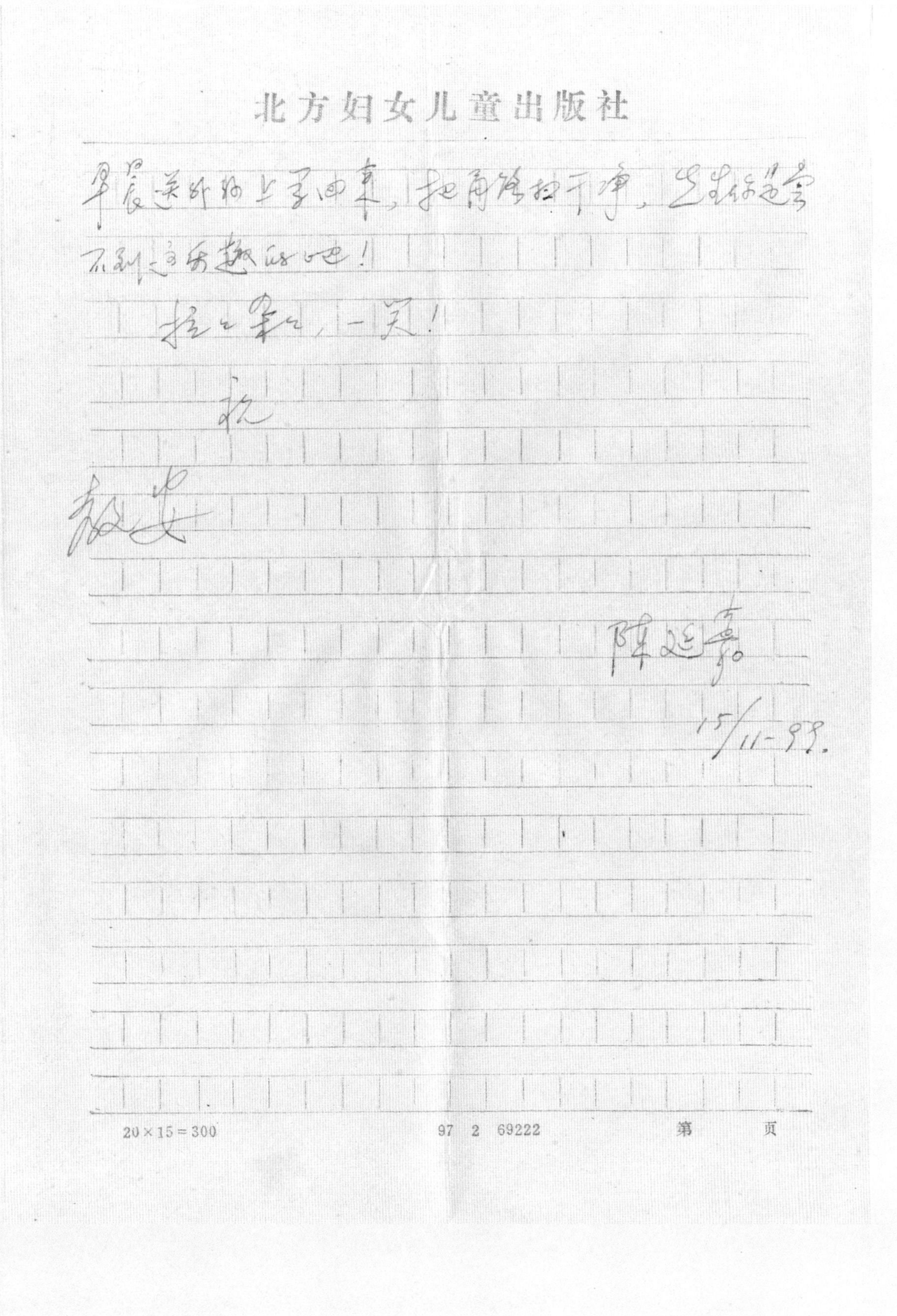

北方妇女儿童出版社

早晨送外孙上学回来，把房间扫干净，这些你也会不到之乐趣的吧！

拉拉杂杂，一笑！

祝

教安

陈延嘉

15/11-98.

20×15=300　　97　2　69222　　第　　页

长春师院《昭明文选》研究所

国威先生：

您好！

长春一晤，不胜愉快，先生之学识，令人钦仰，望以后不吝赐教。

遵嘱寄去的书四本。没有几个钱，不必寄款了。

这一段时间，我很忙，书寄迟了，尚希见谅！

顺致

敬安！

[illegible]

2000.8.25.

69442·99.5 (15×20=300) No

长春师院《昭明文选》研究所

同威先生：

您好！

接3月10日信。喜悉尊撰两本大作将于今年出版！其中《文馆词林》我用过，《冥祥记》则未见。先生嘉惠学林，可喜可贺！

我近来很好，勿念。受聘于两所院校，忙于教书。这些年，著述太累，暂时不想写什么了。教教课，也活动一下身体，从经济上看，也比写书来得快。

文选会论文集的事，我已打电话问过了，因送往日本的磁盘复印有困难，故有拖期了，大概在5月前后能出版。

顺颂

春祉

延嘉拜

2001.3.17.

69442·99.5　　(15×20＝300)　　№

长春师院《昭明文选》研究所

罗先生：

您好！

明年四川文学史资料研究会，承先生盛情邀请，不能赴会，甚感遗憾；好在新乡之会还可晤面，当有机会请益，可补万一也！

我请吴晓峰所长寄去二书，希望得知您的批评指正。关于"钱学"，争论颇大，"文选钱氏学"更是一个有待开拓的领域，我们的意见只是初步的，正确与否，有待商讨，特别希望听之不同意见。

先生治学勤奋严谨，硕果累累。所赠之书，我仔细拜读，收获良多。望研究成果不断面世，以嘉惠学林。

顺颂

近安

陈延嘉

2004.11.17.

69442·99.5　（15×20=300）　№

上海社会科学院文学研究所

國威兄：

大函奉悉。雁荡之会，与君相識，倾谈不疲，甚为欢愜。兄豪爽快直，胸無芥蒂，有蜀人之氣質，此乃弟所樂於交也。

雁荡分袂後，弟忽染重病，高烧数日不退，三日不省人事，由救护车送進医院，抽脊髓检查，方知患了脑膜炎。幸得良医治療，始转危为安，住院月餘，近日将出院矣。亦不幸之大幸也。医嘱须休养三月方可工作。我当視體力而行，手头三部书稿業已逾期，若完全遵照医嘱，实在为难。

出院后当奉寄《张岱诗文集》。希望今後多多联系，并望下届山水文学（在青岛召開）再次握晤。祝

新年快樂！

弟咸淳上 一九九二年元月十八日

於上海華山醫院

上海社会科学院文学研究所

國威兄：

惠书及《刍议》一文均收到。兄多年埋首故纸堆中，用心搜寻珍本秘笈，讀書多矣，而学殖日增。弟敬之羡之，而不能为之，殊可愧叹。原想今春一至京華讀书访友，终因病而未果。一病数月，无所事事，殊怅怅。现仍在家休养，五月初可上班。

现今甘坐冷板凳，从事古籍研究如兄者，实不多见，追逐时尚，速成沽名者则天下滔滔。但欲摆脱时风影響，也還不易。即如弟八十年代初曾至各地调查明人别集所见之书不为寡，成《明文选》一书，计八十余万言，但出版社毁约，乃删削重编交另一家出版，仅得四十万言。此書即使出版，但在我们这里，在科研成果的天平上，分量很轻。此种事实实令人懊伤。但初衷未改，自得交吾兄以来，更坚定了信念，决计要对明代才士作一番考索~~工~~夫，对有关明人别集重作调查，研讀。聞兄將於今夏至江南查書，敬延以待。

祝近好！

弟咸淳 九二年三月一日

国威同志：

您好！

三月份，我因有两处稿约必须完稿，在家埋头撰文，您寄到单位的大函刚刚收到，怕您着急，先复一些说明，我一定抽空到社科出版社问一下您提到的两种书目的出版情况，详情容后奉告。

承询及，十月份将在射洪举行的陈子昂学术会议，我不能前往聆教，甚憾！

祝

文安

陈祖美 92.4.6.

15×20=300　　中国社会科学院文学研究所稿纸

否為評 日本大安株式会社一九六三年影印、因為敝社近刊重印此書「壺」「梅」記「丁」「丙」本、原甲丁所缺頁用日本本書配補、以便說明、順頌
研祉
張松頤 上
5.7.

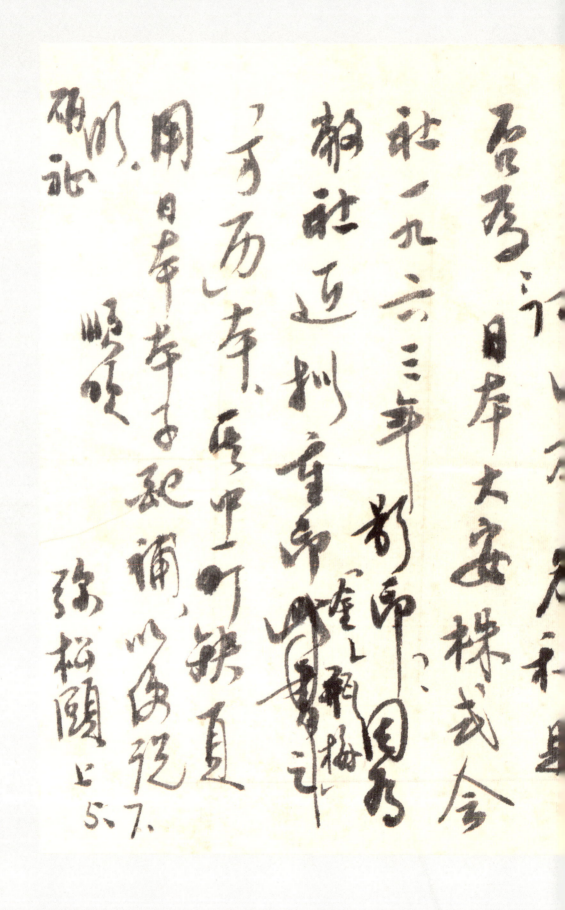

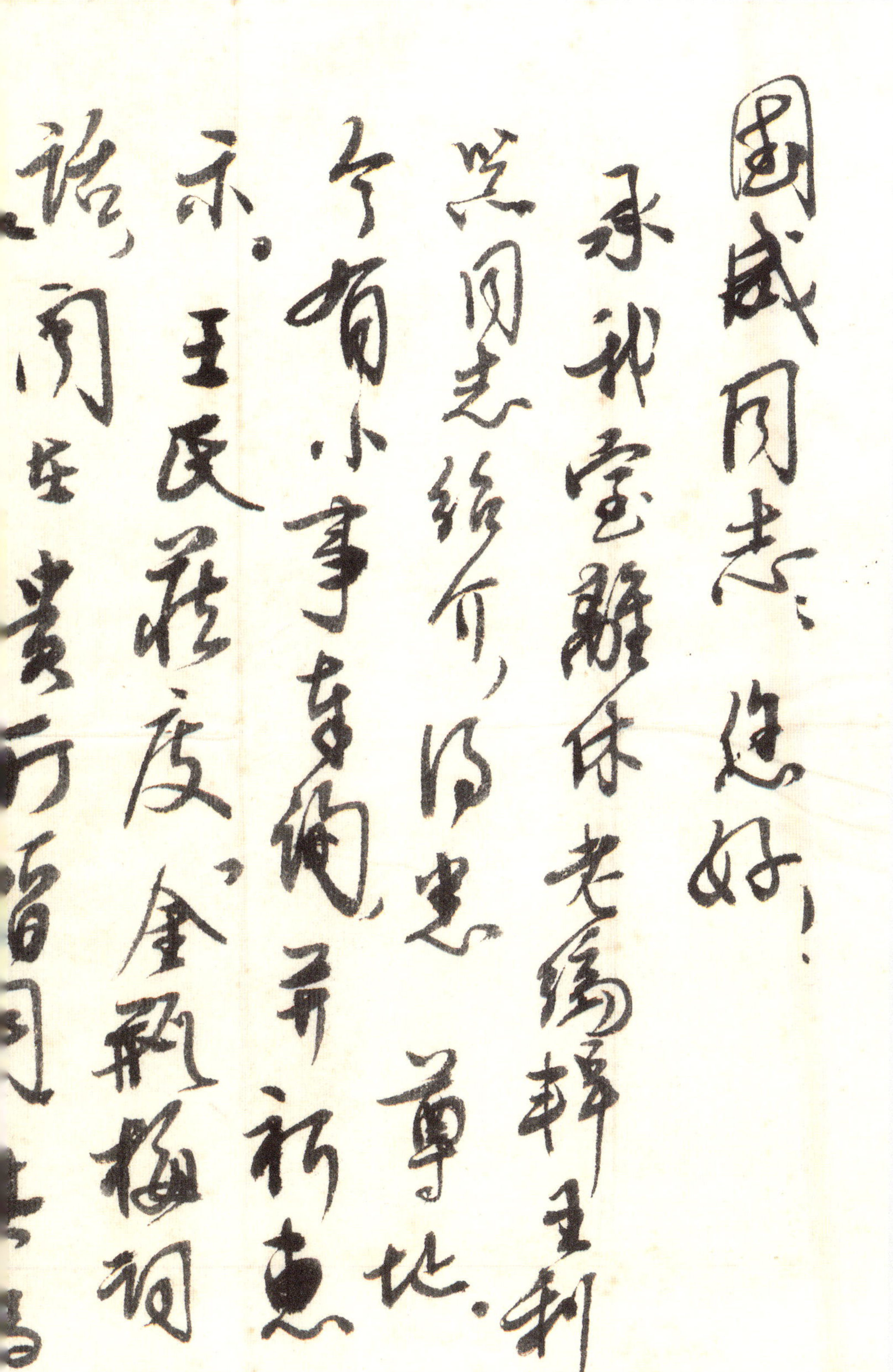
国威同志：
您好！
承我室離休老編輯王利
器同志紹介，得悉 尊處
今有小事奉商，并祈惠
示。王氏藏庋《金瓶梅詞
話》，聞在 貴行當同

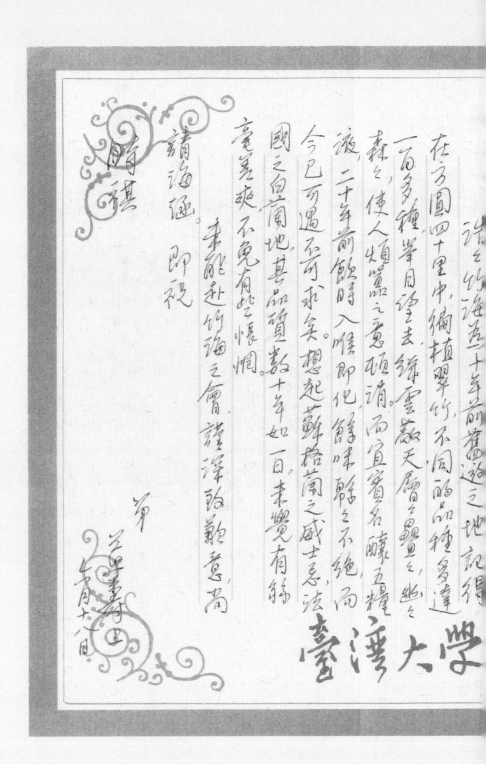

詣々竹海五十年前舊遊之地，記得
在方圓四十里中，備植翠竹，不同的品種多達
一百多種，舉目望去，綠雲蔽天，層々疊々，幽々
森々，使人煩囂之意頓消。而宜賓名釀五糧
液，二十年前飲時，入唯即化，餘味馥々不絕，而
今已可遇不可求矣。想起蘇格蘭之威士忌、法
國之白蘭地，其品質數十年如一日，未覺有絲
毫差爽，不免有些悵惘。
未能赴竹海之會，謹詳致歉意，尚
請海涵。即祝
時祺

弟 [illegible]上
七月十八日

臺灣大學

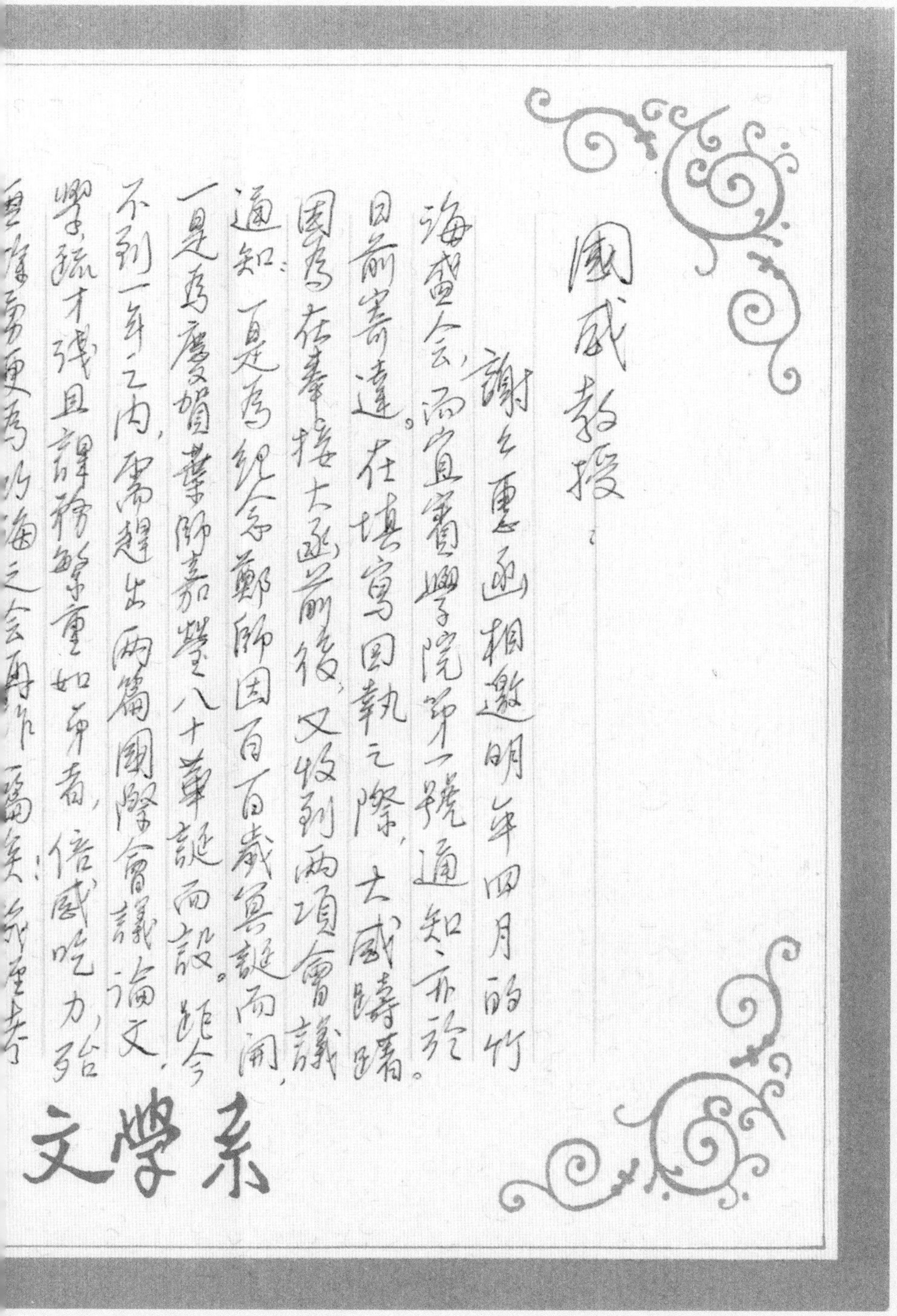

國威教授：

謝謝惠函相邀明年四月的竹塹會，而宜蘭學院第一號通知亦於日前寄達。在填寫回執之際，大感躊躇，因爲在奉接大函前後，又收到兩項會議通知：一是爲紀念鄭師因百百歲冥誕而開，一是爲慶賀葉師嘉瑩八十華誕而設。距今不到一年之內，需趕出兩篇國際會議論文，學疏才淺且譯務繁重如弟者，倍感吃力，殆無餘力更爲竹塹之會再作一篇矣！然至若

文學系

臺灣大學
NATIONAL TAIWAN UNIVERSITY
TAIPEI, TAIWAN, REPUBLIC OF CHINA

國威教授如晤：

大函遲遲未覆，甚是抱歉。所詢二事，早託人查詢，僅知紹興本贛州州學所刊李善五臣注本《文選》，台北故宮有殘本二卷，全本則藏於日本靜嘉堂文庫。至於《大全賦會》，至今仍無消息奉告。

下月貴國文選學國際會議，弟未能成行，錯失晤對請益兼遊山水之樂，不免遺憾。

成都此時想正春暖花開。台北自三月中旬後，淫雨連連，萬紫千紅，霎時已萎靡凋零矣！　即請

近安

林益壽拜

三月三十日

臺灣大學
NATIONAL TAIWAN UNIVERSITY
TAIPEI, TAIWAN, REPUBLIC OF CHINA

國威教授鈞鑒：

二月初惠贈《文館詞林校証》一書早已妥收，非常感謝！我主要做學術史研究，故对資料比較注意，掌握愈多學術資料，讓學術史愈不易有錯；故我在研究所所授課程也即是「六朝文史資料討論」。先生此書便是一可貴可據之善本了。慚愧的是我自己性並不喜作細密考校工夫，只能多方運用他人的成果，比起 先生腳踏實地埋首耕耘，相去不能以道里計。

為 先生書作了書評的徐俊，即中華書局文學編輯室的那位先生，未知是否即是上次開會時遇見，中國社科院文學研究所的徐俊？上次在焦山亦曾晤渠教問，他說家在揚州什么的？

近月來事冗心煩，SARS侵擾兩岸三地，大家一同受苦，暑熱將至，伏祈善自珍攝。即頌

研祺

張蓓蓓敬上
五、十四

臺灣大學中國文學系用箋

當前竹海近已在此大紅特紅，因為電影「臥虎藏龍」的緣故。四月中不知是否有空去參加，還得再看看。我在研究所所開「六朝文史資料討論」一課，主要也即是讀子、史、地、佛、道等文獻中的史料與文學史料，比較說，要找一題目來寫一小文參會，我亦不難；主要明年一、三、六月我系共開三個學術會議，總該參加一次，也得提文章，不就分身乏術了。

此地今春真是混亂一團，政情不穩，人心不安，好幾個學生要畢業提論文，看他們在此時空下努力趕工，實是辛苦。我們自己也把不住，不禁多費了無數時光與注意力在外圍大事上，影响工作。

匆匆作覆，即頌

研安

晚 張蓓蓓 上

五月十四日

臺北市羅斯福路四段一號
電話：三五一〇二三一轉二二八四

臺灣大學中國文學系用箋

國威教授道鑒：

又勞先生來信，實深抱歉。寄來的「劉孝標集校注」與「溫子昇集校注」早已收到，（因我去了埃及，所以在信件室擱了好一陣子。）因已誤了时效，又兼準備拜讀後再給先生回函，结果一拖至今，還勞垂問，實在不好意思之至。劉集前曾出版，但我並未購存，幸好獲得此一增訂之本。溫集年君作得十分精细，注釋歷歷有據，重視版本並校字，是先生的真傳；尤其許多词語皆乃南北朝人習用，把它弄清楚，不僅有益於溫集，对研究本時代的人亦均有益。如先生有便，請代向年君致意。

臺北市羅斯福路四段一號
電話：三五一〇二三一轉二二八四

今年景況困厄，三月初家父突發中風，住院半年多，反覆發作各種併發症，並在九月中辭世。為此整年幾乎無法正式工作。幸而去年未應承若干邀約，否則定去不成，成為失約了。目前身心所受傷損已大略恢復，希望明年能重振精神，寫些東西。明年八月起我休假一整年，或許也會抽空登陸造訪。

先生近來有何大作？？何以信封上註明「中文系」而非「古籍所」？？川大地址僅有英文的，似是「宜黃路」（？？），有便仍請告之。

即此祝頌

新歲如意

晚 張以仁拜上

十二月廿六日冬至夜

臺灣大學中國文學研究所

國盛教授：

來函奉接。臧正一君「尸滂漢簡音韻研究」（初步試）一文，經由詢本人，謂是其碩士論文（一）之一部分，渠亦並與「古文字與古文獻」一書抽印本，然甚願將全本論文寄贈先生並請指教云云。已將成都地址付之，應今直接寄上，請查收。此君原為我三十年前任助教時指導作文之大學生，台大畢業後在負盛名之台北第一女中教國文，並已任教務主任，然為求學歷完整，又繼續謀求讀研究所拿學位，作何論文，找何老師，程度如何，我均不清楚。

四五月間，文字學會在河南召開，先生是否與會？我今

臺灣大學中國文學研究所

罗国威先生：

惠赐大著《文馆词林校证》已经收到，另一册亦转呈运熙师。王先生嘱我务必向先生表示谢意。

日藏弘仁本《文馆词林》具有极高之文献价值，仆向往已久，惜未能备于手头。今得先生所赐，不仅夙愿已偿，且经先生悉心整理，其价值更加提升，使用更为方便。故实是喜出望外，谨致衷心感谢！

关于我系招收博士研究生事，略述如下：总的名称是中国古代文学，但~~中文系~~其下分为三个部分：1.中文系古典文学研究室的导师所收；2.中国语言文学研究所中国文学批评史研究室导师所收；3.中国古代文学研究中心导师所收。1有王水照、陈允吉、陈尚君、骆玉明等导师，2有黄霖、蒋凡及我，3有章培恒、陈正宏等先生。考试课目除外语之外，有专业笔试、专业口试、文史哲综合知识。文史哲综合知识每年由不同的教师命题。我虽在文学批评史研究室，但我所招收的学生不一定非攻读批评史，文学史也可。黄、蒋二位和我出的专业笔试卷会相同。我主要是就魏晋南北朝隋唐方面的文学、文论题目（可以选做）以及一些基础性方面的题目（如断句标点之类）。也就是说，报考我的学生参加专业笔试时，虽然其项目名为"中国文学批评史"，但实际上也可选做文学史方面的题目。专业口试则由若干位教师一同提问。至于参考书，招生简章上都已载明。批评史方面主要是王运熙、顾易生主编的七卷本《批评史》（有关断代部分），也可看王、顾二位主编的《中国文学批评史新编》（复旦大学出版社2002年初出版）。文学史方面，各种教材、著作都可参考。如报考章培恒、骆玉明先生的研究生，则更应参考他们主编的那本。文史哲综合知识则没有指定的参考书。每一届皆如此。即颂

著祺

杨明 拜启

2002.3.25.

復旦大學

羅國威先生：

大札並陳慶同學論文均已收到。因近來頗為忙碌（正逢研究生論文答辯"高潮"）遲宕至今方覆，歉歉！陳慶同學欲報考我的研究生，我很歡迎。他的文章已讀畢，覺得通達穩妥，對以往人們研究甚少的作家加以探討，確實必要。《葉德輝沈家本〈世說注〉引書目錄補正》即將發表于《書品》，弟將注意閱讀，看來陳慶同學在先生教導下，文獻功夫扎實，富於鑽研精神。

今秋鎮江會議，弟將奉運熙師前往，得與先生再次晤對並聆聽高論，甚喜。不知先生此次提交論文是何題目？弟僅作一小文，《讀〈文選集注〉札記二則》。運熙師論文亦有関謝莊者，弟尚未拜讀。

匆匆，即頌

時綏

楊明 謹上

六月九日

復旦大學

羅先生：

两封大函及陈庆同学论文，均已收到。迟复为歉！

知大著《文馆词林校证》将出修订本，十分高兴！不知修订本是否将录载先生所作之校记和笺证？若能录载，当增篇幅，但实有利于读者，并更加提高是书学术价值。承蒙垂问对大著的意见，弟实浅陋，且尚未能仔细阅读，故只能提出以下数条供吾兄参考，未必正确：

一、149页，"风仪儁之伟；运属连横，辰生途用武之日。"校记云"伟"下当脱一字。弟疑"伟"上"之"字当在"横"字下，"途"当作"逢"，读作"风仪儁伟。运属连横之辰，生逢用武之日。"

二、167页"振而归。"校云："振字下当脱一字。"按：当脱"旅"字。《左传》隐公五年："入而振旅。"

三、168页，"凭封九百。"校云："原作'凭九百封'，据文意乙之。"按：原文"九"当作"几"。"凭几百封"，用汉代陈遵典故。《汉书》遵传云遵为河南太守，至官，"治私书谢京师故人。遵冯几口占书吏，且省官事，书数百封，亲疏各有意。""凭几百封，极书五行"，状其才思敏捷。盖"几"、"九"形近致讹。

四、186页，倒3行，"自家形国"，《古佚丛书》本作"自家刑国"，是，宜据改。（形、刑通，若原抄作形，可不改。）

五、187页，倒5行："寔日夏州"，疑"日"当作"曰"。

六、187页，"严城郢"，校云郢下当脱一字，按古逸本正有□。

复旦大学

七、第232页，倒4行，"中州旧强"，"古逸"本作"中州旧族"，宜据改。

八、233页第1行"一日已周"，"古逸"本作"一口已周"。

九、381页，倒3行，"寓室传抄"，按云"君尔所载，真作传"。正文与按语不相应。"古逸"本卷七〇作"传"不作"真"。

所说恐未必当，请兄裁断。

陈庆同之文，极为细密，足见吾兄培养之功。十月信阳会议，当可相见。不知兄以前去过信阳否？

匆匆，即颂

著祺

杨明 顿首

2002.八.廿一.

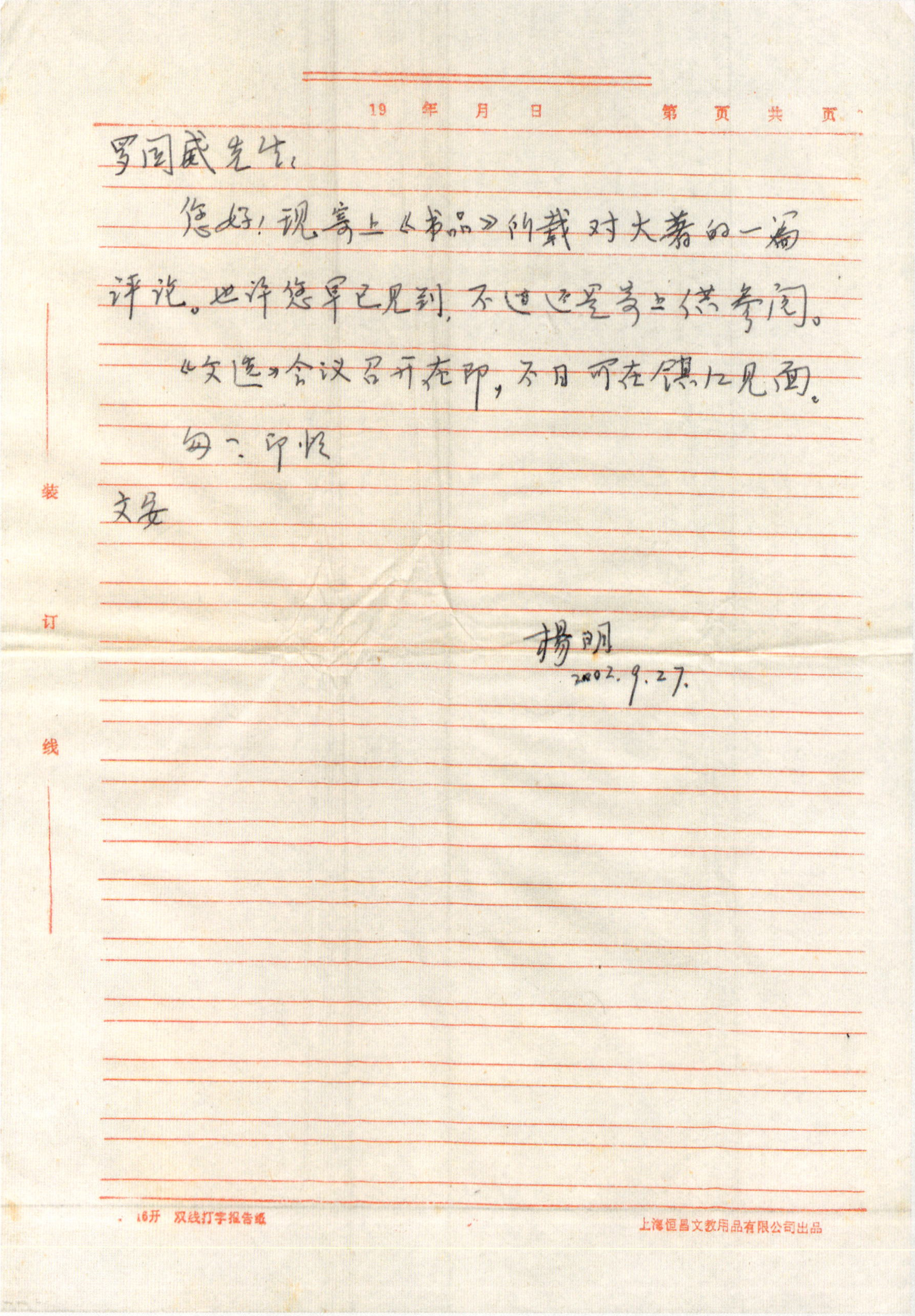

19 年 月 日 第 页 共 页

罗国威先生：

您好！现寄上《书品》所载对大著的一篇评论。也许您早已见到，不过还是寄上供参阅。

《文选》会议召开在即，不日可在镇江见面。

匆匆，即颂

文安

杨明

2002.9.27.

装订线

16开 双线打字报告纸　上海恒昌文教用品有限公司出品

·书苑撷英·

《日藏弘仁本文馆词林校证》，〔唐〕许敬宗编，罗国威整理，中华书局 2001 年 10 月出版，33.4 万字，定价：33 元。

《文馆词林》是唐高宗朝中书令许敬宗奉勅编撰的一部分类汇辑先秦至唐诗文的总集，共 1000 卷。唐以后逐渐失佚，仅零星散见于他书。多年来学者们不遗余力地搜求此书。今《日藏弘仁本文馆词林校证》乃以日本《影弘仁钞本〈文馆词林〉》为底本，弘仁钞本是迄今为止收文最多、版本最善、最接近《文馆词林》原貌的钞本，囊括了《佚存丛书》、《古逸丛书》等丛书中所收《文馆词林》刊刻本的祖本，实际上是一百多年来日本所发现的弘仁钞本及其他古钞本的总汇。其中所收文章，可以补入严可均《全上古三代秦汉三国六朝文》者凡 197 篇，可以补入《全唐文》者凡 21 篇。严可均本据其他文献所载辑得片断，而此书所载为完篇可资校补者，亦不在少数。

全书 30 卷，经整理者广检载籍，纠误补缺，考订校补，便于读者的阅读和使用。

《沈曾植集校注》，钱仲联著，中华书局 2001 年 12 月出版，106.4 万字，定价：88 元。

该书包括《海日楼诗注》和《曼陀罗寱词》两部分。作者沈曾植，是我国近代著名的学者，经史地理、版本目录、佛道医律，无所不通。他在文学上的成就，以诗为第一，是清末"同光体"的代表人物。其诗融贯经史百家，出入玄学佛理，具有近代文史研究的资料价值。也正为此，沈氏的诗具有艰深晦涩之特点。学者钱仲联先生积十数年之功，对《海日楼诗》详加注释，正如《发凡》中所说："注者泛览《大藏》，十阅寒暑，必有具眼，识其苦心。"诚所谓功德无量。而此书的出版，对研究沈曾植其人其诗与近代诗坛，都将有着深远的意义。

（以上两篇由编辑部供稿）

《红楼梦研究稀见资料汇编》，吕启祥、林东海主编，人民文学出版社 2001 年 8 月出版，全书 100 万字，定价：68 元。

随着新旧世纪的更迭，对各个学科的回顾、反思及展望已经成为近年学术研究的一个热点，红学研究也不例外，自 20 世纪 80 年代至今，国内不断有此类性质的学术著作出版，这些著作关注点不同，写法各异，对红学进程的梳理和辨析皆有独到之处。

87

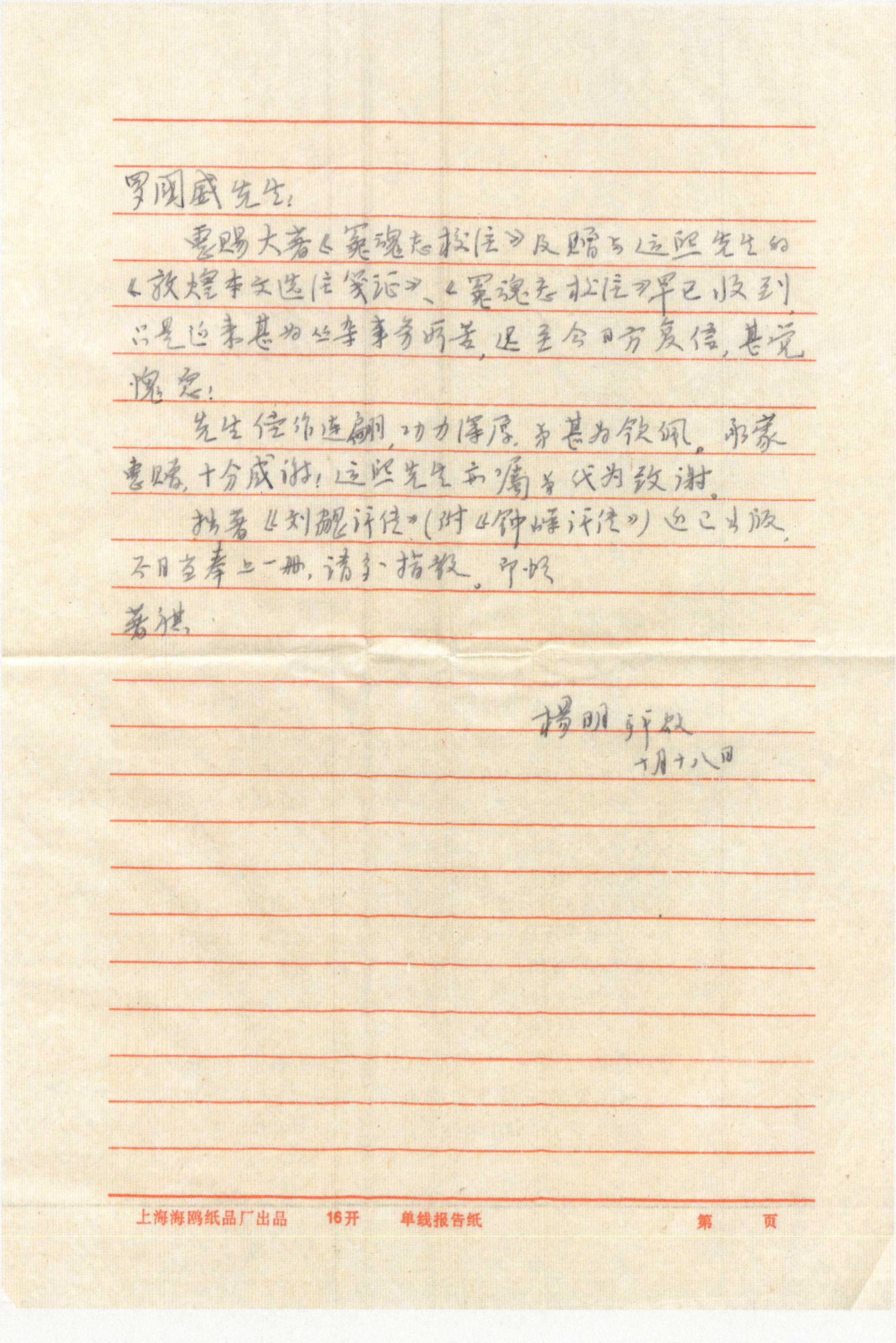

罗国威先生：

惠赐大著《冤魂志校注》及赠与运熙先生的《敦煌本文选注笺证》、《冤魂志校注》早已收到，只是近来甚为丛杂事务所苦，迟至今日方复信，甚觉愧歉！

先生著作邃密，功力深厚，弟甚为钦佩。承蒙惠赐，十分感谢！运熙先生亦嘱弟代为致谢。

拙著《刘勰评传》（附《钟嵘评传》）近已出版，不日当奉上一册，请多多指教。即颂

著祺

杨明拜启

十月十八日

上海海鸥纸品厂出品　16开　单线报告纸　第　页

Fudan University
220 Handan Road, Shanghai 200433, China
Phone: +86-21-65642222
Http://www.fudan.edu.cn

羅先生：

惠賜年华林同志的《墨子异集校注》已经收到，另一册将转奉王先生，请放心。我已在电话中向王先生禀告，先生很客气，并嘱代向罗先生与年华林同志致谢。

年同志此书翻阅之下，觉得用力甚深，富于学术价值，校勘、注释，均十分严谨，注释详赡，寻根究柢。先生指导有方，故学生能取得如此可观之成绩。硕士生即已如此，其他学校的博士生亦未必能做到这样。甚可佩服！

前与学生楊焄撰写的《谢朓庾信诗赋文选评》，业已出版，手头一时无书，俟购得后，即奉上请教。敬颂

著祺

楊明 稽首

二〇〇六、六、四

FUDAN UNIVERSITY 1905
復旦大學
地址：上海市邯郸路220号　邮编：200433　电话：65642222(查询)　网址：http://www.fudan.sh.cn

罗先生：

惠赐大著《咸平集》整理本和《六朝文学与文献》已经收到，十分感谢！并已通过电话禀告运熙师，运熙师托我代向先生致谢。

稍事翻阅赐书，觉得对我助益甚多，如论《文选》及《文选注》诸篇所论，正是目下我很想了解的内容。我将认真拜读大著，必将获得许多教益。大著也是对学术界的重要贡献。

我也有两书将寄赠先生请益，一为退休纪念文集，一为学术笔记《欣然斋笔记》。只是近来住在母亲处照料她（老母已92岁，原由舍妹照顾日常生活；近舍妹赴美探亲三个月，故须由我"接班"），故大约只能稍迟些日子再寄出，请谅！

时值盛暑，还望多加珍摄。即颂

大安

杨明 拜首

2010.6.8.

中共辽宁大学委员会　　第　　页

国盛兄：

八月二十六日大札敬悉。

欣闻十月成都将召开李白学术研讨会，如能赴会，既可与老友重逢，并结识新友，又可一览成都风光，实为幸事。请兄向方先生表述我的心愿，及早发来请柬。

吾兄潜心学术研究，论著甚丰，殊为钦佩。不过，不宜过分辛劳，有张有弛为好。

我们学报在国内处于中上游地位。如承蒙厚爱，敬希惠赐大作（一般不要过8000字）。

兄在吉林所发表的那篇文章，希望为弟复印一份，在此地未找到。

向家人问好。

谨颂

撰安

宋绪连 9.5. 沈

20×15=300

研究生部

Postgraduate office Liaoning University Shenyang People's Republic of China

国威兄：

来信收到，未能及时复函，深致歉意。

近些时候，实在太忙，有三部书稿必须脱稿：一是《唐宋八大家文广选精注集评·柳宗元卷》，二是《中国历代文学经典·汉魏六朝文卷》，三是《中国历代文学经典·唐宋文卷》，经紧张忙碌后，总算完了，此刻殊有轻松之感。

来稿已见，拟明年上半年刊出。勿念。

文选学会今年开会没有？好像原定今年在扬州开的。

最近，有一本主编书出版，届时寄给您，敬希批评指正。

川版图书，如有好的古代文学论著，请及时介绍。

有暇来信。

谨颂

撰安

（因去上海开学报会）

宋绪连 八.3

地址：沈阳市皇姑区崇山中路66号　邮编：110036　电话：6864073　97.4

明年旅游文学研讨会，如在四川开，我准备参加。

辽宁大学学报　　　　第　　页

国威兄：

十二月十八日大札敬悉。因学报为双月刊，必提前下稿，方能保证准时出刊，故明年第二期文章已定且发排，兄所撰文章只能在第三期或第四期上刊出。不知四川大学、四川师院学报现在正签发第几期文章，可找找他们商议一下。

前些时候，我去上海开学报常委会，见到贵校田祖武教授（原主编），是否请他帮助一下？他虽已退休，给你说一说，学报同仁还会尊重他的意见的。

匆此　谨颂

新年快乐！

宋绪连　1997岁末

20×15=300　地址：皇姑区崇山中路66号　电话：6864173　邮编：110036

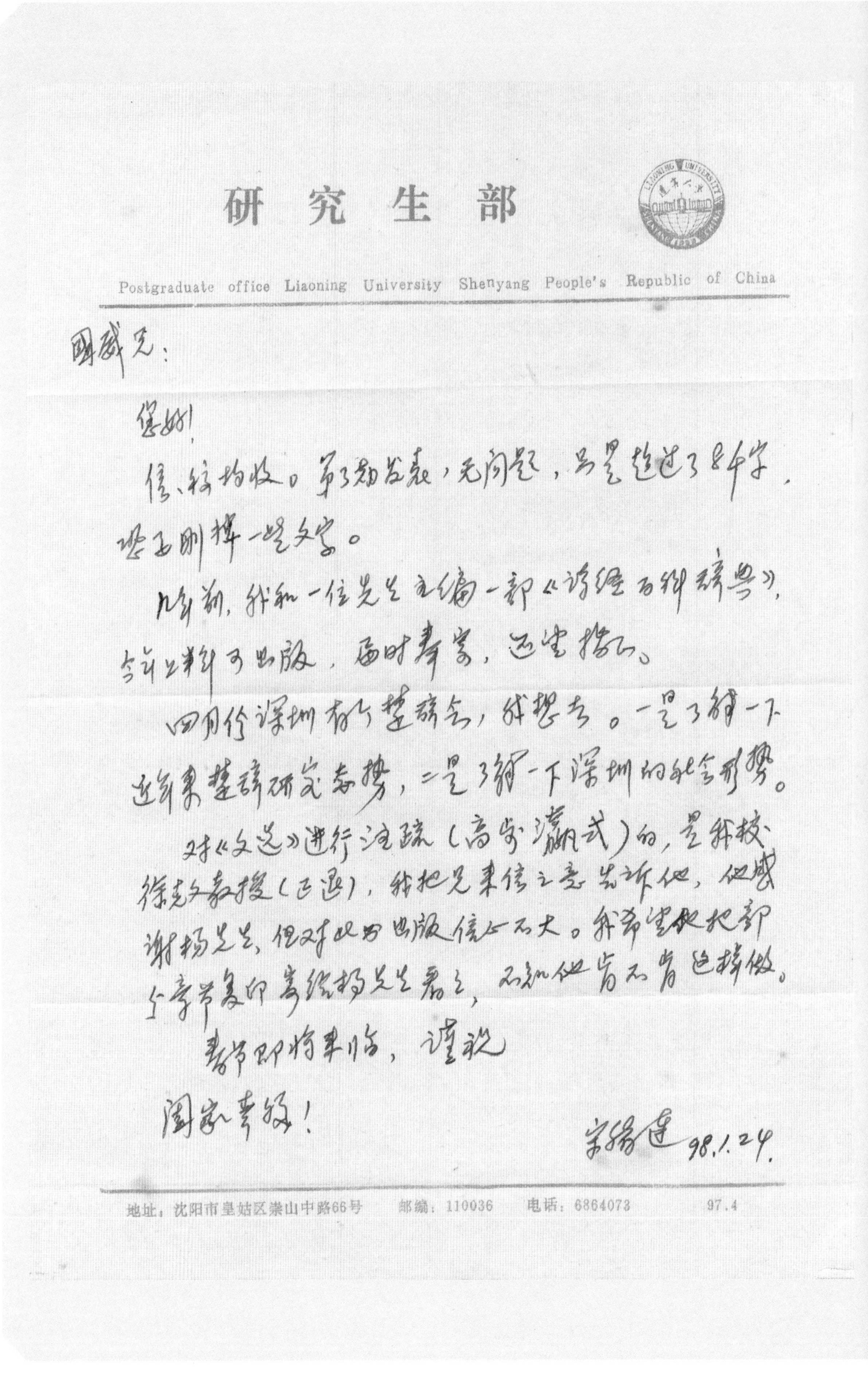

研究生部

Postgraduate office Liaoning University Shenyang People's Republic of China

国威兄：

您好！

信、稿均收。第7期发表，无问题，只是超过了8千字，还要删掉一些文字。

几年前，我和一位先生主编一部《诗经百科辞典》，今年上半年可出版，届时寄赠，还望指正。

四月份深圳有个楚辞会，我想去。一是了解一下近年来楚辞研究态势，二是了解一下深圳的社会形势。

对《文选》进行注疏（高步瀛式）的，是我校徐克文教授（已退），我把兄来信之意告诉他，他感谢杨先生，但对此书出版信心不大。我希望他把部分章节复印寄给杨先生看看，不知他肯不肯这样做。

春节即将来临，谨祝

阖家幸福！

宋绪连 98.1.24.

地址：沈阳市皇姑区崇山中路66号　邮编：110036　电话：6864073　97.4

辽宁大学

国栋兄：

刘岩同学已来，捎信已读过。许久未曾联系，深致歉意。

前一时期，学校里进行机构改革，又值前主编退休，人事关系复杂，有人把学报出增刊违背规定（一号多刊）之事告到出版局，意在整我，为应对此事甚为烦恼。故不少回信未能及时作覆。实在对不起！

兄近况如何？教学、科研与晋级是否顺利？如有论文，敬希惠赐（不要超过8000字）。

匆此，即颂

撰安

宋绪连

1.14. 沈阳

20×15=300　　第　页

辽宁大学学报

第　　页

國威兄：

近好！

寄书收到，大札敬悉，迟复为歉。

寄稿约在四～五期学报刊出。如急需校样，5月可寄去。

去年，与同仁编写《历代赋》，近期出版。

每天，除处理学报日常工作外，主要讲授自考课《大学语文》。明年退休，也许有较多时间钻研古代文字，如有收获，可撰写一二篇文章。我们这个年令，是要知道自己照顾自己的时候了。兄工作繁忙，勤于笔耕，务应保重身体。

敬祝　即颂

撰安

宋绪连

01.4.6

20×15＝300　地址：皇姑区崇山中路66号　电话：6864173　邮编：110036

羅國威先生 鈞鑒：

長春一别，已经三个星期了。昨接到八月十一日贵翰，非常感谢。在长春文选学研讨会期间，与您结识，对我来说，也是这次中国行之重要收获之一。

回国以后，在《学术集林》卷十二上又看到大作《沈约任昉年谱》一文，感到很亲切。（关于沈约年谱，我的导师吉川幸次郎教授之导师铃木虎雄先生写过《沈休文年谱》。原载《狩野君山教授還暦紀念論文集》昭和3年12月刊，后收於铃木先生单行本《業間録》昭和3年11月刊。不知羅先生看到过沒有？）

这次您提出来的东方文化学院影印三条家藏古钞本五臣注文选卷二十，我们这附近只有京都大学人文科学研究所藏一本，下个月我将向他们申请覆印之事，请稍等一下。

至于您需要的有关《文选集注》日本国内论文，先作好森野繁夫、富永一登《文选集注所引〈钞〉について》及邱棨鐊（台湾中国文化大学教授）《文选集注所引文选钞について》两篇文章的覆印本，随信奉上。（您需要的其他文章的复印本，改天将奉上。）

据我了解，中国四川地区对《文选》研究，亦有很深厚的优良传统（您及屈守元教授等大名已熟于日本同行。），希望今后加强联系，同心合作。

离我住的日本古都奈良很近的地方，有天理图书馆（天理大学附属图书馆），收藏中外善本遐迩闻名，随信奉上他们的中国善本图录一份。（天理图书馆所藏《文选集注》卷61残卷

奈良女子大学

一轴及卷第116残卷一轴。这两份残简，已于〔分别在〕《京都帝国大学文学部景印旧钞本》第7集、第8集，曾被收录，即将出版的上海古籍出版社影印《唐钞文选集注汇存》一书。〔予〕

今天就写到这里，残暑还未退，请多保重。

适祝

学安。

日本国立奈良女子大学文学部

横山弘敬上

二〇〇〇年八月二十五日于奈良

1

罗国威先生：　您好！

您9月5日信（内装《世说新语辞典序》复印件）早已收到。大作《敦煌本〈文选注〉笺证》也已收到。黑龙江教育出版社刊《敦煌本〈昭明文选〉研究》则早已在日本（专门卖中国书籍的书店里）买得到了。《笺证》好像还没到货，第一次见到。表示感谢。四川版《世说新语辞典》，我们已买过。

另在8月11日来信里你提到的东方文化学院昭和12年（1937年）影印的三条家藏古钞本五臣注《文选》卷二十，前些日子我作好复印寄出了，想已收到。

当初，我以为这本影印卷子本是只在京都大学才有的。其实，我校（奈良女子大学）也藏一部。据这本我自己作复印一份。之后，我想起这本原件现在藏在天理图书馆善本室，而且已在1980年（昭和55年）由东京八木书店影印出版的《文选·赵志集·白氏文集》（《天理图书馆善本丛书·汉籍之部第二卷》）里收录。所以，我又把这部影印本（包括已故京都府立大学教授花房英树先生所写的「解题」在内）作了复印，同铃木虎雄先生撰写的《沈休文年谱》复印本一併奉上了。（东方文化丛书第九所刊的影印本是珂罗版精印，照样的很长的卷子复制。当时附有《国宝古钞本五臣注文选解说》一份，我亦作复印，附上。）

东方文化学院、天理图书馆善本丛书两种影印本，内容上完全一样，天理本影印本是重新据原件影印的，为了参考不嫌重复我作了复印。五臣注《文选注》卷二十钞本的"纸背文书"《弘决外典钞》残卷也是很宝贵的佚书，请好好研究一下。

恐怕《天理图书馆善本丛书》在中国不容易看到，所以我作了有关部份的复印，奉上了。

2

随信奉上 東野治之先生的文章《『文選集注』所引の『文選鈔』》的复印件。

同时奉上 我早年(1970年出版的)所译的一些六朝文学(哲学)作品的日译本的抽印本。仅供参考。

今天写到这儿。

即颂

学安。

横山 弘 敬上

2000年11月8日于奈良

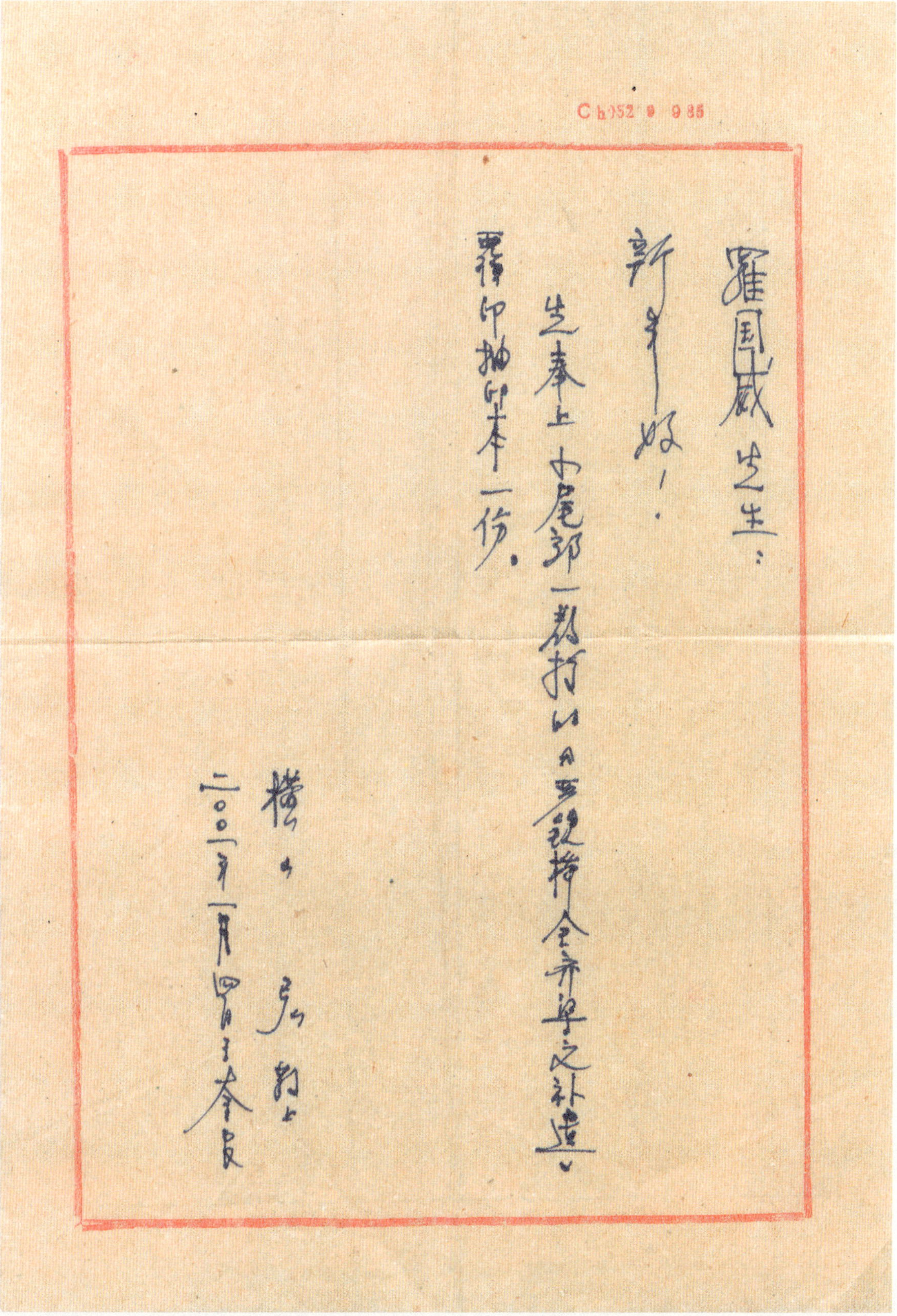

羅國威先生：

新年好！

先生 奉上 小尾郊一教授以日文譯釋全齊梁之補遺、覆印抽印本一份。

橫山弘敬上

二〇〇一年一月四日于奈良

《趙王集》。与北周趙王宇文氏無关。
日本方面研究者都认为所謂《趙志》
是唐人（初唐人）。但，到目前为止，
因有关资料不足，不能断定《趙志》到底
是何时人。请您研究一下。
耑此 祝
安
横山弘拜
二〇〇二年一月十六日

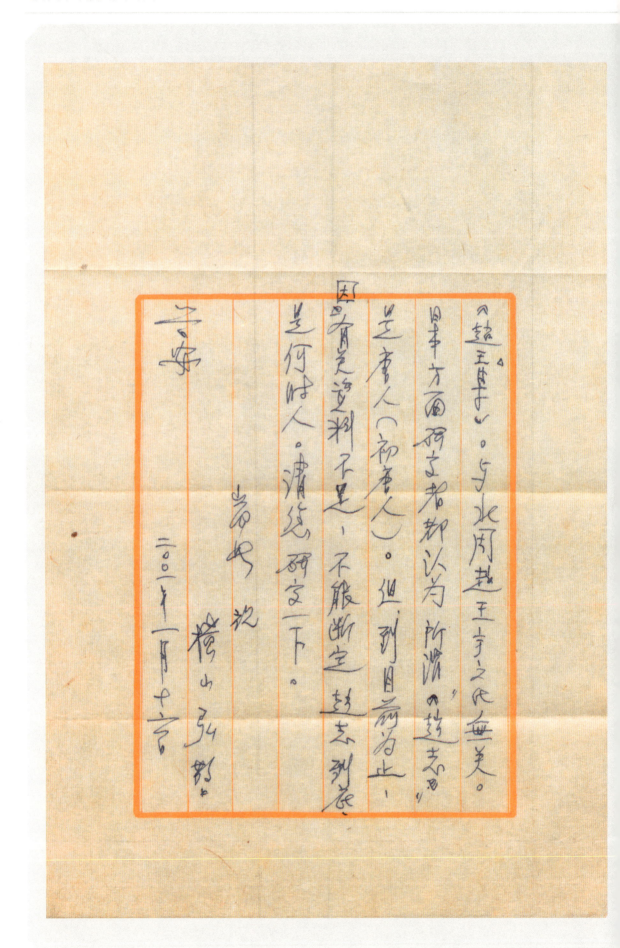

羅國威先生 詞鑒：

來信（關于小尾郊一先生輯本的）昨已收悉。小尾先生輯本複印件早已奉上，想已收到。

隨信寄上森野先生的輯本（《廣島大學文學部紀要》第35卷收）及《天理圖書館善本叢書》中的《謝宣城集》的複印件。總字的是《謝王集》。是《謝志集》。不是

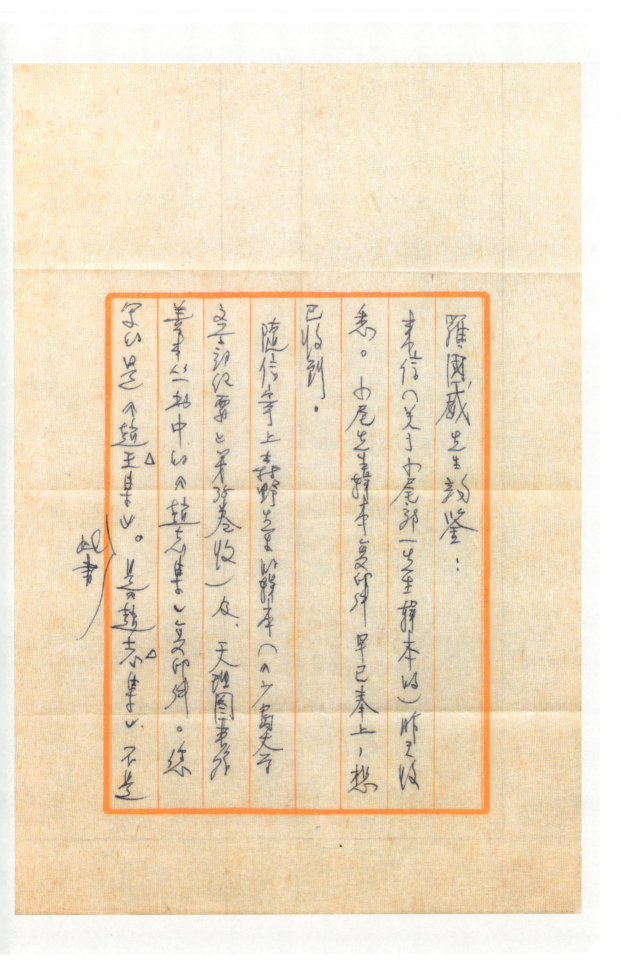

弘 書

羅國威先生：您好！

久疏問候，望一切都好。

您托羅鷺先生帶來的您的近作一冊，收到了。非常感謝。

大作《日藏弘仁本〈文館詞林〉校證》，几年前我自己買好，您对此書下了很大的工夫，值得佩服。

現把国内《六朝學術学会報》第六集上發表了我藏的《文選集注》〈蜀都賦〉部分斷簡的影印件奉上案边。

奈良女子大学 橫山弘 敬上

二〇〇九年二月六日

（『六朝学術学会報』第六集（二〇〇五年三月）刊載）

（資料紹介）

新出舊鈔本『文選集注』（張平子『南都賦』部分）斷簡二種

羅國威先生惠存

晚 横山弘 敬贈

二〇〇九年二月六日

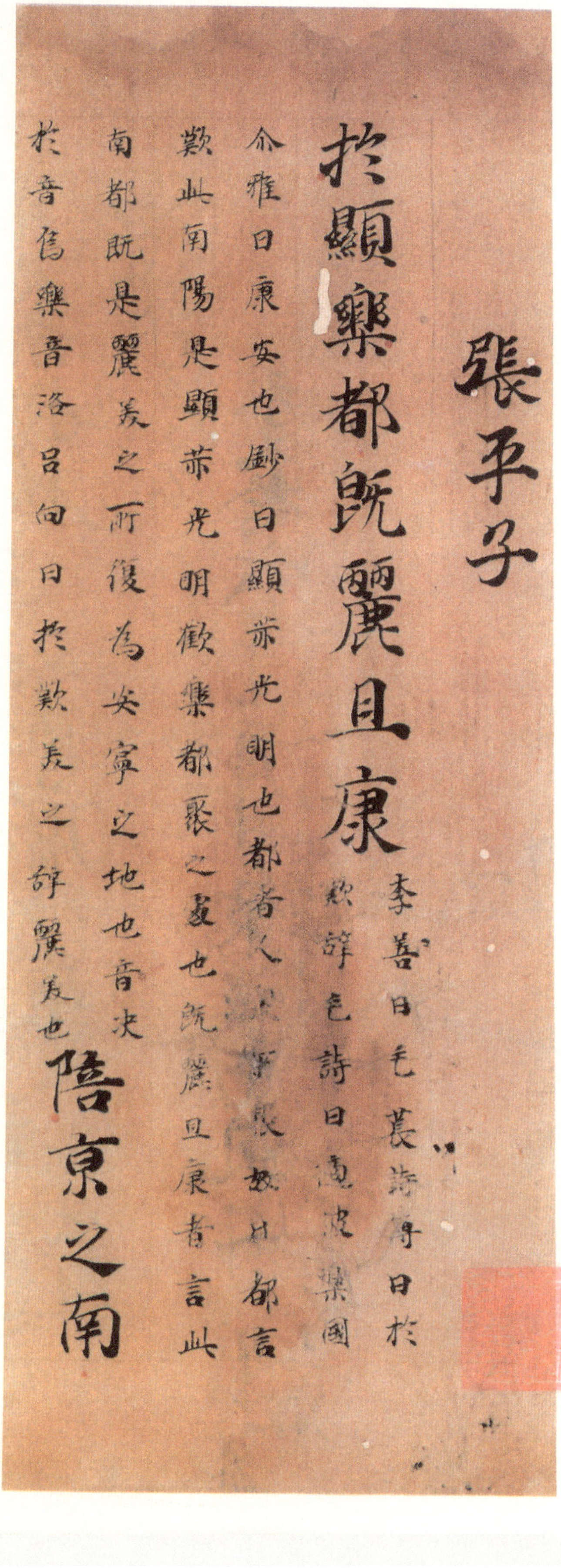
張平子
於顯樂都既麗且康李善曰毛萇詩傳曰於
欸辞也詩曰適彼樂國
尒雅曰康安也鈔曰顯帶光明也都者人[illegible]如日都言
歎此南陽是顯帶光明歡樂都聚之處也既麗且康者言此
南都既是麗美之所復為安寧之地也音決
於音烏樂音洛呂向曰於歎美之辞麗美也
陪京之南

圖版 I

原件 25.2cm × 9.7cm

圖版Ⅱ

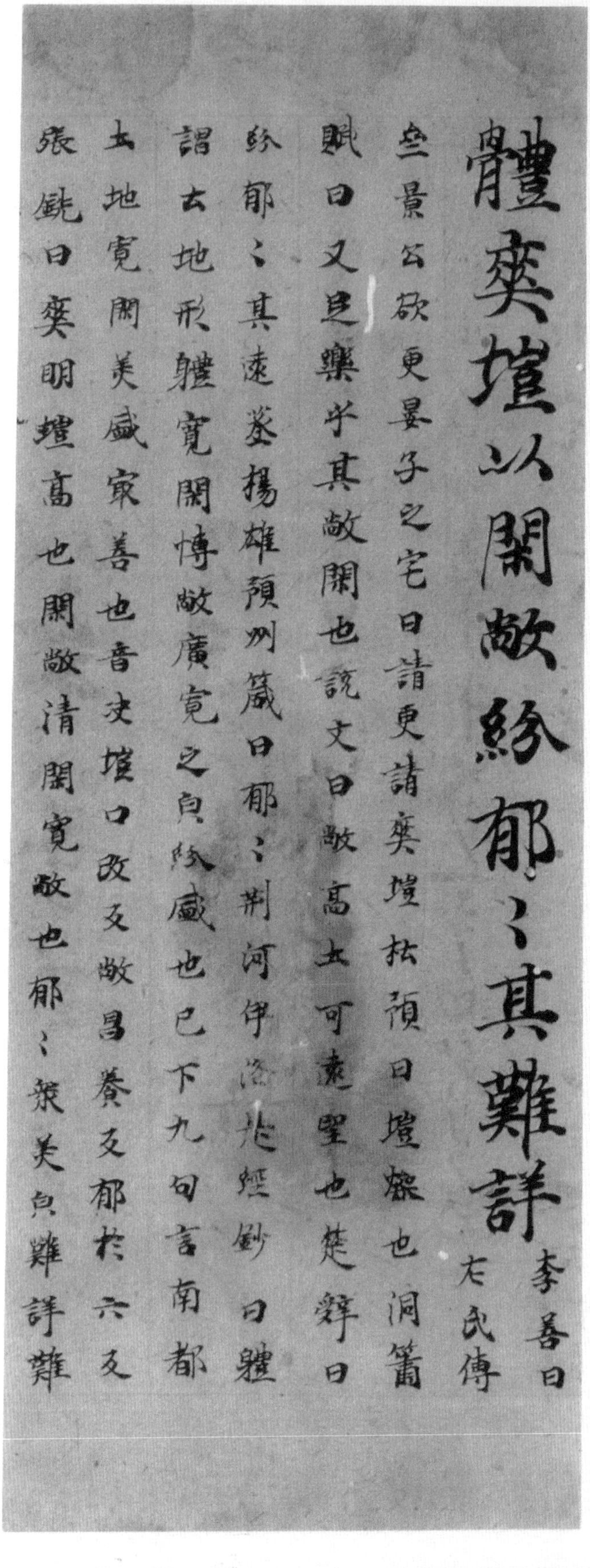

體爽塏以閑敞紛郁郁其難詳李善曰左氏傳亝景公欲更晏子之宅曰請更諸爽塏杜預曰塏燥也洞簫賦曰又足樂乎其敞閑也說文曰敞高土可遠望也楚辭曰紛郁郁其遠蒸揚雄預州箴曰郁郁荆河伊洛是經劉曰體謂土地形體寬閑博敞廣寬之貌紛盛也已下九句言南都土地寬閑美盛家善也音爽塏口改反敞昌養反郁於六反張銑曰爽明塏高也閑敞清閑寬敞也郁郁繁美貌難詳難

原件 25.2cm × 9.9cm

（奈良女子大學　横山弘藏）

（慶應義塾大學　佐藤道生藏）

礼士宾馆

LI SHI HOTEL

罗国威教授：

本月10日手教早悉，十分感谢先生对《学术集林》之关心。本应立即奉覆，因去新疆开会，裁答稽迟，敬乞原谅。

冈村教授之文极有学术价值，《集林》甚愿刊出。唯原文只有上篇，读者可能会有误会（如不续登下篇）。数日内当与主编王元化先生一商，并立即再给您写信。此外，盼将冈村先生授权书及原译稿前面数页复印寄下，授权书将交出版社，以说明不存在版权问题也。

专此奉覆，敬颂

大安

徐文堪拜上

1996.09.28

地址：中国北京东四南大街礼士胡同18号 电挂：0636 电话：5220033 电传：01－5134346 邮政编码：100010
Add：No. 18Lishihutong，DongsinanDajie，Beijing，China Tel：5220033(telephoneexchange)Fax：01－5134346Cable：0636P. C：100010

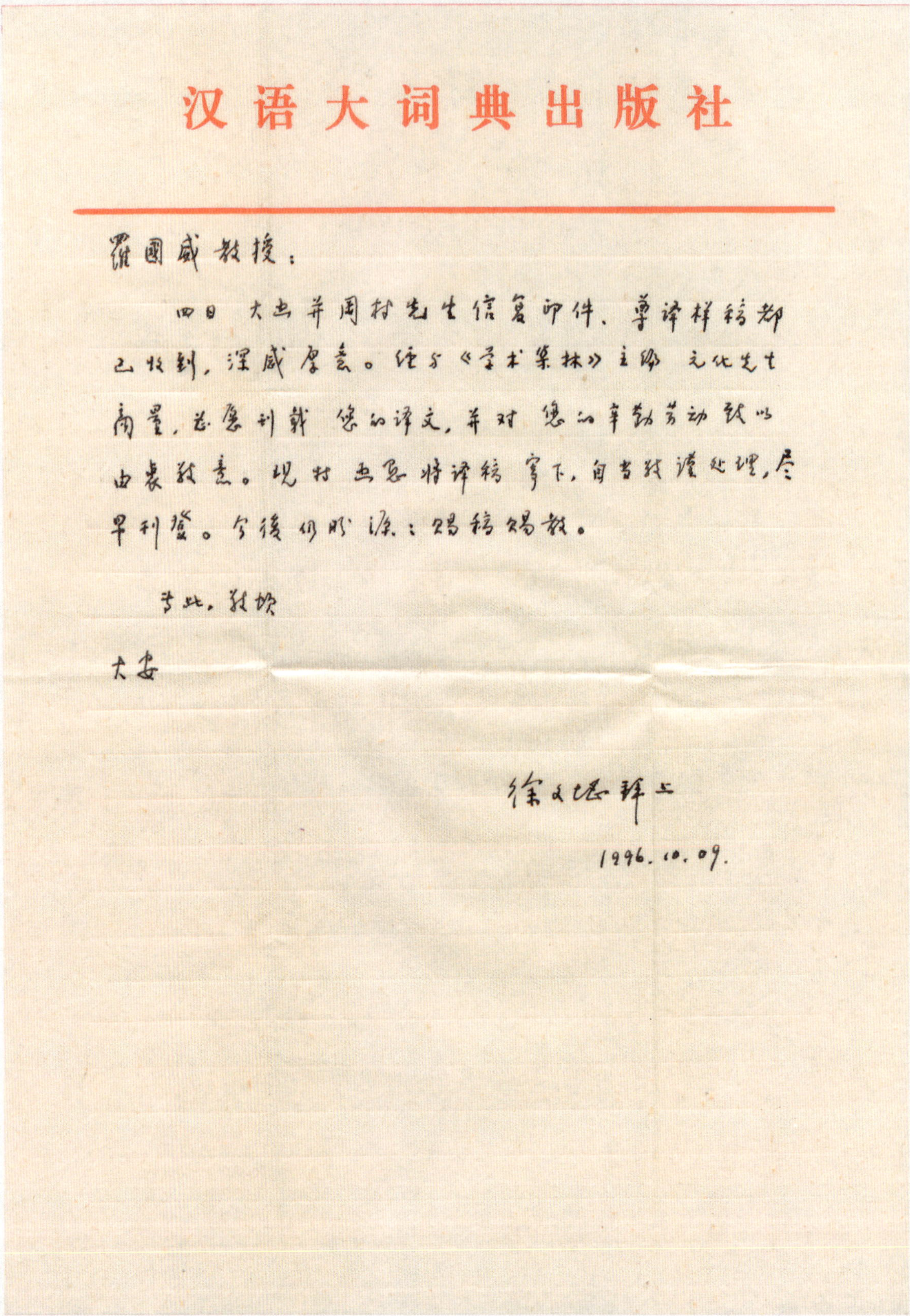

汉语大词典出版社

羅國威教授：

四日大函并周材先生信复印件、尊译样稿都已收到，深感厚意。经与《学术集林》主编王元化先生商量，甚愿刊载您的译文，并对您的辛勤劳动致以由衷敬意。现特函恳将译稿寄下，自当从速处理，尽早刊登。今後仍盼源源赐稿赐教。

专此，敬颂

大安

徐文堪拜上

1996.10.09.

上海汉语大词典出版社

19　年　月　日　第　页　共　页

國威先生大鉴：

本月16日手教并冈村先生《永青文库藏敦煌本〈文选注〉笺订（上）》尊译稿收到，非常感谢您对《集林》的大力支持。现卷九正看校样，卷十已将发稿，大文将编入卷十一。一切自当敬谨处理，请释念。

经与元化先生商量，尊文《沈约任昉年谱》如寄赐，自然十分欢迎。只是篇幅达五、六万字，恐怕一期不能登完。元化先生的意思，如此文与《四川大学学报》所载《任昉年谱》有相同处，不知可否加以压缩，不超过三万字，则一期可以刊载全文。当然，这只是我们的一些不成熟的想法，聊供参考採择而已。

《集林》近期已无余书，未能奉寄，至以为歉。卷八现剩了少量样书，容稍后寄上，敬请指正为幸。

匆匆不尽，敬颂

撰安

徐文堪拜上

1996.10.30.

地址：上海新华路200号　电话：2400897　2401435　电挂：3705　邮编：200052

汉语大词典出版社

國威先生大鑒：

本月六日大函并 尊文三篇都已收到，至为感謝。大作已诵读一过，十分钦佩。

《沈约任昉年谱》如字数不超过四万，《集林》愿在一卷内全文刊载。如蒙赐寄，自当敬谨处理。

今后仍请续赐 佳构，自然十分欢迎。对 先生的大力支持，谨先致以深切之謝意。

匆匆奉覆，不能尽意，尚乞原宥。

专此，敬颂

撰安

徐文堪拜啓

1996年11月11日

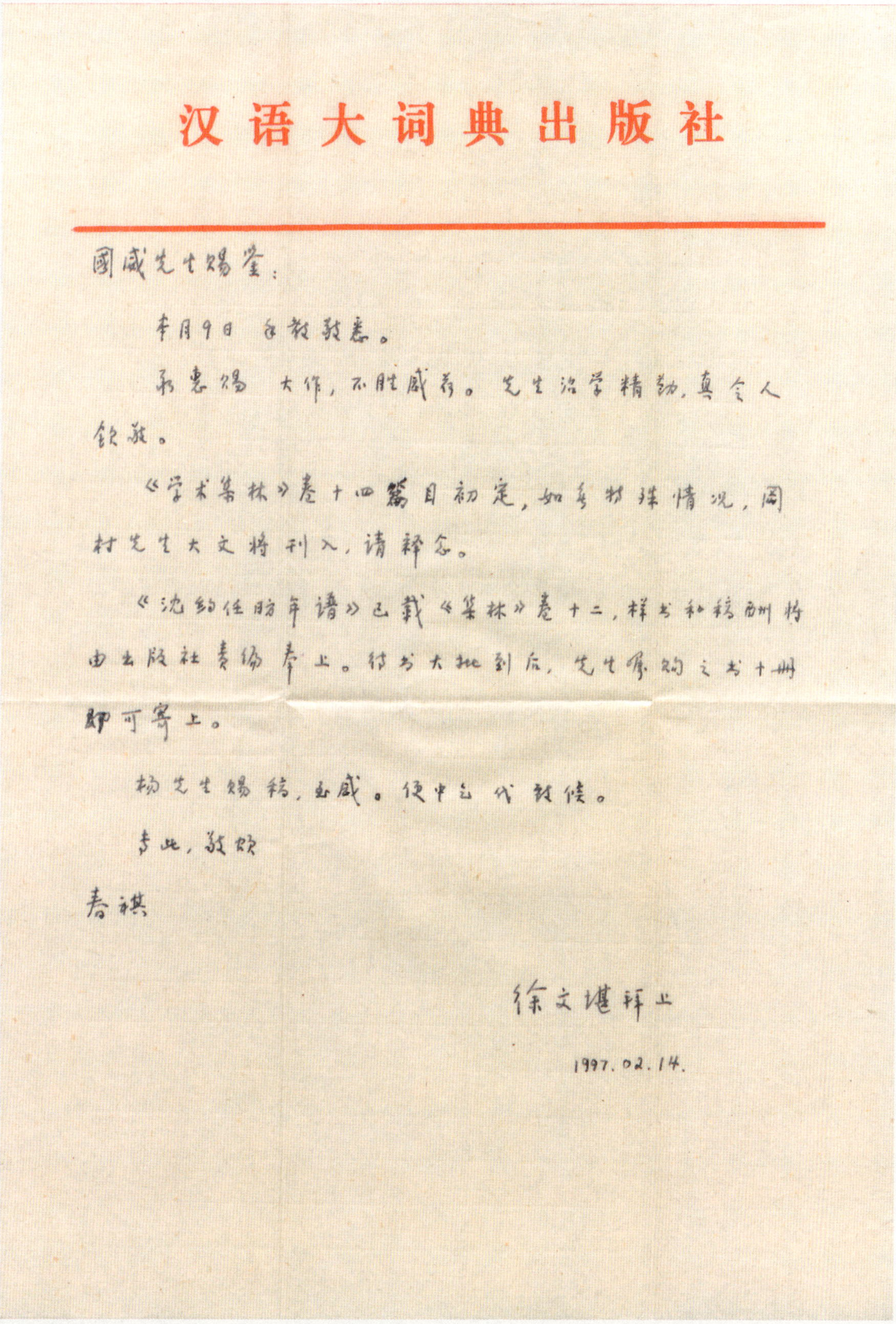

汉语大词典出版社

國威先生赐鉴：

本月9日手教敬悉。

承惠赐大作，不胜感荷。先生治学精勤，真令人钦敬。

《学术集林》卷十四篇目初定，如无特殊情况，闳村先生大文将刊入，请释念。

《沈约任昉年谱》已载《集林》卷十二，样书和稿酬将由出版社责编奉上。付书大批到后，先生所购之书十册即可寄上。

杨先生赐稿，至感。便中乞代致候。

专此，敬颂

春祺

徐文堪拜上

1997.02.14.

汉语大词典出版社

国威先生：

上月24日手教敬悉。

近因忙于琐务，未及时给您写信，感谢您的关心。

《集林》原定年出四期，承 先生和多方赐稿，不胜感荷。但近因技术方面的一些原因和出版社责任编辑易人（原责编调离，新任责编尚未接手），所以出书有些延误，发稿亦已推迟，亦为无可奈何之事。尊稿自当尽可能及早安排，待确定后，当再函告。谨此表示歉意。

元化先生请 先生便中向杨明照先生代致问候。谢谢。

专此，敬颂

春祺

徐文堪顿首

1997年3月3日

第..........页

国威先生：

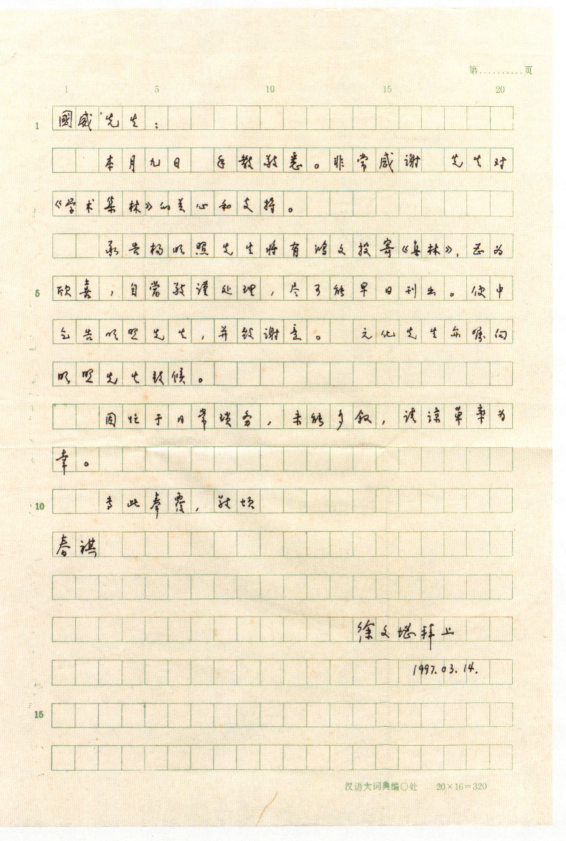

本月九日手教敬悉。非常感谢先生对《学术集林》的关心和支持。

承告杨明照先生将有论文投寄《集林》，甚为欣喜，自当敬谨处理，尽可能早日刊出。便中乞告明照先生，并致谢意。元化先生亦嘱向明照先生致候。

因忙于日常琐务，未能多叙，请谅草率为幸。

专此奉覆，敬颂

春祺

徐文堪拜上

1997.03.14.

汉语大词典编○处　20×16=320

汉语大词典出版社

國威先生賜鑒：

本月18日手教并尊文都已收到，谢谢。大作自当敬谨处理，请释念。

明照先生处并乞代 元化先生及文瑶致候，并敬祝 健康。

匆匆不尽，敬颂

春祺

徐文堪拜上

1997.03.26.

汉语大词典出版社

國威先生：

本月25日手教敬悉。明哲先生送元化先生的两篇文章亦已收到，当转致，请释念。

前上一函，谅已达。

余不一一，即颂

大安

徐文堪拜上

1997.03.31.

第……页

国威先生赐鉴：

手教并 明照先生大文都已收到，至为感谢。

明照先生大作拟编入《学术集林》卷十一，争取年内见书，乞转告并致意。又发表时是否用"弢翁"之名，乞请示知为感。

匆匆不尽，敬颂

大安

徐文堪拜上

1997年5月26日

正文署杨先生名，刊出时拟即以此为准，鄙意用此为好。

汉语大词典编纂处　20×16=320

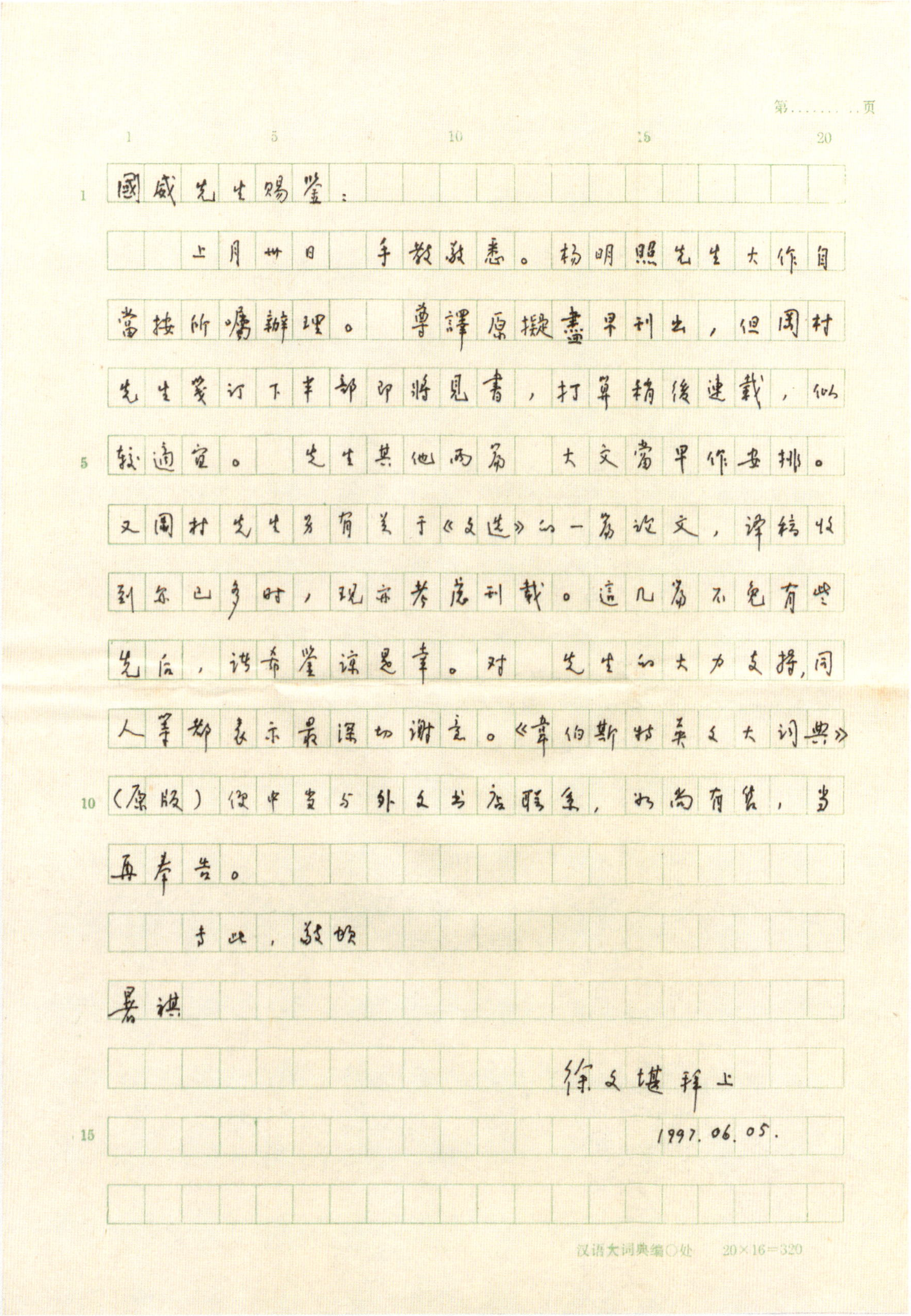

第……页

國威先生賜鑒：

上月卅日手教敬悉。杨明照先生大作自當按所囑辦理。尊譯原擬盡早刊出，但岡村先生簽訂下半部即將見書，打算稍後連載，似較適宜。先生其他兩篇大文當早作安排。又岡村先生另有关于《文选》的一篇论文，译稿收到亦已多时，现亦考虑刊载。這几篇不免有些先后，请希鉴谅是幸。对先生的大力支持，同人等都表示最深切谢意。《韦伯斯特英文大词典》（原版）俟中图与外文书店联系，如尚有货，当再奉告。

专此，敬颂

暑祺

徐文堪拜上

1997.06.05.

汉语大词典编〇处　20×16=320

第……页

國威先生賜鑒：：

本月10日手教并 明照先生补充的材料都已收到，至感。明照先生治学一丝不苟的精神令人叹服。

承询《集林》近况，谢：您的关心。此文丛原定年出四卷，但因责任编辑调往他处工作等原因，停了近半年，近始重新启动，估计秋间才能出第十卷。稿子积压亦颇多。经商量，拟在即将发稿的卷十一中先刊短篇 大作，然后安排 鸿文《沈約任昉年譜》。再后分两次连载华译周村先生大文。因周村先生授权翻译的另一论文（屈骚發轫）亦早到，拟先刊出，而一期中未便同时刊周村先生的两篇文章也。估计年内赶一赶，或者可以出至卷十二。特此奉告，不当之处尚祈 原谅为幸。专此，敬颂

研祺

徐文堪拜上

汉语大词典编〇处　20×16=320

1997.06.17.

汉语大词典编纂处

國威先生賜鑒：

二十三日手教敬悉。

明照先生大文刊發時自當遵囑辦理。本來為作者論文提供抽印本是出版社應做之事，但現在大都做不到，故此事擬與新任責任編輯商量，無論如何要滿足楊先生的實際需要，請放心。

尊文自然極有價值，文史非常欢迎。唯按目前進度，刊出时间可能要晚一些（估计年内只能出到卷十一）。特此說明，并感谢先生的大力支持。

專此奉覆，敬頌

撰安

徐文堪拜上

1997.06.27.

漢語大詞典出版社

国威先生：

经与远东出版社商量，现已将该社致黑龙江教育出版社去函留档，现奉上，即请察收。上海近日气温高达39°C左右，蓉城如何，望多保重。

专此，敬颂

撰安

徐文堪拜上

1997.07.17.

上海汉语大词典出版社

19　　年　　月　　日　第　　页　共　　页

國威先生賜鑒：

本月九日手教并大作《敦煌本俄中242〈文选〉写卷校证》收到，非常感谢先生的大力支持。

《集林》卷十预计本月底可以见到样书。卷十一已发稿，出校样尚须一段时日。明照先生高年硕学，提出自己校对清样，令人钦佩不已，但因时间和工作流程关系，容堪再与责编一商。现在编辑工作进度加快，卷十二亦已编就，尊文《沈约任昉年谱》已收入，争取年内出书。此次的大作自当敬谨处理，尽可能早日刊发，敬请释念。

堪定本月二十二日赴京参加一个会议，然后来蓉，在贵校有短期停留，届时当面谢先生的种种厚意。

专此，敬颂

秋祺

徐文堪顿首

一九九七年八月十七日

装 订 线

地址：上海新华路200号　电话：2400897　2401435　电挂：3705　邮编：200052

上海汉语大词典出版社

19　年　月　日　第　页　共　页

国威先生赐鉴：

在蓉时承　先生热诚接待，不胜感荷。于10日回到上海，一切顺利。尊文和杨先生文已见初校样，大约十月底可以见书。

周村先生的大著，承　先生翻译，这是对《集林》的大力支持，感激之至。

令弟仙逝，谨此表示诚挚的慰问。

近作已妥收，自当斟酌处理，请释念。

返沪后琐务稍多，未及多写，余容后叙。

专此，敬颂

秋祺

徐文堪

1997.09.18.

杨先生处，请代问好。文化先生并嘱致意。

装订线

汉语大词典出版社

国威先生大鉴：

本月24日大函奉悉，深感厚意。

冈村先生的大文，译出后《集林》可分两期刊载。字数上如能加以压缩，自然更好。尊体想已痊愈，望节劳，不要过于紧张。

明照先生处望代致意。元化先生亦嘱向您和杨先生问好。

专此，敬颂

研祺

徐文堪拜上

1997.09.29.

汉语大词典出版社

国威先生：

本月7日惠函并校印件都已收到，至感。

周村先生的大作自当遵嘱安排，请释念。

《集林》卷十一校样刚到。卷十二已发稿，尚未出校样。

得知先生近来身体稍不适，甚念，望时时留意，

多多保重，并祝

康复！

徐文堪

1997.10.13.

汉语大词典出版社

国威先生赐鉴：

本月24日手教敬悉。知 先生身体已渐康复，至慰。

《学术集林》卷十一三校已毕，大约下月中可以见到样书；卷十二刚见初校样，出书还要一段时间。附此奉闻。

尊译纠正冈村先生原文之失，至佩。此事非常辛苦，请勿过劳。

《学术集林》因作者及编委较多，故出版社只发每人一册样书（编委仅得一册）。如须多买一些，可托责编，打七五折，即每本15元。唯在稿费中扣除手续较麻烦，财务未必肯办。届时 先生收到稿费后，可另将须购册数告知，款汇文堪处，当请责编代办也。

专此奉覆，并深谢 先生之支持。敬颂

研祺！

徐文堪

1997.10.28.

第……页

國威先生道鑒：

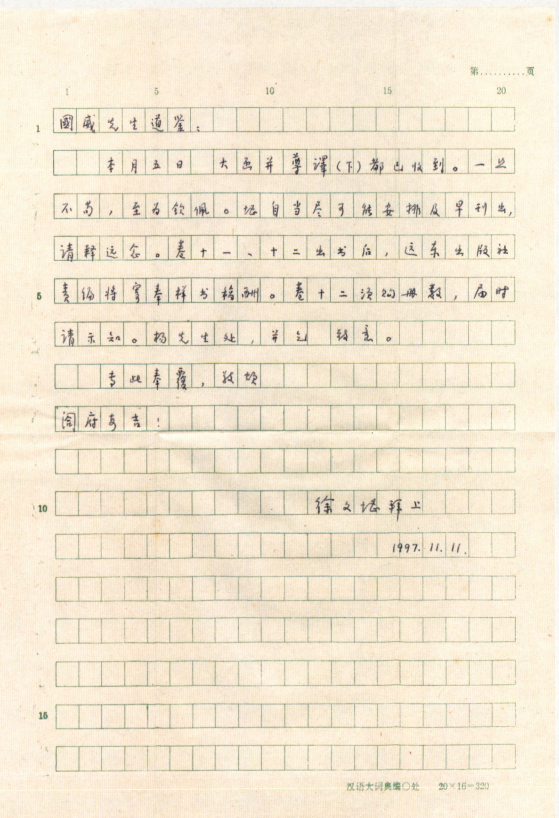

本月五日　大函并尊譯（下）都已收到。一丝不苟，至为钦佩。堪自当尽可能安排及早刊出，请释远念。卷十一、十二出书后，远东出版社责编将寄奉样书稿酬。卷十二须购册数，届时请示知。杨先生处，并乞　致意。

专此奉覆，敬颂

阖府大吉！

徐文堪拜上

1997.11.11.

汉语大词典编○处　20×16=320

汉语大词典出版社

国威先生赐鉴：

接到您女儿的电话，敬悉一是。购书款亦已收到，当遵嘱将书寄上，请释念。

《学术集林》卷十一刚到了快样书。昨与远东出版社责编联系，杨先生的样书当立即寄出，已转告杨老。“抽印本”的事，早已与责编、与总编谈过，但他们因此前没有做过，觉得有些困难，所以未能将杨老要求办好，至为抱歉，并已向杨老做些解释，谢谢。杨老的论文，只好收到书后在成都复印了。

您和杨老的稿酬，寄稿后由出版社负责奉寄。您的样书和买的书，再过几天书到后才能寄出，并此致歉。

专此，敬颂

研祺

徐文堪

1997.11.21.

汉语大词典出版社

国威先生赐鉴：

上月27日惠函并复印件二纸都已收到，谢谢。

因杭州大学历史系黄时鉴先生坚邀，去那里参加他们的博士生论文答辩，离沪数日，迟复为歉。

日前挂号寄上《学术集林》卷十一两册，谅近日可达。

卷十二约月底后可见样书，届时自当遵嘱代为寄奉。

匆匆不尽，敬颂

阖府安康，新岁吉祥！

文堪拜上

1997.12.14

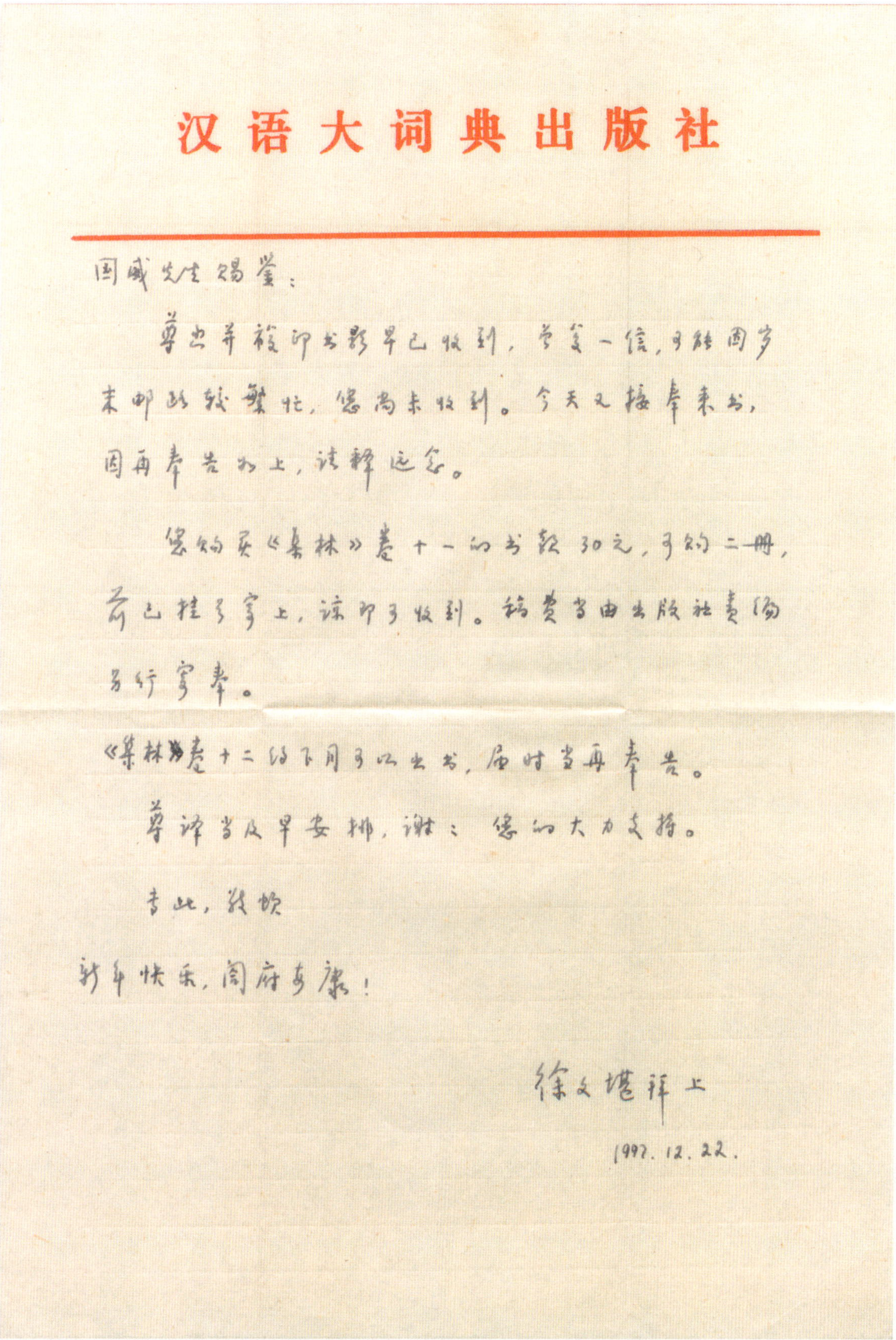
汉语大词典出版社

国威先生赐鉴：

尊书并校印书影早已收到，曾复一信，可能因岁末邮路较繁忙，您尚未收到。今天又接奉来书，因再奉告如上，请释远念。

您购买《集林》卷十一的书款30元，可购二册，前已挂号寄上，谅即可收到。稿费当由出版社责编另行寄奉。

《集林》卷十二约下月可以出书，届时当再奉告。

尊译当及早安排，谢谢您的大力支持。

专此，敬颂

新年快乐，阖府安康！

徐文堪拜上

1997.12.22.

汉语大词典出版社

国威先生：

昨上一函，谅已达。顷又收到本月18日来书，敬悉一是。

《集林》卷十三已发稿。尊译尽可能安排在卷十四（先刊上半部），唯此事在我自是毫无问题，但还要与有关的几位先生商量一下。不过我会尽力，特此达念。

匆匆不尽，敬颂

新年快乐，阖府清吉！

徐文堪拜上

1997.12.24.

汉语大词典出版社

国威先生道鉴：

本月1日手书收到。知正申请博士点基金和国家社科基金，极为忙碌，望多多保重。

汇款150元已经收到，待《集林》卷十二到后，当代购奉上。

稿费事由出版社责编管，确与堪无关，谢谢您向明照先生说明。便中并乞向明照先生问好。

专此，敬颂

新禧快乐！

徐文堪拜上

1998.01.05.

上海汉语大词典出版社

19　年　月　日　第　页　共　页

国威先生赐鉴：

本月12日手教敬悉。

《学术集林》卷十二约于最近数日内可见样书，但因春节放假，责编寄呈样书当在春节之后。待书大批到后，当再遵嘱将先生所购十册寄上。

尊撰《华阳真人陶弘景年谱》，极有意义，不胜佩服。

因年底忙于琐务，卷十四之篇目尚未及與元化先生及诸位最后商定。但我一定尽力安排。请释念。

明照先生前敬请问好。

余不一一，谨颂

春祺！

文堪上

1998.01.20.

装订线

地址：上海新华路200号　电话：2400897　2401435　电挂：3705　邮编：200052

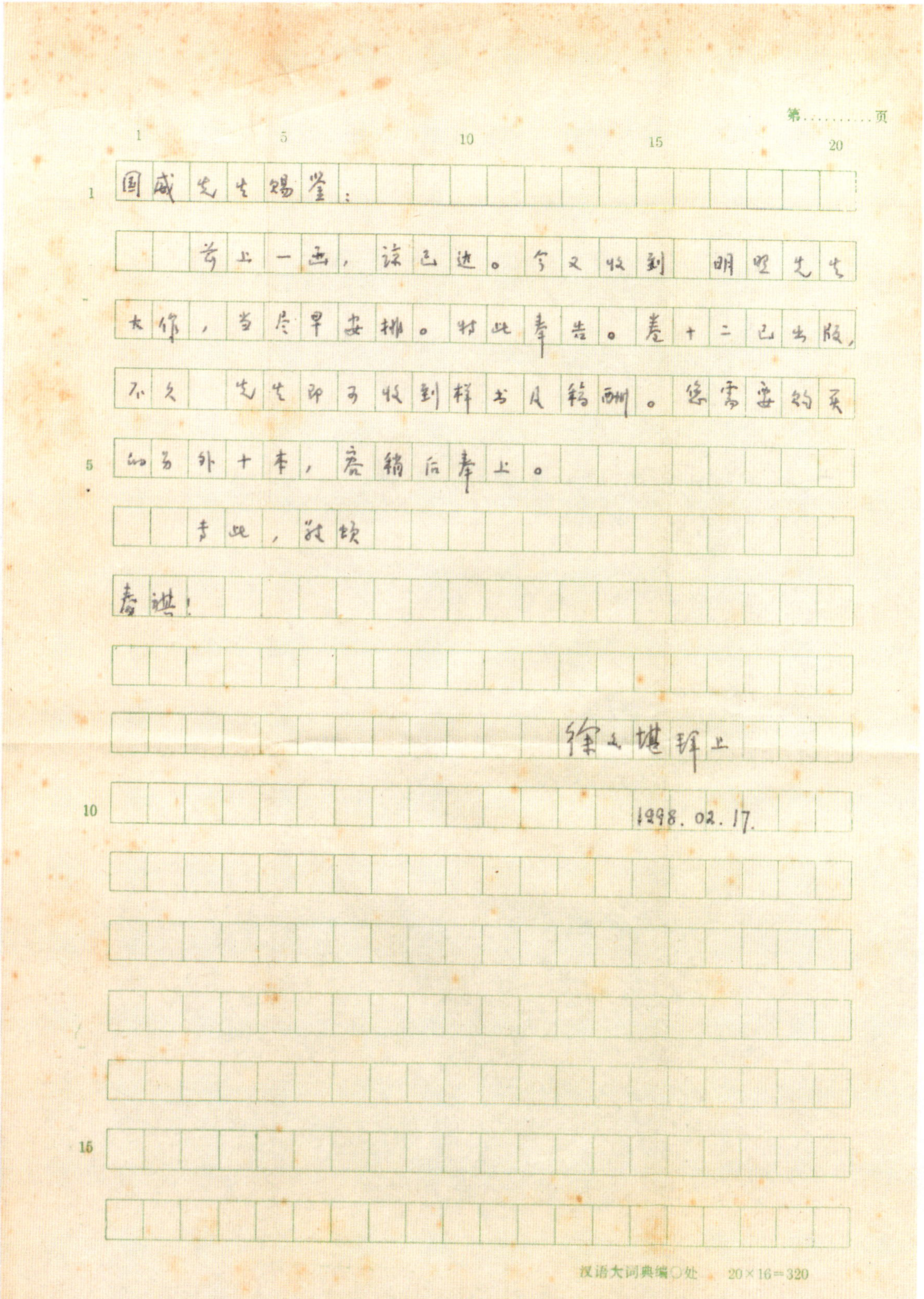

第……页

国威先生赐鉴：

前上一函，谅已达。今又收到　明照先生大作，当尽早安排。特此奉告。卷十二已出版，不久　先生即可收到样书及稿酬。您需要的页面另外十本，容稍后奉上。

专此，敬颂

春祺！

徐文堪拜上

1998.02.17.

汉语大词典编○处　20×16=320

国威先生：

昨上一函，谅已达。您所需购买的《学术集林》卷十二共10册，远东出版社责编同意将书款由稿费中扣除，并由她直接寄奉。您上次寄来的150元，我另行汇上奉还。特此说明。

专此，敬颂

春祺！

徐文堪拜上

1998.02.18.

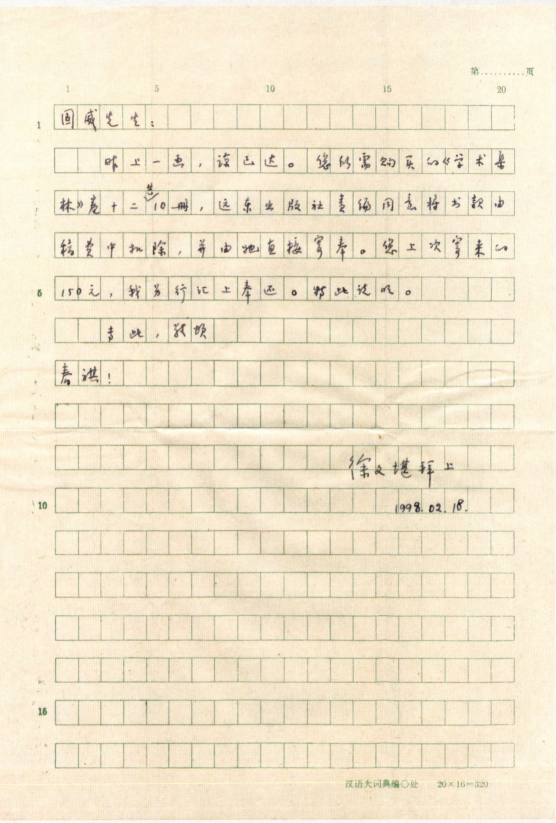

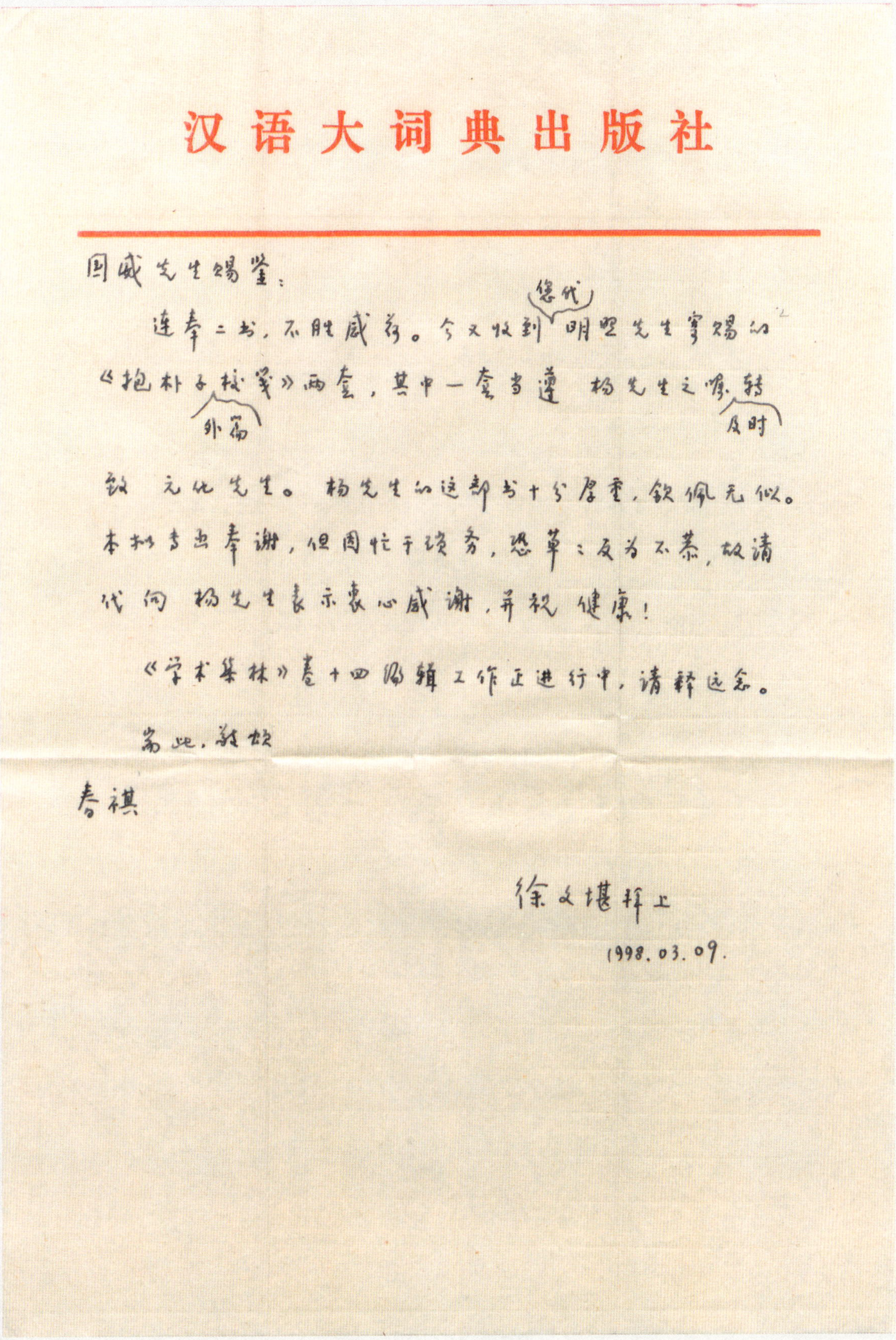

汉语大词典出版社

国威先生赐鉴：

连奉二书，不胜感荷。今又收到您代明照先生寄赐的《抱朴子外篇校笺》两套，其中一套当遵杨先生之嘱及时转致元化先生。杨先生的这部书十分厚重，钦佩无似。本拟专函奉谢，但因忙于琐务，恐草草反为不恭，故请代向杨先生表示衷心感谢，并祝健康！

《学术集林》卷十四编辑工作正进行中，请释远念。

肃此，敬颂

春祺

徐文堪拜上

1998.03.09.

上海汉语大词典出版社

19　年　月　日　第　页　共　页

国威先生赐鉴：

本月13日惠函敬悉。

明照先生请元化先生撰写书评事，自当及时转达。不过元化先生近日身体不太好，事情又多，恐怕未能如期完稿。如假手他人，元化先生未必同意。这是一方面的情况。另一方面，《集林》卷十三初校样刚到，卷十四尚未发稿（发稿当在四月间），故五月四日之前是无论如何来不及的。以上所谈都是实际情况，乞先生谅鉴。

工厂排
印事
由不行
我们。

接信后反复考虑，觉得是否可以这样处理：请先生在百忙中拟一书评稿（不必太长），寄给香港的饶宗颐（选堂）先生（地址：香港中文大学中国文化研究所转），说明评奖之实际情况，请他署名，并在一港台或海外学术刊物上立即登出（赶在5月4日之前）。鄙意饶先生尚有资格评明照先生之书，他对此亦有兴趣。内地的刊物要这样快可能做不到，香港有个《明报月刊》，按饶先生的声望，或者尚有可能，只是必须抓紧。如明照先生以为可以，请先生立即进行。当然，如直接署先生之名，亦无不可，由您决定。给饶先生写信时，可提及贱名。

订　线

地址：上海新华路200号　电话：2400897　2401435　电挂：3705　邮编：200052

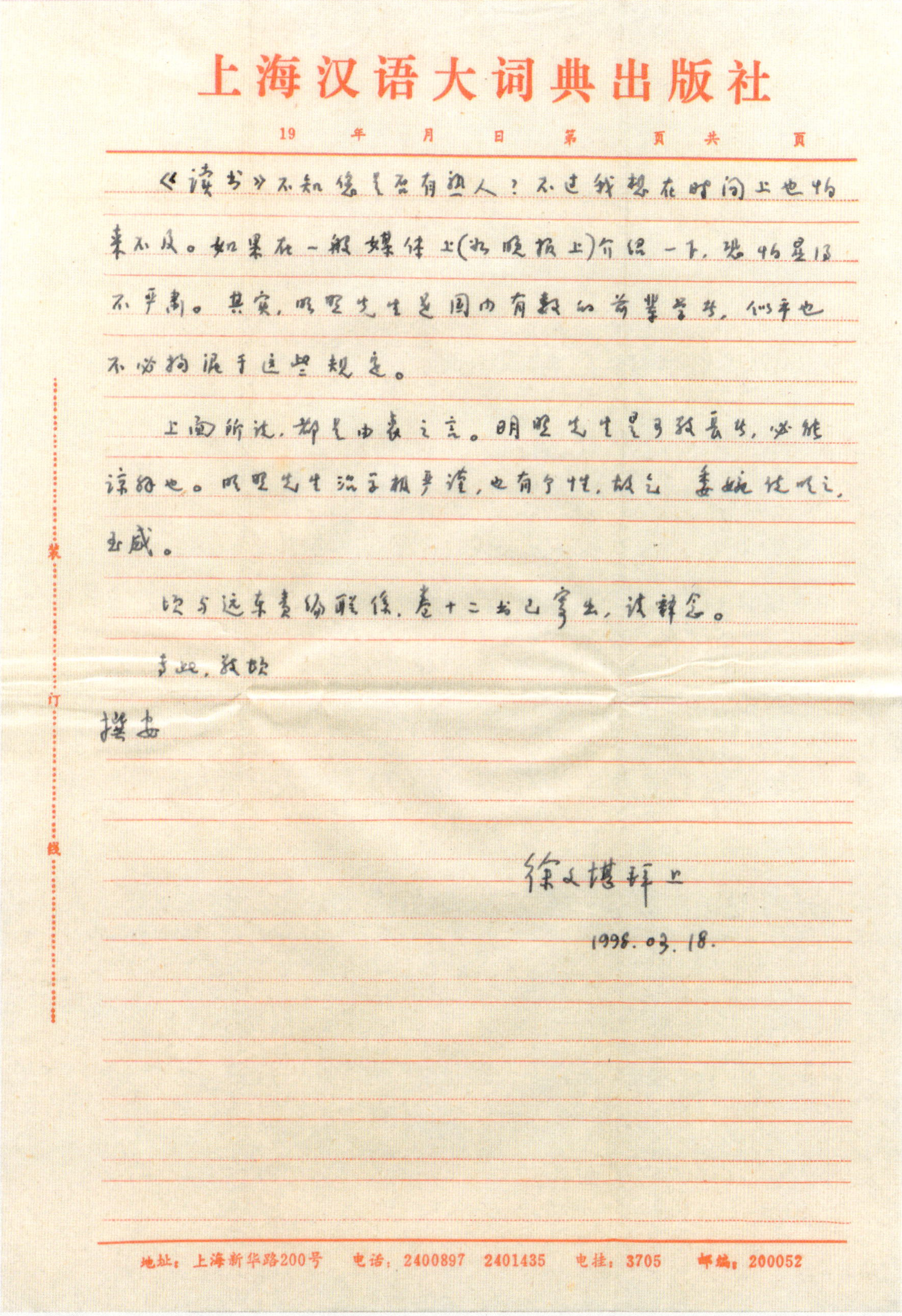

上海汉语大词典出版社

19　年　月　日　第　页　共　页

《读书》不知您是否有熟人？不过我想在时间上也怕来不及。如果在一般媒体上（如晚报上）介绍一下，恐怕是很不平衡。其实，明贤先生是国内有数的前辈学者，似乎也不必拘泥于这些规定。

上面所说，都是由衷之言。明贤先生是予敬长者，必能谅解也。明贤先生治学极严谨，也有个性，故乞委婉说明之，至感。

现与远东责编联系，卷十二书已寄出，请释念。

此致，敬颂

撰安

徐文堪拜上

1998.03.18.

地址：上海新华路200号　电话：2400897　2401435　电挂：3705　邮编：200052

上海汉语大词典出版社

19　年　月　日第　页共　页

装订线

国威先生赐鉴：

本月23日手教敬悉。所托之事未能办好，殊为抱歉。现今在出版社工作，有些事往往不是编辑说了算，而是出版、发行部门说了算；有的书版权页上标的出版日期与实际出版日期不符。现状如此，有时也实在没有办法。

尊译冈村先生大文排印要求，自当转告责编，请放心。您需要的卷十二（10册），责编也会负责寄上。稿费早已开出，但出版社财务部门汇寄可能还要稍迟些时候，请鉴谅。

上古所出天津艺术博物馆藏敦煌文献第二册敦煌本《文选注》写卷已请该社同志複印（现手边无此书），收到后即寄上。

余不尽，敬颂

撰祺

徐文堪拜上

1998.03.27.

地址：上海新华路200号　电话：2400897　2401435　电挂：3705　邮编：200052

上海汉语大词典出版社

19 年 月 日 第 页 共 页

国威先生：

遵嘱寄上天津艺博所藏《文选》注校印件，即乞詧收。

专此，敬颂

著安

徐文堪敬首

1998.04.01.

装 订 线

地址：上海新华路200号 电话：2400897 2401435 电挂：3705 邮编：200052

上海汉语大词典出版社

19　年　月　日　第　页　共　页

装　订　线

国威先生：

连奉两函，敬悉一切。

《学术集林》卷十四发稿在印，请释念。下篇书影二叶标明"下"字，不会搞错。唯上篇二叶是分二次寄下的，当时妥为收存，但一时忘了放在何处，未能检出。至为抱歉。因特专函，如方便，乞再复印二叶（上篇）寄下，当及时转出版社责编，并嘱其注意。谨先致以深切谢意。

专此，敬颂

撰安

徐文堪拜上

1998.04.13.

地址：上海新华路200号　电话：2400897　2401435　电挂：3705　邮编：200052

上海汉语大词典出版社

19　年　月　日第　页共　页

周威先生赐鉴：

本月11日手教敬悉。

得知先生对《文选》的研究有新进展，殊为钦佩。尊文撰就后，据可介绍给吾友、北大历史系教授荣新江兄主持的《敦煌吐鲁番研究》（此刊水准甚高，主编为季羡林、周一良、饶宗颐三位先生，实际负责的是荣兄），他们一定很欢迎。荣兄数日后将来沪，当先告之。

尊译周村先生文上篇附图版二叶为珍藏，一时未能检出，为不误事，请再赐寄此二叶複印件，是所至感。

专此，敬颂

教祺不尽

徐文堪拜上

1998.04.18.

地址：上海新华路200号　电话：2400897　2401435　电挂：3705　邮编：200052

第……页

国威先生赐鉴：

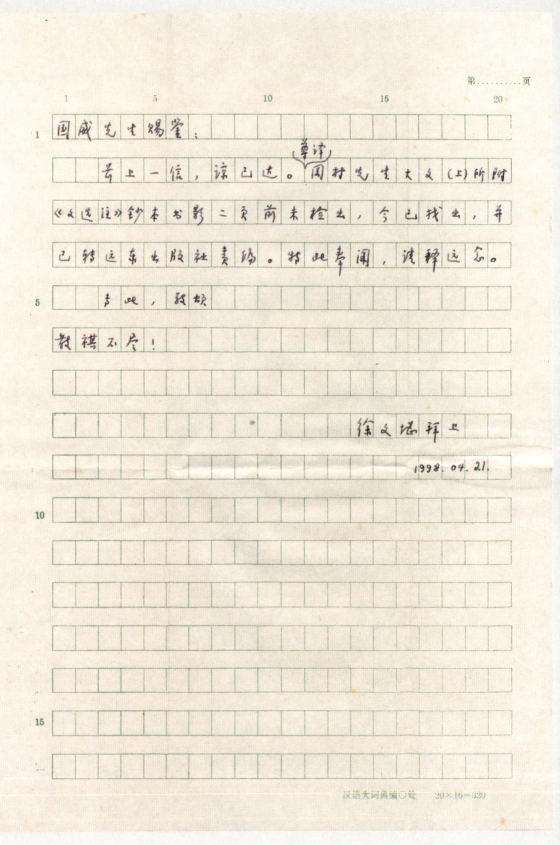

前上一信，谅已达。華译冈村先生大文（上）所附《文选注》钞本书影二页前未检出，今已找出，并已转送东出版社责编。特此奉闻，请释远念。

专此，敬颂

教祺不尽！

徐文堪拜上

1998.04.21.

汉语大词典编〇处　20×16=320

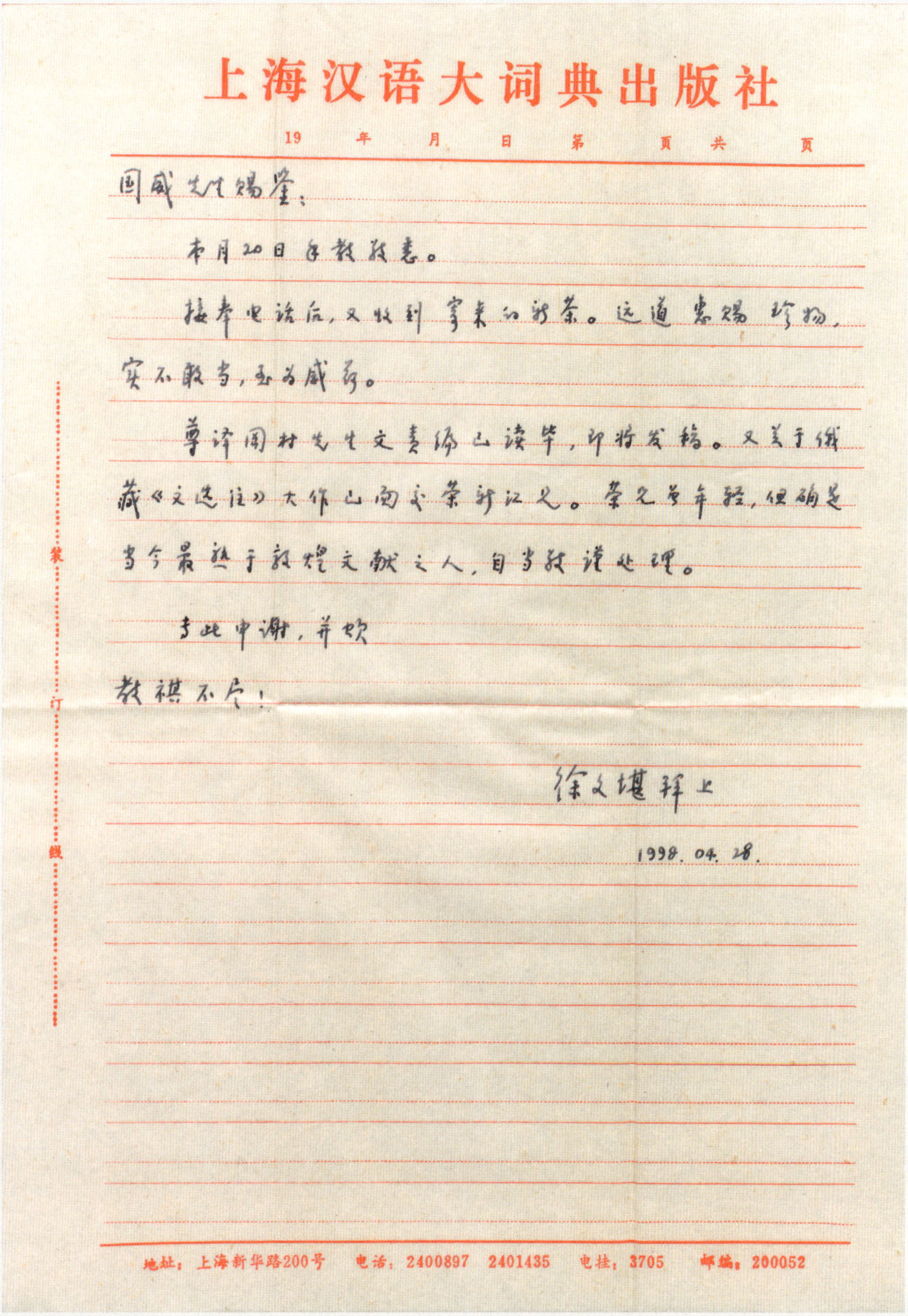
上海汉语大词典出版社

19 年 月 日 第 页 共 页

国威先生赐鉴：

本月20日手教敬悉。

接奉电话后，又收到寄来的新茶。远道惠赐珍物，实不敢当，至为感荷。

尊译周村先生文责编已读毕，即将发稿。又关于俄藏《文选注》大作已函荣新江兄。荣兄虽年轻，但确是当今最熟于敦煌文献之人，自当就近处理。

专此申谢，并颂

教祺不尽！

徐文堪拜上

1998.04.28.

装订线

地址：上海新华路200号 电话：2400897 2401435 电挂：3705 邮编：200052

上海汉语大词典出版社

19　年　月　日第　页共　页

国威先生：

迭奉两函，上函因琐务缠身，未及时覆，至以为歉。

尊评稿（上篇）已发稿，请释念。下篇拟登卷十五，此卷尚未编就，如无特殊情况，自当连载。关于卷十二所载大文的稿酬，据出版社责编说，因该社所出之书品种颇多，见书后即发酬有困难，故拟数月集中发放。所有作者均如此。此实不甚合理，但亦无法可想，尚祈谅鉴。

另一尊文已交荣新江兄。他那里处理稿子是先后请人审阅，情况当遵嘱一问。此外，《敦煌吐鲁番研究》的刊行经费恐略有些问题。倘万一他那里有变化，我拟转给上海古籍的《中华文史论丛》，尊意如何？

对先生精勤治学的精神殊为钦佩，并请多保重，勿过劳。

匆匆，敬颂

教祺不尽！

徐文堪拜上

1998.05.25.

地址：上海新华路200号　电话：2400897　2401435　电挂：3705　邮编：200052

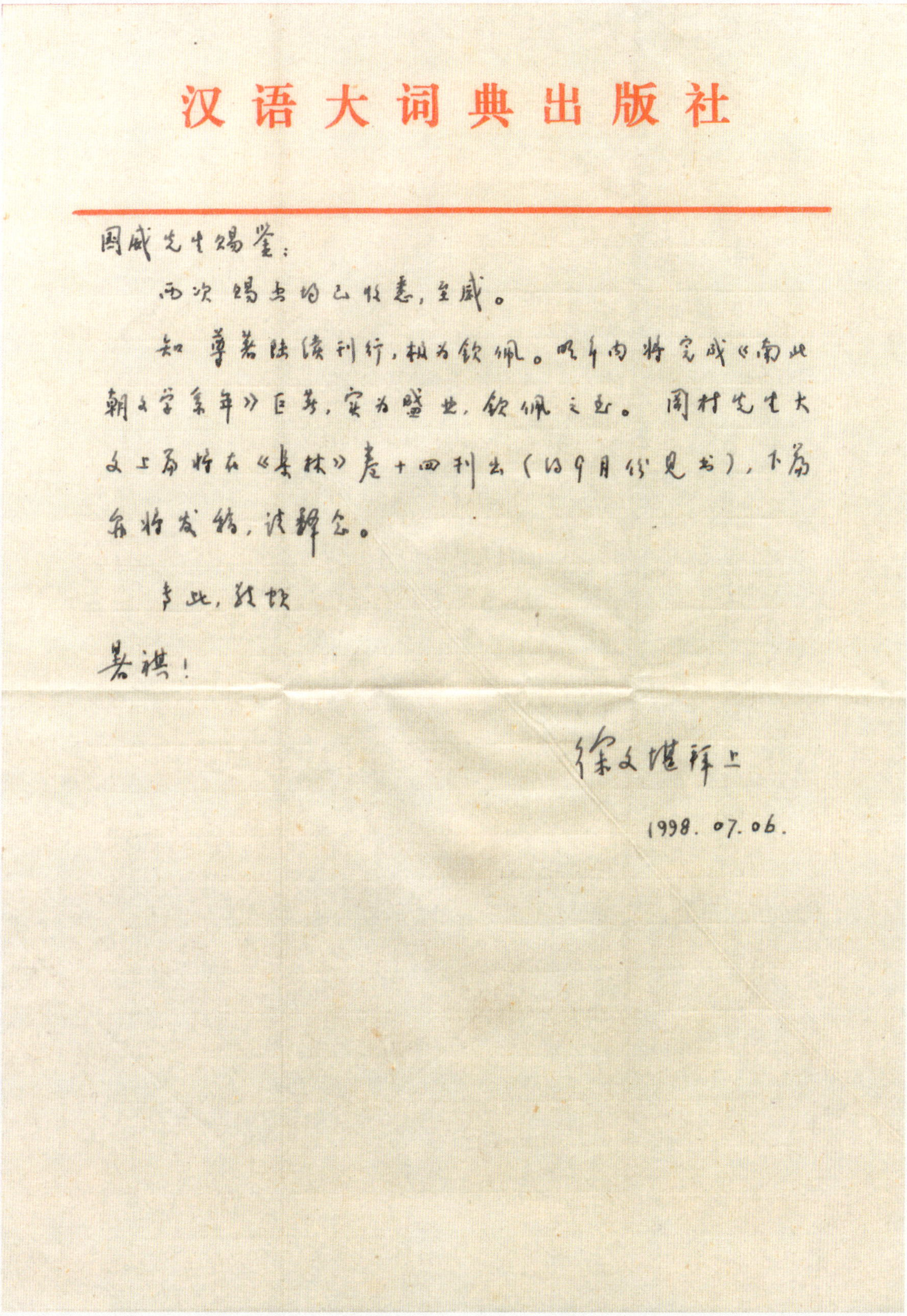

汉语大词典出版社

国威先生赐鉴：

两次赐书均已收悉，至感。

知 尊著陆续刊行，极为钦佩。明年内将完成《南北朝文学系年》巨著，实为盛世，钦佩之至。周村先生大文上篇将在《集林》卷十四刊出（约9月份见书），下篇亦将发稿，请释念。

专此，敬颂

著祺！

徐文堪拜上

1998.07.06.

汉语大词典出版社

国威先生赐鉴：

手教并大著《温子升年谱》都已收到，感谢不尽。

上海今年连续高温，最高达39.4°C，且延续时间甚长，所以不能做什么事。工作时间则忙于《汉语大词典》（简编本）之读样、校阅工作（已处理千余万字）。有疏问候，至以为歉。

得知《四川文字发展史》已列入规划，谨此表示衷心祝贺。

尊译国材先生大文（上篇）已三校完毕，大约下月印了见书（《集林》卷十四），特此奉闻。

匆匆不一，敬颂

撰祺！

徐文堪拜上

1998.08.18.

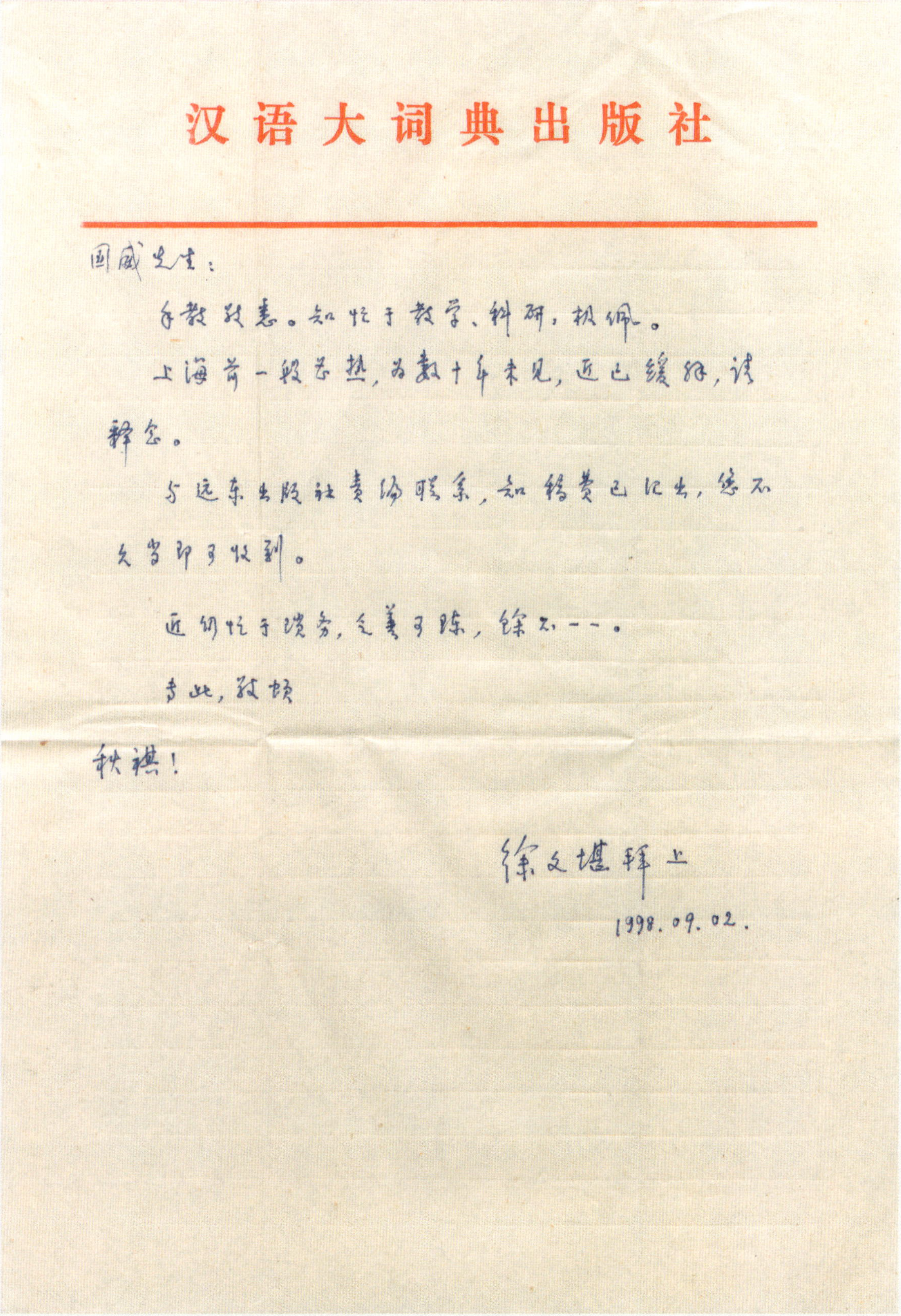
汉语大词典出版社

国威先生：

手教敬悉。知忙于教学、科研，极佩。

上海前一段甚热，为数十年未见，近已缓解，请释念。

与远东出版社责编联系，知稿费已汇出，您不久当即可收到。

近仍忙于琐务，文美可疏，馀不一一。

专此，敬颂

秋祺！

徐文堪拜上

1998.09.02.

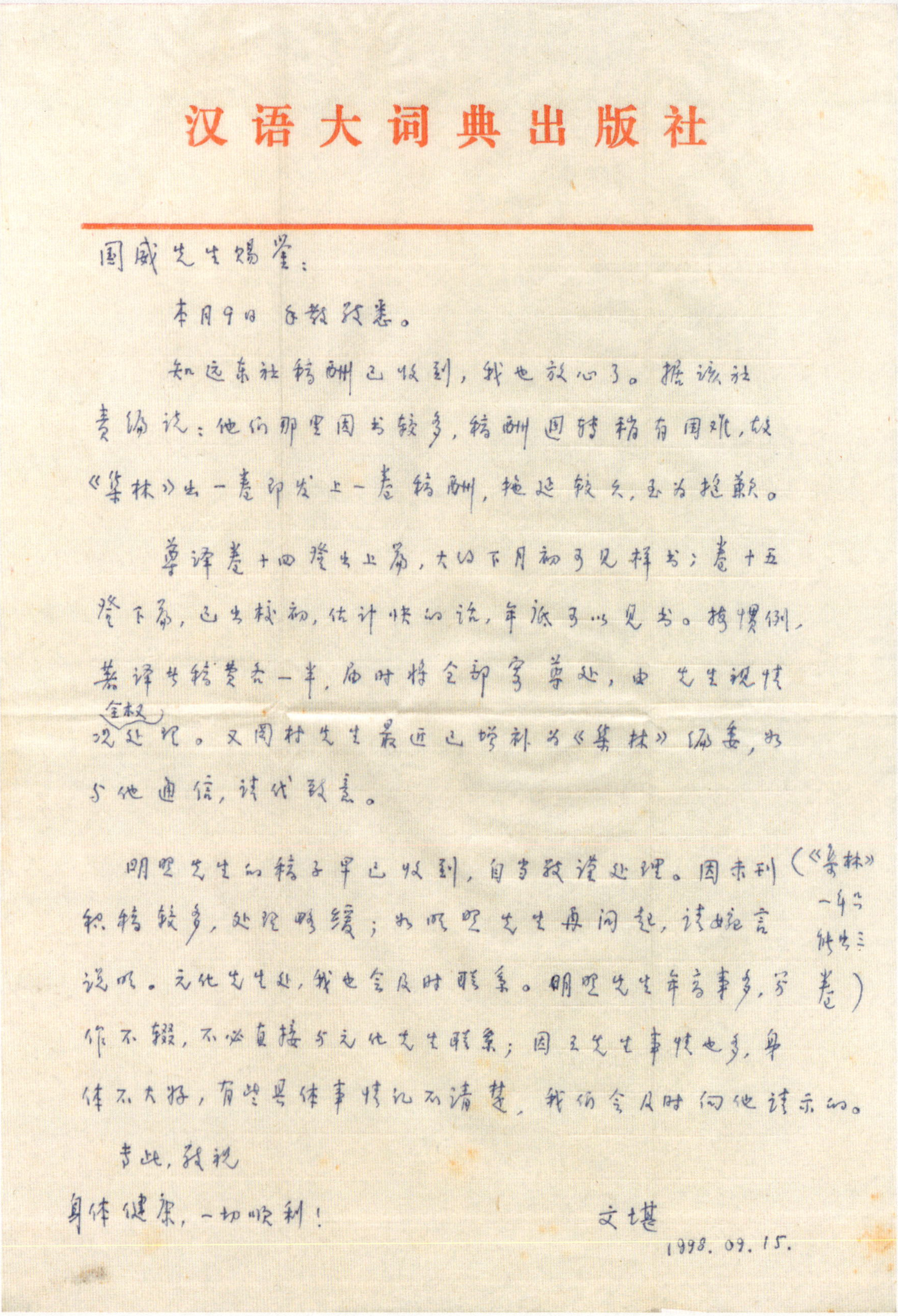

汉语大词典出版社

国威先生赐鉴：

本月9日手教敬悉。

知远东社稿酬已收到，我也放心了。据该社责编说：他们那里图书较多，稿酬回转稍有困难，故《集林》出一卷即发上一卷稿酬，拖延较久，至为抱歉。

尊译卷十四发出上篇，大约下月初可见样书；卷十五发下篇，已出校样，估计快的话，年底可以见书。按惯例，慕译书稿费各一半，届时将全部寄尊处，由先生视情况全权处理。又周村先生最近已增补为《集林》编委，如与他通信，请代致意。

明照先生的稿子早已收到，自当敬谨处理。因本刊（《集林》一年只出三卷）积稿较多，处理略缓；如明照先生再问起，请婉言说明。元化先生处，我也会及时联系。明照先生年高事多，写作不辍，不必直接与元化先生联系；因王先生事情也多，身体不大好，有些具体事情记不清楚，我们会及时向他请示的。

专此，敬祝

身体健康，一切顺利！

文堪

1998.09.15.

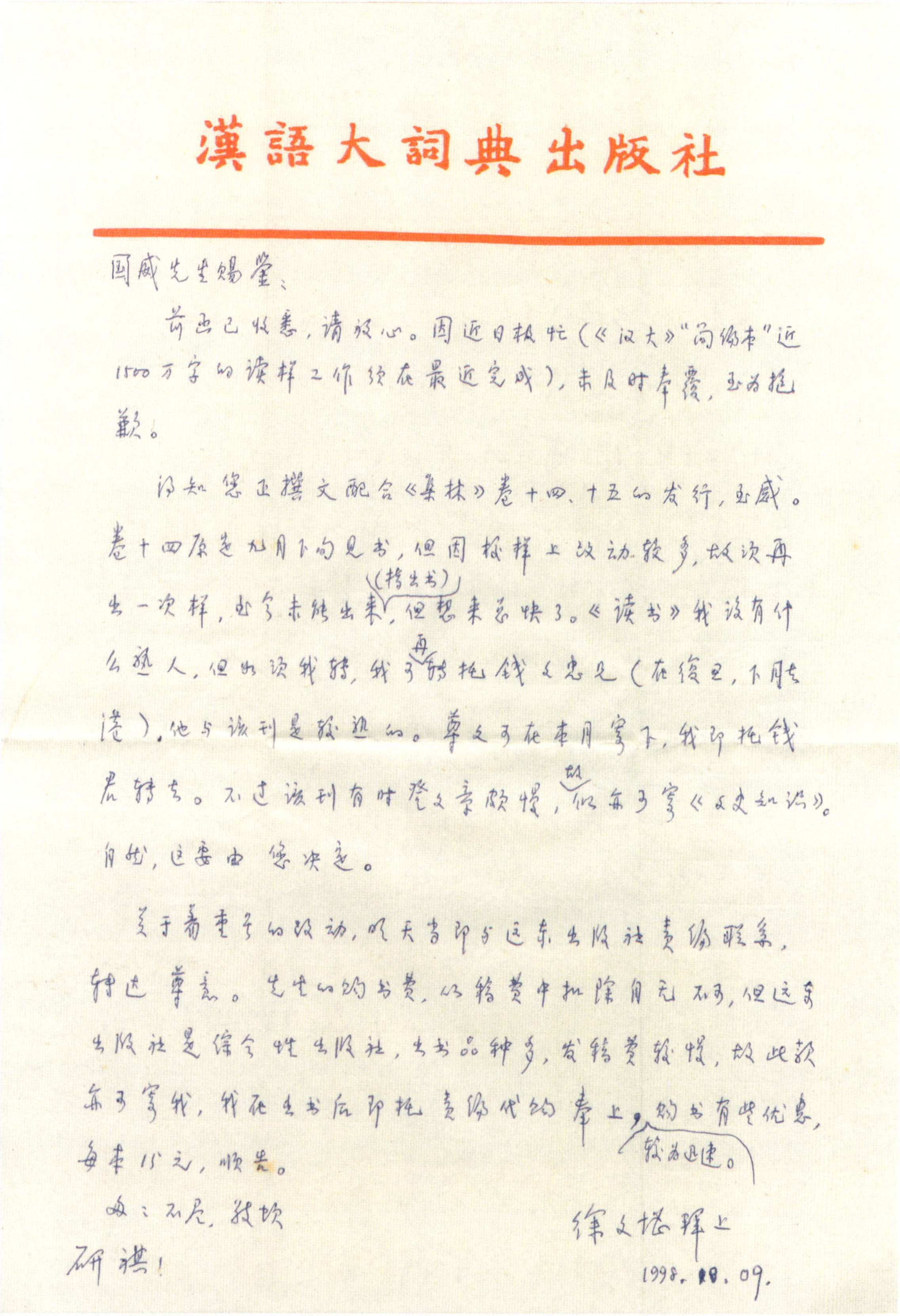

漢語大詞典出版社

国威先生赐鉴：

前函已收悉，请放心。因近日极忙（《汉大》"简编本"近1500万字的读样工作须在最近完成），未及时奉覆，至为抱歉。

得知您正撰文配合《集林》卷十四、十五的发行，至感。卷十四原定九月下旬见书，但因校样上改动较多，故须再出一次样，也就未能出来（指出书），但想来总快了。《读书》我没有什么熟人，但如须我转，我可再转托钱文忠兄（在德国，下月去港），他与该刊是较熟的。尊文可在本月寄下，我即托钱君转去。不过该刊有时登文章较慢，故似不如寄《文史知识》。自然，这要由您决定。

关于着重号的改动，明天当即与辽教出版社责编联系，转达尊意。先生的购书费，从稿费中扣除自无不可，但这家出版社是综合性出版社，出书品种多，发稿费较慢，故此款不如寄我，我在出书后即托责编代购奉上，购书有些优惠，较为迅速。每本15元，顺告。

匆匆不尽，敬颂

研祺！

徐文堪拜上

1998.10.09.

汉语大词典出版社

国威先生赐鉴：

本月21日手教并 尊文《古老诠释文本的再度诠释》都已收到。大文已请钱文忠兄转《读书》杂志。

《学术集林》样书刚到，已嘱远东出版社责编寄上。另外购书款我亦已先行交给他，待书进栈后，再与他联系，请他代购并转给我，由我负责寄上，请释念。唯稿费按该社过去做法，可能要稍迟一点奉上。因该社今年杂书出得太多，每月支出稿费要预先“排队”也。此亦无法可想，尚祈 谅鉴。

专此，敬颂

著祺

徐文堪拜上

1998.10.26.

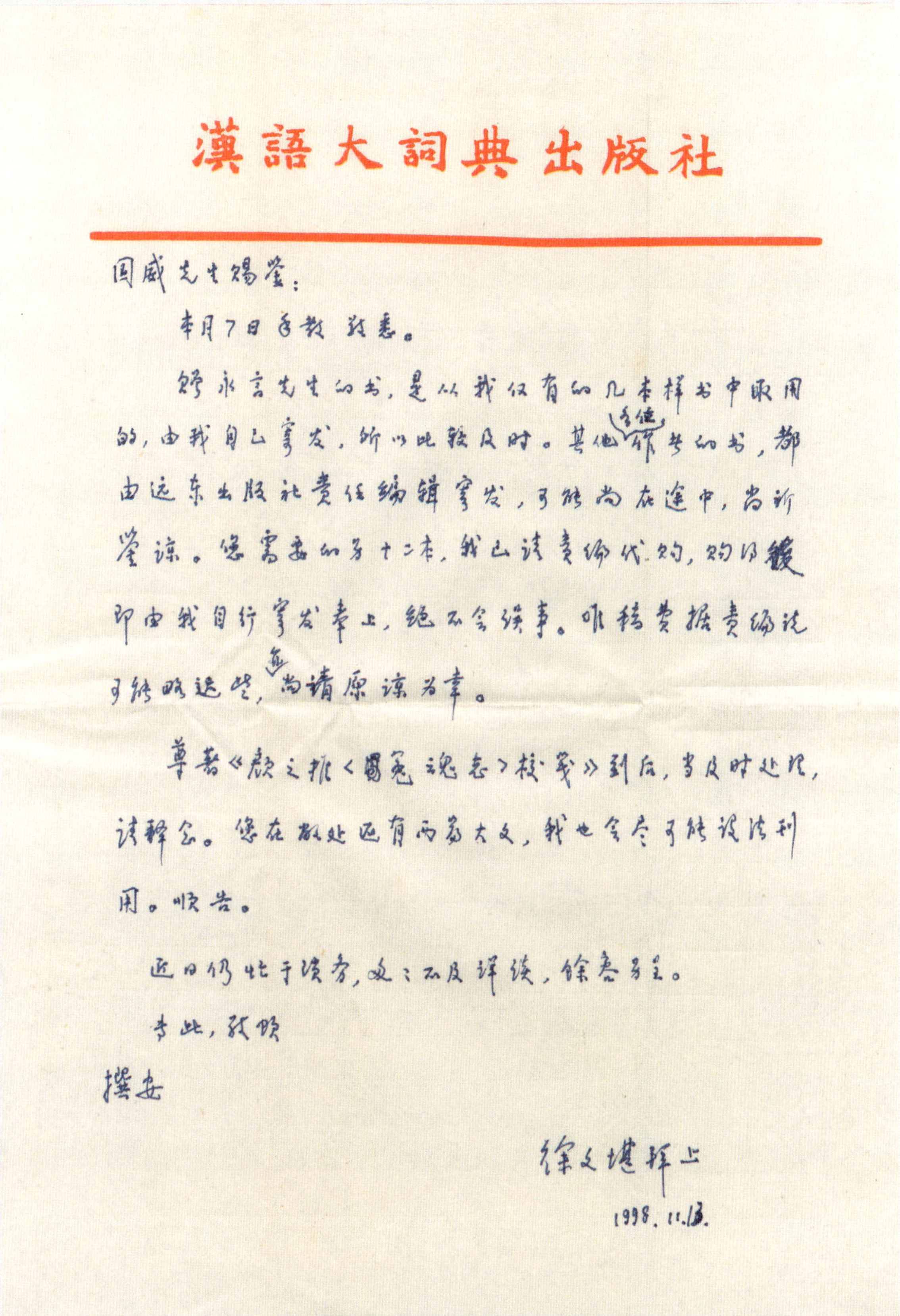
漢語大詞典出版社

国威先生赐鉴：

本月7日手教拜悉。

鲍永言先生的书，是从我仅有的几本样书中取用的，由我自己寄发，所以比较及时。其他（各位）作者的书，都由远东出版社责任编辑寄发，可能尚在途中，尚祈鉴谅。您需要的另十二本，我已请责编代购，购得後即由我自行寄发奉上，绝不会误事。此稿费据责编说可能略迟些，并尚请原谅为幸。

尊著《颜之推〈冤魂志〉校笺》到后，当及时处理，请释念。您在敝处还有两篇大文，我也会尽可能设法利用。顺告。

近日仍忙于读书，匆匆不及详谈，余容另呈。

专此，敬颂

撰安

徐文堪拜上

1998.11.13.

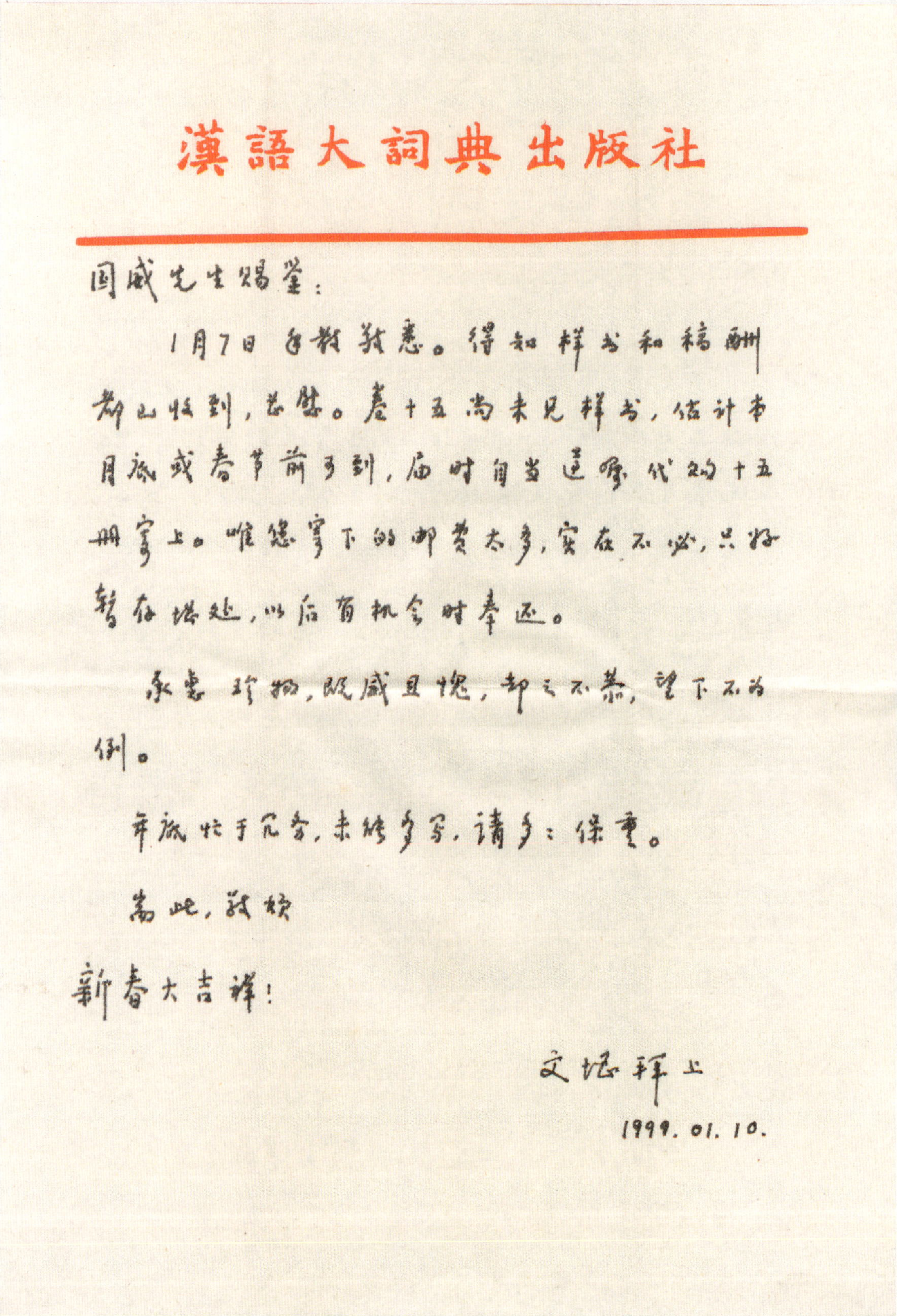

漢語大詞典出版社

国威先生賜鑒：

1月7日手教敬悉。得知样书和稿酬都已收到，甚慰。卷十五尚未见样书，估计本月底或春节前可到，届时自当遵嘱代为十五册寄上。唯您寄下的邮费太多，实在不必，只好暂存编处，以后有机会时奉还。

承惠珍物，既感且愧，却之不恭，望下不为例。

年底忙于冗务，未能多写，请多多保重。

为此，敬颂

新春大吉祥！

文媛拜上

1999.01.10.

漢語大詞典出版社

国威先生台鉴：

本月28日手教敬悉。

《学术集林》卷十五刚见样书，待书出栈后，当即遵嘱代购奉上。尊款已转交远东出版社责编。邮寄仍由我自行办理。这样可能会及时些，请释念。

承告以周树华教授住址，亦已转告该责编，这样以后寄书，周树先生可及时收到，感谢之至！

得知大著进展顺利，甚为高兴。所赐珍物早已收到，并此致谢。又尊文一篇已收入《集林》卷十六，顺告。

专此，敬颂

撰安

徐文堪拜上

1999.02.02.

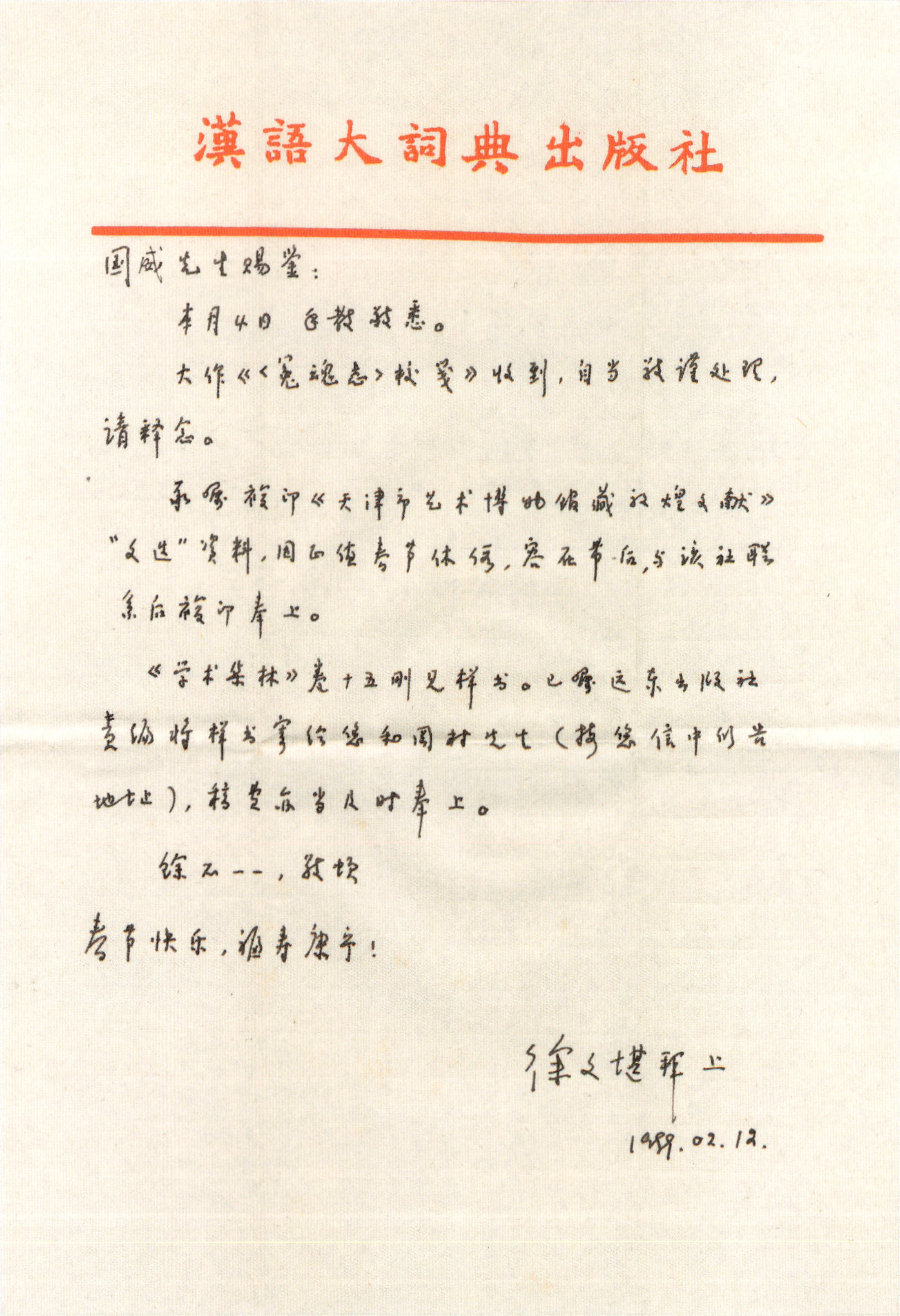

漢語大詞典出版社

国威先生赐鉴：

本月4日手教敬悉。

大作《〈冤魂志〉校笺》收到，自当敬谨处理，请释念。

承嘱複印《天津市艺术博物馆藏敦煌文献》"文选"资料，因正值春节休假，容在节后，与该社联系后複印奉上。

《学术集林》卷十五刚见样书。已嘱远东出版社责编将样书寄给您和周林先生（按您信中所告地址），稿费亦当及时奉上。

余不一一，敬颂

春节快乐，福寿康宁！

徐文堪拜上

1999.02.12.

漢語大詞典出版社

国威先生赐鉴：

本月10日大函并大著《〈冤魂志〉校笺》全文均已奉到，请放心。

得知先生寝馈亦忙于著述，至为感佩。

承告周林先生来出情况，至为感谢。卷十五的样书及稿酬由远东出版社责编奉上。余的十二册待书大批到后即奉寄。

卷十六所刊为关于《神乌赋》者，因"尹湾汉简"之书已出，评家论文亦已有数篇，尊文宜先刊。关于俄藏敦煌《文选》者容稍后。

专此，敬颂

新春吉祥，阖府安康！

徐文堪拜上

1999.02.19.

漢語大詞典出版社

国威先生赐鉴：

本月11日手教拜悉。前寄之信系早已奉到，嘱改之处已照改。

《学术集林》卷十五在春节前来了极少几本样书，大批书至今未到，故远东出版社责编尚未寄奉。当与他联系，嘱其将样书（一俟到后）并稿费尽可能从早寄上，请释念。

您嘱购之书到后当由我自行及时寄奉。

闻近日微恙，甚念，想因从事科研和备课太过劳所致，务乞节劳并保重，并祝康复。

专此，敬颂

春祺

徐文堪拜上

1999.03.16.

分类号　　总

国威先生赐鉴：

　　手教敬悉。据远东出版社责编告知，《学术集林》卷16的样书已陆续寄出，您和永言先生的不日当可寄达。寄到后，烦请告诉我一下为感。另有需购的12册已经购到，现另邮寄上，即乞察收。

　　匆匆不尽，敬颂

研祺！

徐文堪拜上

1999.03.30.

写稿注意：(1)文字请写端正清楚；(2)资料数字请核实；(3)请注明资料来源(书名、作者、版别、页数)。

资料来源

编写	
初审	
复审	
决审	

〔辞海〕稿纸20×15＝300

漢語大詞典出版社

国威先生赐鉴：

上月29日手教并尊稿都已收到。谢谢。

尊稿中嘱改之处，自当照改。

前寄上《学术集林》卷15共十二册，谅已收到。又样书收到后，亦已告知。

匆匆不尽，敬颂

撰安

徐文堪拜上

1999.04.05.

漢語大詞典出版社

国威先生赐鉴：

本月8日手教敬悉。单稿早已寄达，请释念。

得知大作已由《文史》49辑接受，即将刊出，至感欣慰。惠赠的佳著早已收到，实在不敢当，谨此致谢。

周策纵先生没有见过面，只是偶有通信联系。丁爱博（Albert E. Dien）教授的大作当问：周先生，请其核判。俟有结果，再行奉告。

永言先生处已代致意。

匆匆不尽，敬颂

大安

徐文堪拜上

1999.04.12.

漢語大詞典出版社

国威先生赐鉴：

上月29日手教敬悉。得知《李善生平事迹考辨》即将刊出，至为钦佩。顷接周策纵先生来信，知道他来京参加"五四"学术讨论会，您需要的丁爱博（Albert. E. Dien）关于《冤魂志》之文已被他带到北京，将托人转交给我。我收到后，当即转奉。特此告知。

匆匆不尽，敬颂

撰安

徐文堪拜上

1999.05.04.

漢語大詞典出版社

国威先生赐鉴：

上月30日手教敬悉。

周先生去北京参加关于"五四运动"的学术讨论会，带来丁爱博教授论《冤魂志》之文，他面交随元化先生与会的一位同志，这位同志办事较拖拉，加上住得远，至今没有转给我。我收到后，今已印奉上，请放心。不过这篇文章内容可能比较简略。

《学术集林》卷十六已见校样，但上海远东出版社近来出了点事（与四川大学出版社略似，但没那么严重），殃及池鱼，较原定的迟了些。但《集林》本身无任何问题，故估计夏秋之交可出书。

得知先生学术研究进展惊人，非常钦佩，并表祝贺。

专此，敬颂

著祺

徐文堪拜上

1989.06.04.

第……页

国威先生：

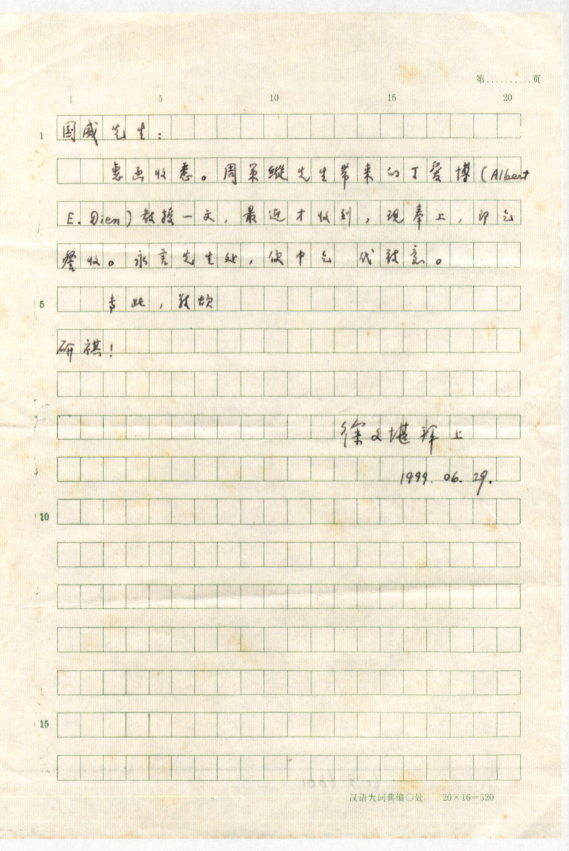

惠函收悉。周策纵先生带来的丁爱博（Albert E. Dien）教授一文，最近才收到，现奉上，即乞鉴收。永言先生处，便中乞 代致意。

专此，敬颂

研祺！

徐文堪拜上

1999.06.29.

汉语大词典编○处 20×16=320

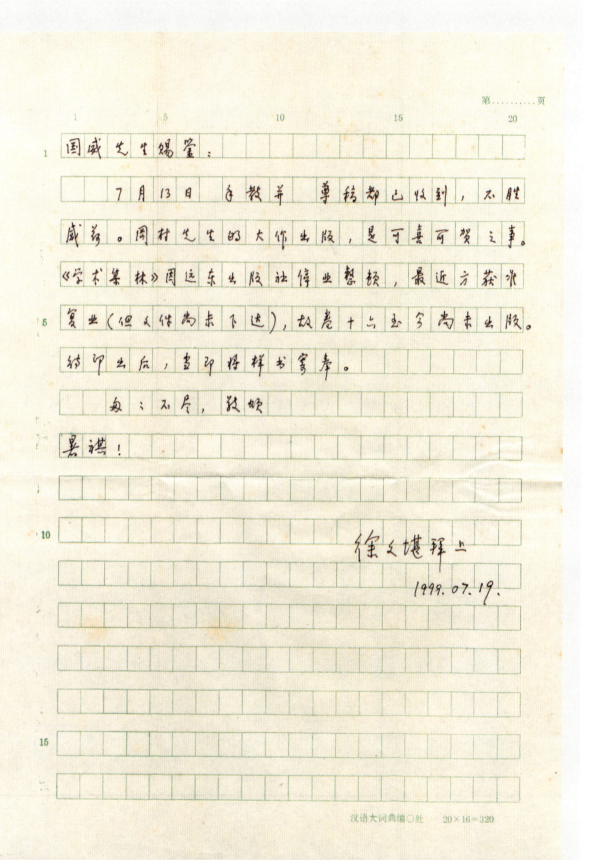

第……页

国威先生赐鉴：

7月13日手教并尊稿都已收到，不胜感荷。冈村先生的大作出版，是可喜可贺之事。《学术集林》因远东出版社停业整顿，最近方获准复业（但文件尚未下达），故卷十六至今尚未出版。待印出后，当即将样书寄奉。

匆匆不尽，敬颂

暑祺！

徐文堪拜上

1999.07.19.

汉语大词典编〇处　20×16=320

第..........页

国威先生赐鉴：

本月1日 手教敬悉。

承告"生态旅游"之乐，感念。假期里仍进行学术研究，至为钦佩。

远东出版社现已复出，各项工作渐次正常，请释念。

听说永言先生身体不大好，便中敬乞 代致问候。

匆匆不尽，敬颂

撰祺！

徐文堪拜上

1999.08.06.

汉语大词典编〇处　20×16=320

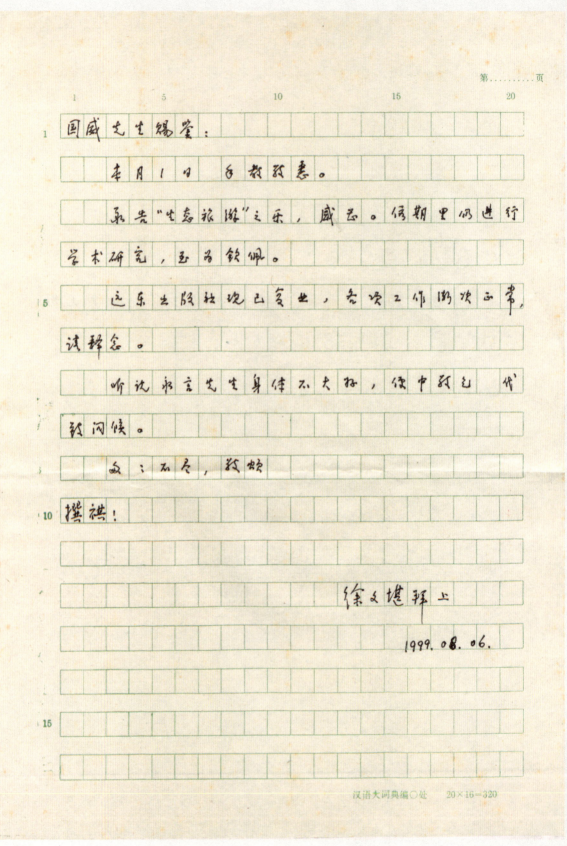

漢語大詞典出版社

国威先生钧鉴：

两奉 手教，欣悉一是。收到前信时，因忙于琐务，未及时奉覆，至以为歉。

冈村教授偕同其学生多人来上海旅游，元化先生曾设宴招待，我因事冗，未克陪同，故未见面。日文书印制甚佳，确达到一流水准。

《学术集林》卷16的国庆前后可见书，顺告。

尊作《慧琳音校笺》自当积极安排，请释远念。唯前一段远东停业（现已恢复），《集林》积稿较多，大文为篇幅所制，非一期所能载完，故暂拟先发 先生所改处之定稿，未知 尊意如何！

尊处情形定佳胜，便中乞告一二为感。

匆匆不尽，敬颂

秋祺！

徐文堪拜上

1999.09.14.

漢語大詞典出版社

国威先生：

本月21日手教敬悉。

所嘱之事，自当遵照办理，请释念。《集林》卷16尚未出版，见样书后自当及时奉寄。

永言先生久未通信，时时忆念。得悉他近日身体状况有所好转，甚感欣慰。便时还乞代为致意，并祝早日康复，是所至感。

匆匆不尽，敬颂

大安

徐文堪拜上

1999.09.27.

第　　页

国威先生大鉴：

本月21日手教敬悉。

得知　先生于一个月内完成了《萧统全集校注》，不胜钦佩。学膳宾先生的建议太好，我个人以为这是对"文选学"的一大贡献。关于由上海远东出版社出书的事，本是不成问题的，但该社总编和《学林》责编易人；办公室主任不甚了解情况，不大好打交道，因此我在接尊书后与他们通了电话，他们支支吾吾，且有推托之辞。因此，鄙意只要周村先生同意，您印了用译文，不必由远东出版，他们也绝不会有什么异议。杨宗文先生

14×15=210

第　　页

如问起，可提我的名字。我本蒙贵校聘为兼职教授，对此可负全责。

张先生处祈　代为致意，不胜感荷。《集林》卷十六在国庆节前到了几本快样书，但我至今尚没有看到（主编王先生亦未收到），以出版社之现状，实无法可想。不过总快了，到后当即请他们寄上，并由我将一册给张先生。卷十七已发稿。　尊文《俄藏敦煌本〈文选注〉笺证》拟编入卷十八。现因远东社责编处理这种纯学术稿子有困难，故他们请了一位退休的资深编辑帮着看看。如您能在百忙中

14×15=210

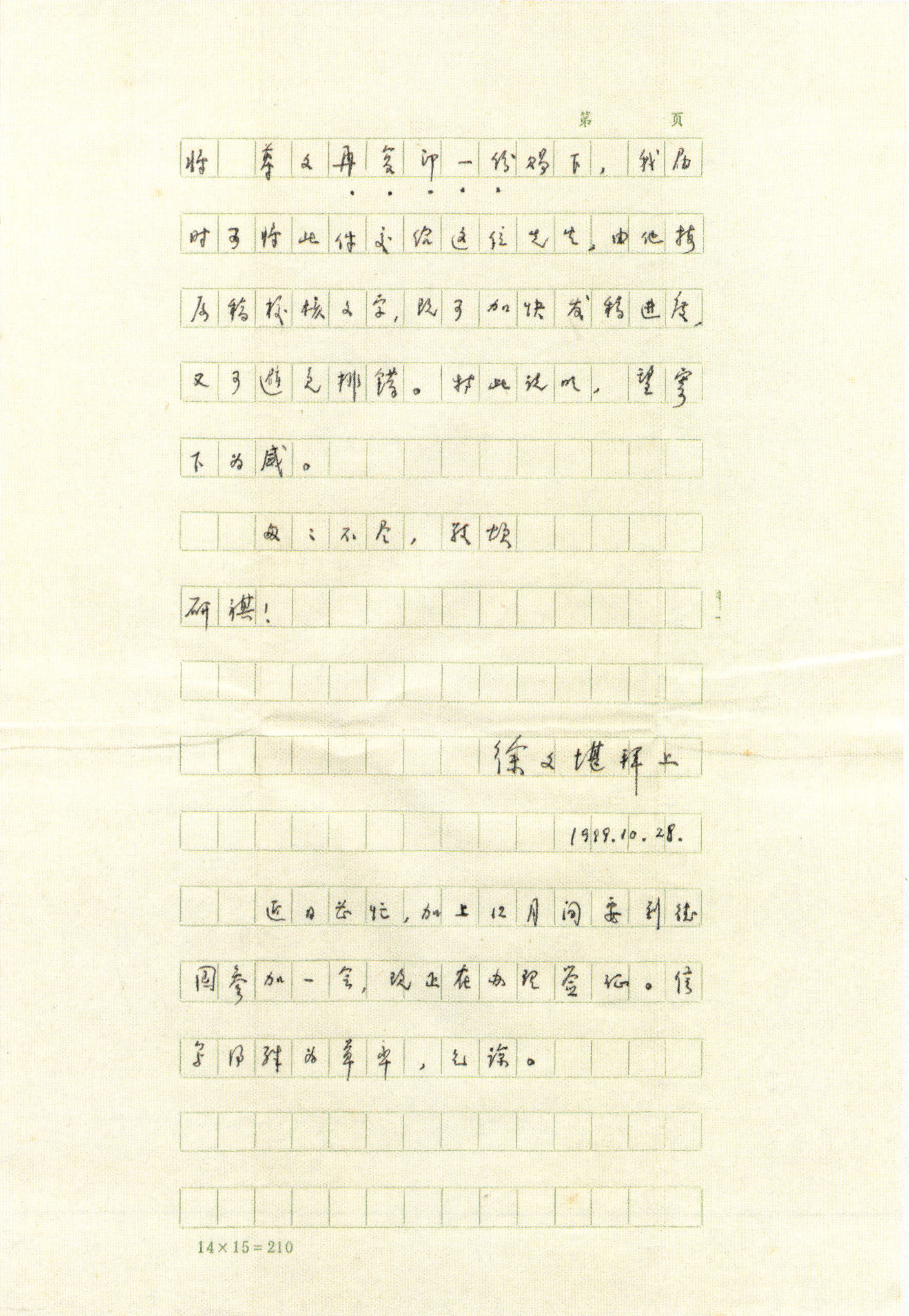
第　页

将　拳文再复印一份寄下，我届时可将此件交给这位先生，由他据原稿校核文字，既可加快发稿进度，又可避免排错。特此说明，望寄下为感。

匆匆不尽，敬颂

研祺！

徐文堪拜上

1989.10.28.

近日甚忙，加上12月间要到德国参加一会，现正在办理签证。信写得殊为草率，乞谅。

14×15=210

漢語大詞典出版社

国威先生赐鉴：

惠函并 大文《敦煌本俄Φ242〈文选〉写卷校证》複印件收到，谢谢。

华文连此在内在我处尚有二篇，我一定遵嘱及时安排，请释念。

《学术集林》卷16已刊出 华文《尹湾汉简〈神乌赋〉订诂》，现样书刚到，书店里尚无出售。付酬以后，自当寄奉。

望于忙中多多保重。

专此，敬颂

撰安！

徐文堪拜上

1999.11.10.

漢語大詞典出版社

国威先生大鉴：

本月18日手教敬悉。得知您从事科研的情况，至为钦佩。

关于《学术集林》的样书，因编委、学术联系人和作者等处都要发，故出版社认为太多，对优惠购书有所限制；又现任责编不熟，故托他稍有不便。好在该社另有一门市部，可以买到，且亦略有优惠，故问题不大。现书价由20元增为22元。区区之数，请千万不要放在心上。待书在门市部到后，即奉上。

張先生的《语文学论集》（增订本）已收到，便中并乞代为转达感谢和慰问之意，不胜感荷。

匆匆不尽，敬颂

撰安！

徐文堪拜上

1999.11.22.

漢語大詞典出版社

国威先生：

上月廿九日来教敬悉。

我在本月上旬去德国哥廷根大学参加一个关于近现代汉语词汇的国际学术会议，昨天（12月12日）回国。尊函迟复为歉。

得知永青文库事务局已同意巴蜀书社影印《文选注》，尊作亦将出版，至为钦佩，并表示衷心祝贺。

永言先生处，当乞多多致意。

匆匆不尽，敬颂

大安，并颂

新年大吉！

徐文堪拜上

1999.12.13.

汉语大词典出版社

国威先生大鉴：

前上一函，谅已达。冈村繁教授已从大学退休，前承示其住处地址，当时记在一个本子上，一时未能检得，乞再示下，以便今后写书联系，不胜感荷。

专此，敬颂

大安

徐文堪拜上

1999.12.15.

漢語大詞典出版社

国成先生：

12月23日手教敬悉。

得知工作进展顺利，至为欣慰。承告周村盘先生地址，至为感谢。

尊作的稿酬，远东出版社近日即可寄上。另托约的《集林》二册，也在最近可以寄出。拖的时间长了一些，敬请原谅。

匆匆不尽，敬祝

在新千年即将来临时

阖府多吉！

徐文堪拜上

1999.12.27.

漢語大詞典出版社

国威先生道席：

2月14日手教敬悉，深感厚意。

春节前华函早已收到，因忙未及时奉覆，迄以为歉。

《集林》卷十八正在编辑中。先生华文自当尽早发排，请释远念。唯《集林》出版周期因出版社原因（远东出版社库存积压书多，最近总编亦易人），可能要慢一点。这也是无可奈何之事，当乞鉴谅。

坦近日因赶《现代汉语大词典》之稿，太忙。三月上旬要去美国参加亚洲学会（AAS）的一个会议，数日即返沪。顺告。

永言先生处，便中乞代问安。

匆匆不尽，敬颂

春禧！

徐文堪拜上

2000.02.21.

漢語大詞典出版社

19　年　月　日　第　页　共　页

装　订　线

国威先生：

我于3月30日深夜刚从美国回到上海。现遵嘱将《俄藏敦煌文献》中Дх 1502、1551、2606号三种《文选》残卷复印寄上，请察收。为便于了解全貌，背面文献亦一并复印以供参考。

三信均收到，深感厚意。

匆匆不尽，敬颂

大安！

文堪拜上

2000.04.04.

地址：上海新华路200号　电话：62811435　传真：62810149　邮编：200052

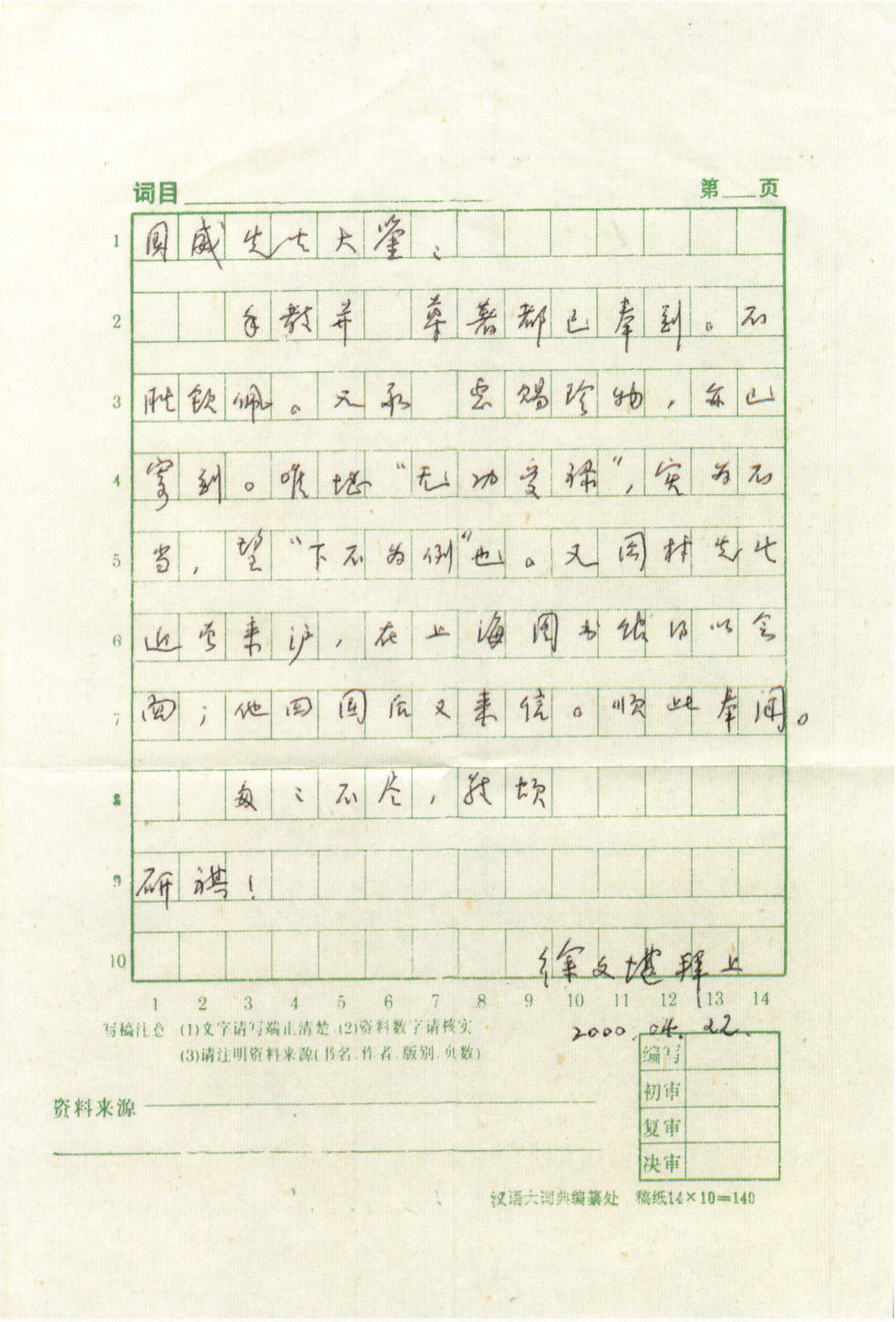

词目　　　　　　　　第　页

国威先生大鉴：

　　手教并　华著都已奉到。不胜钦佩。又承　惠赐珍物，亦已寄到。唯感"无功受禄"，实为不当，望"下不为例"也。又国林先生近曾来沪，在上海图书馆得以会面；他回国后又来信。顺此奉闻。

　　匆匆不尽，敬颂

研祺！

徐文堪拜上

2000.04.22.

写稿注意　(1)文字请写端正清楚　(2)资料数字请核实　(3)请注明资料来源(书名　作者　版别　页数)

资料来源

编写　初审　复审　决审

汉语大词典编纂处　稿纸14×10＝140

漢語大詞典出版社

19　年　月　日　第　页　共　页

国威先生赐鉴：

手教敬悉。

得知　尊著《敦煌本〈文选注〉笺证》即将付印出书，不胜欣喜。谨祝早日大功告成。

载有尊文的《集林》因种种原因，近来进展较缓。卷十七这几天将见样书。至为抱歉。待有确信，当即奉告。

近日大热，尚乞多多保重。此系烦忙乱，未能多写，请原谅是幸。

专此，敬颂

安好！

徐文堪顿首

2000年5月15日

装订线

地址：上海新华路200号　电话：62811435　传真：62810149　邮编：200052

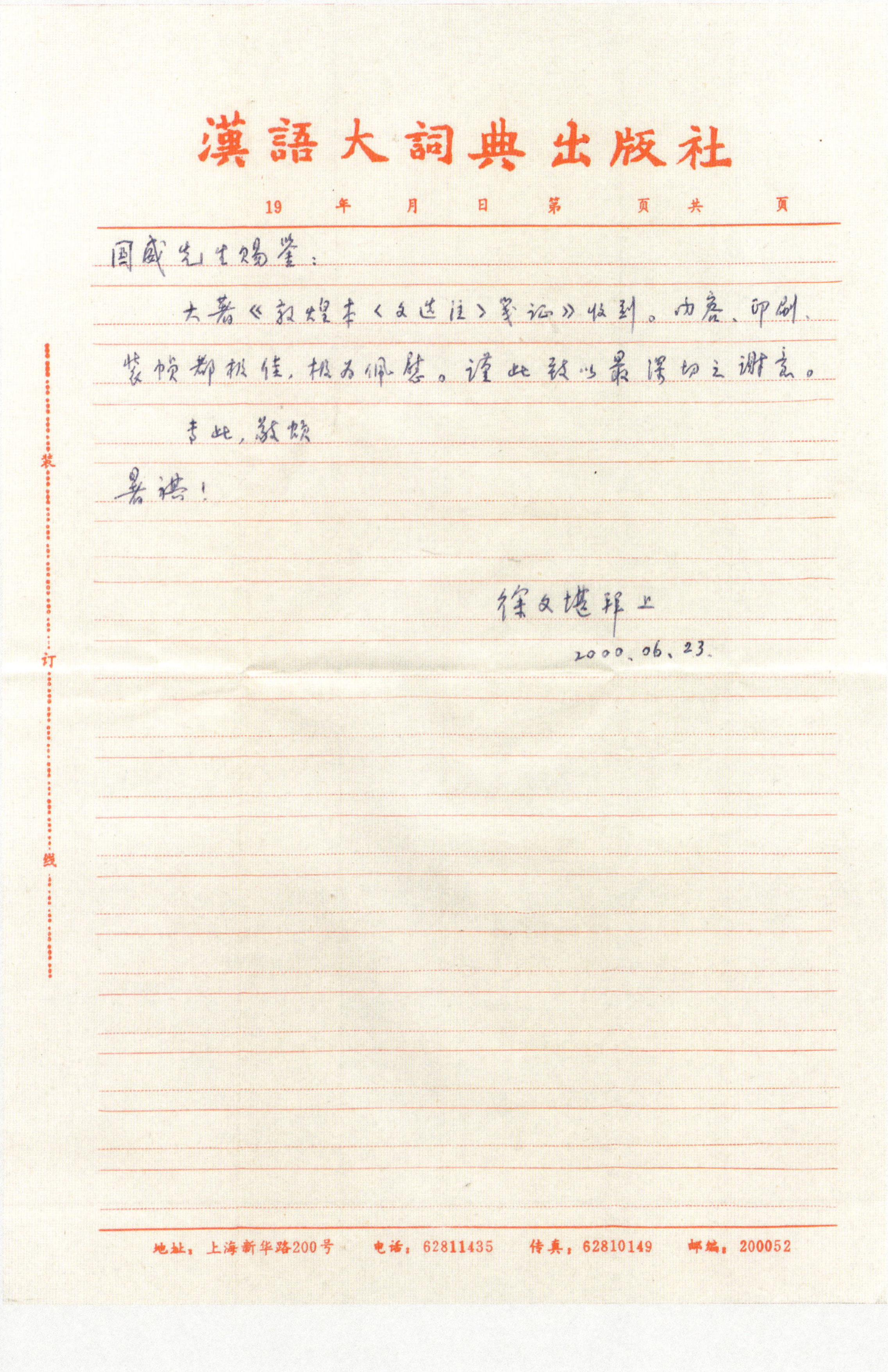

漢語大詞典出版社

19　年　月　日　第　页　共　页

装　订　线

国威先生赐鉴：

大著《敦煌本〈文选注〉笺证》收到。内容、印刷、装帧都极佳，极为佩慰。谨此致以最深切之谢意。

专此，敬颂

暑祺！

徐文堪拜上

2000、06、23.

地址：上海新华路200号　电话：62811435　传真：62810149　邮编：200052

漢語大詞典出版社

19　年　月　日　第　页　共　页

国威先生赐鉴：

本月8日手教敬悉。得知您此行，甚有收获，很是快慰。

最近为纪念敦煌藏经洞发现一百周年，我去参加了在那里举行的国际学术讨论会。上月二十五日动身，八月四日返回上海。

承询《学术集林》事，因远东出版社近来效益不好，他们提出不想再继续出下去，主编亦表示谅解。现在正与上海书店出版社联系中。一俟有眉目，当即奉告。

专此，敬颂

研祺！

徐文堪拜上

2000.08.14

装订线

地址：上海新华路200号　电话：62811435　传真：62810149　邮编：200052

漢語大詞典出版社

19　年　月　日　第　页　共　页

周威先生：

本月十一日手教敬悉。

接信的当天，我即与上海古籍出版社的编辑联系，据告周勋初《唐钞文选集注汇存》一书样书还没有到；第二天接到电话，告以样书已到。细检之下，来自台湾的卷九八有二百页之多，并且知此同一残卷的缩微卷夹在别叶之中未标明，如全印会很多。这就使他很为难，因数量多，不太方便。因此，为避免复印不清楚，他建议待书大批到后，干脆以七五折买一部。我觉得他说得也有道理。此书定价当较高，但他说打折后约300元。您如肯将200元寄下，我会代您购下，托古籍直接寄上，邮费可免。这样办，不知您觉得可以否？倘可以，只要您汇下书款200元（寄至我处），即可办妥。特此奉告。

余不一一，敬颂

研祺！

徐文堪拜上

2000.08.18.

地址：上海新华路200号　电话：62811435　传真：62810149　邮编：200052

漢語大詞典出版社

19　年　月　日　第　頁　共　頁

国威先生：

24日手教敬悉。汇款亦已收到。请释念。

《文选集注汇存》一书，自当遵嘱托上海古籍出版社编辑代购后寄上。均已与其联系。

李伟国先生的文章，前在敦煌参加敦煌学会议时亦有所闻。先生拟撰《敦煌本昭明文选研究》，进行“竭泽而渔”式研究，并将做得尽善尽美，自是有功于学术，可以永存于世的大贡献，十分钦佩！

专此，敬颂

大安

徐文堪拜上

2020.08.29.

装　订　线

地址：上海新华路200号　电话：62811435　传真：62810149　邮编：200052

漢語大詞典出版社

19　年　月　日　第　页　共　页

国威先生赐鉴：

您托购的《唐钞文选集注汇存》已请上海古籍出版社郭子建先生买妥，并已由他寄上，近日当可收到。特此函述。发票和收据单随函附上，乞请鉴收。

专此，敬颂

研祺！

徐文堪拜上

2000. 09. 14.

装订线

地址：上海新华路200号　电话：62811435　传真：62810149　邮编：200052

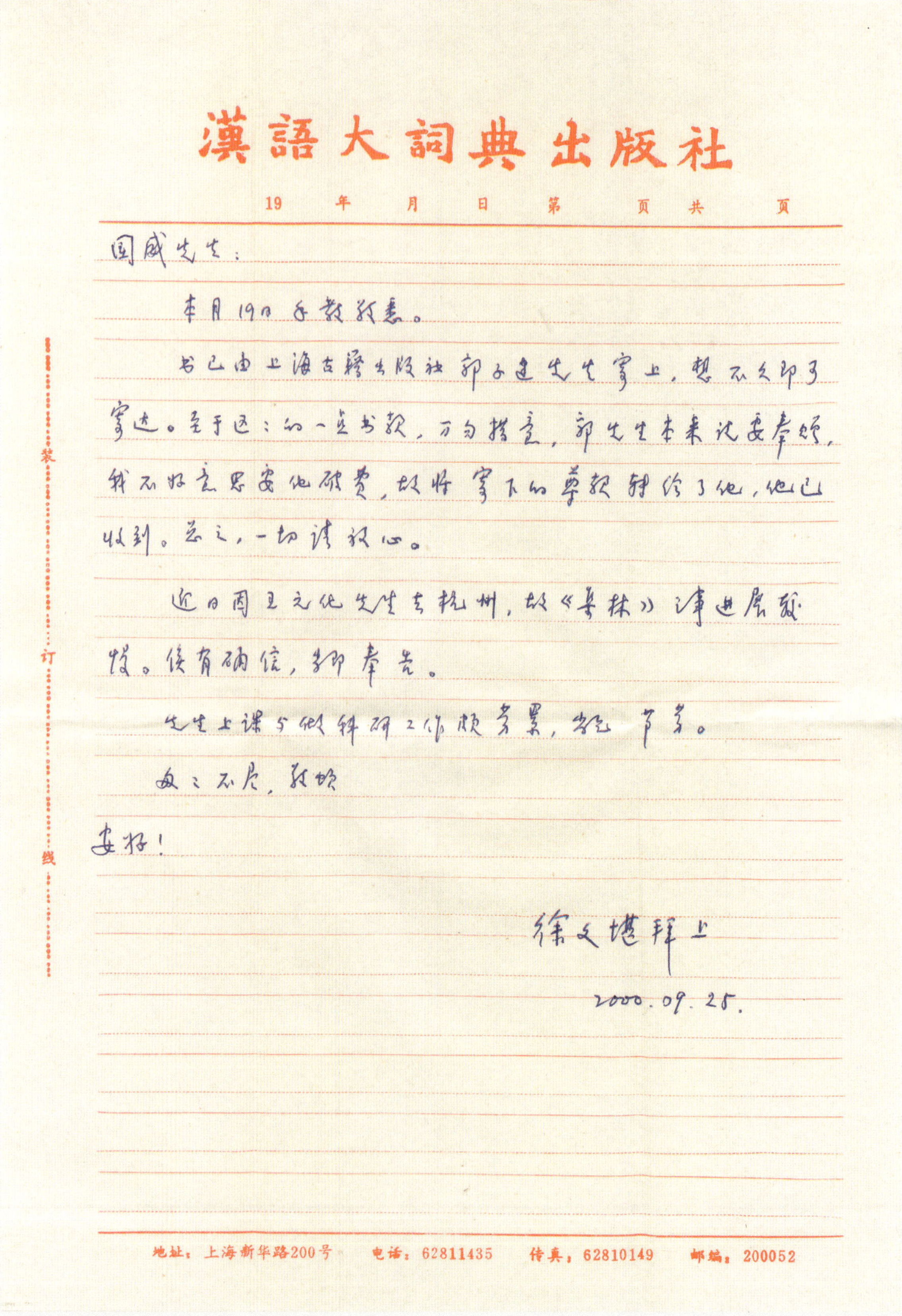

漢語大詞典出版社

19　年　月　日　第　頁　共　頁

国威先生：

本月19日手教敬悉。

书已由上海古籍出版社郭子建先生寄上，想不久即可寄达。至于区区的一点书款，万勿挂意，郭先生本来说要奉赠，我不好意思要他破费，故将寄下的书款转给了他，他已收到。总之，一切请放心。

近日因王元化先生去杭州，故《集林》事进展较缓。俟有确信，当即奉告。

先生上课与做科研工作颇为繁累，望多节劳。

匆匆不尽，敬颂

安好！

徐文堪拜上

2000.09.25.

装　订　线

地址：上海新华路200号　电话：62811435　传真：62810149　邮编：200052

漢語大詞典出版社

19　年　月　日　第　页　共　页

装　订　线

国威先生赐鉴：

二月一日手教敬悉。

久未通信，收到先生惠书，甚为欣喜。得知《日藏弘仁本文馆词林》已出校样，谨表祝贺。

《学术集林》可能将由复旦大学出版社出版，但现尚未完全谈好。我因事忙，其间有些事身不由己未参加。待有确信，当再奉告。

永言先生处久未问候，便中乞代为致意为感。

匆匆不尽，敬颂

新春大吉祥！

徐文堪拜上

2001.02.06.

地址：上海新华路200号　电话：62811435　传真：62810149　邮编：200052

汉语大词典出版社

国威先生：

3月10日手教敬悉。知你有新著《日藏弘仁本文馆词林校证》一书出版，不胜钦佩。

承询《学术集林》事，因主编王先生较忙，现尚未有最后结果。俟有确信，当再奉告。

堪任职之汉语大词典出版社现归上海世纪出版集团，将迁往福州路上海书城（可能在4月间），故最近正忙于搬家之事，致杂乱无章。堪之地址亦将有所变动，准确地址容稍后及时奉告。

因忙乱，未能多写，并请谅其草率不恭。

专此，敬颂

研祺！

徐文堪拜上

2001.03.15.

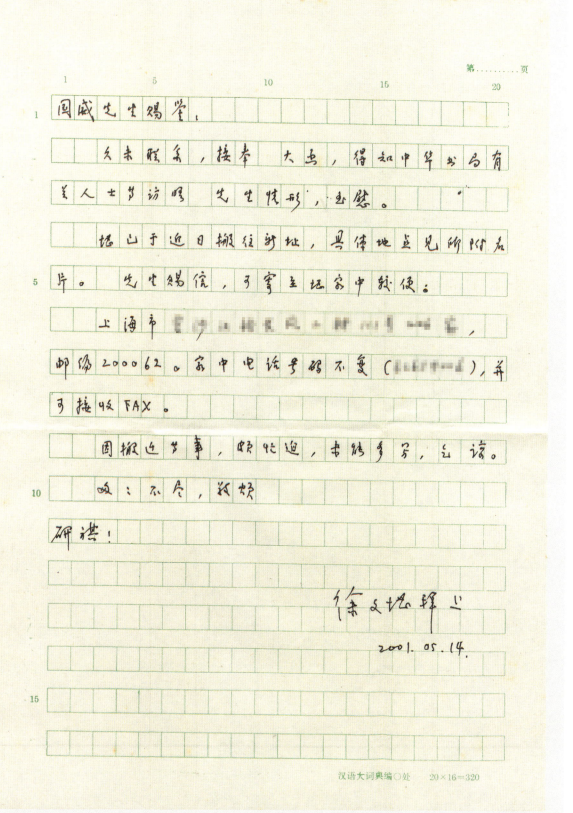

第……页

国戚先生赐鉴：

久未联系，接奉 大函，得知中华书局有关人士拜访 先生情形，甚慰。

堪已于近日搬往新址，具体地点见所附名片。 先生赐信，可寄至堪家中较便：

上海市[redacted]，邮编200062。家中电话号码不变（[redacted]），并可接收FAX。

因搬迁等事，颇忙迫，书缮多写，乞谅。

匆匆不尽，敬颂

研禧！

徐文堪拜上

2001.05.14.

汉语大词典编〇处　20×16=320

四川联合大学
Sichuan Union University
Chengdu,Sichuan,China
Tel:(028)5223875
Telex:60159 SCUN CN SCUN
Cable:2345
Fax:(028)5582187
E-Mail Sichua@rose.cnc.ac.cn
Post code:610064

国威先生大鉴：

承惠赐珍品，已经拜领，不胜感荷。愧无以报，实感惭愧。这样的厚赐，实不敢当，望今后不要如此客气。

关于《学术集林》，停了较长时间。现在由复旦大学出版社接手，可能复刊。我因事忙、路远，故已不再做具体编务工作。现在的执行主编是朱维铮（历史）、章培恒（中文）两位先生。两位轮流负责，各做各的，不是二人同时主持。具体的编务事情，由他们的学生、同事做。尊稿已转给他们，并曾负责推荐。情况大致如此，谨以奉闻。

承言先生处，便中乞代致候。

专此，敬颂

大安

徐文堪拜上

2001.06.02.

地址：四川成都九眼桥　　Ch001·517·977

漢語大詞典出版社

19　年　月　日　第　页　共　页

国威先生大鉴：

本月七日手教敬悉。汇款亦已收到，谢谢。

接　尊函后，即与上海古籍出版社责任编辑联系，《法藏敦煌文献》已出至16册，但只到二千余号，P.4058要到明年或后年才出，所以现在无法複印寄奉，特此说明，并表示歉意。待原件照片到后（可能在明年），就会及时奉上。

今后所出《学术集林》自新一卷开始，并非原远东社排就者，并此奉闻。

匆匆不尽，敬颂

大安！

徐文堪拜上

2001.09.13.

地址：上海新华路200号　电话：62811435　传真：62810149　邮编：200052

漢語大詞典出版社

国威先生：

惠赐的茶叶收到，感谢之至。本来是不当领受的，但先生远道寄来，雅意勤勤，却之不恭，就以拜领了。在书店里看到尊著，既感钦佩，又觉歉疚；实在是由于情况变化，力不从心，未能将大文及时刊发，尚祈原宥。堪仍忙于琐务，不一一。永言先生处，便中乞代致意为感。

专此，敬颂

研祺！

徐文堪拜上

2002－04－22

第　　页

国威先生：

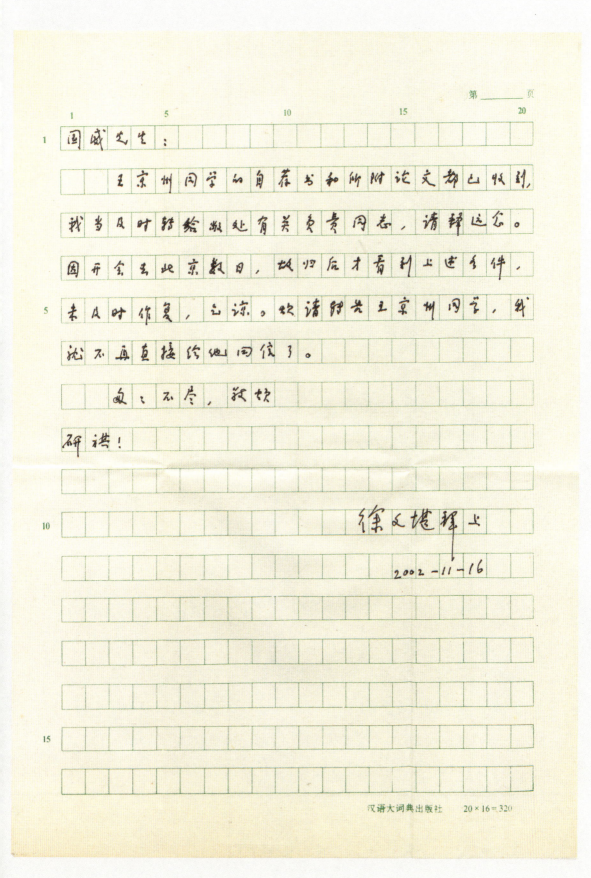

王京州同学的自荐书和所附论文都已收到，我当及时转给敝处有关负责同志，请释远念。因开会去北京数日，故归后才看到上述文件，未及时作复，乞谅。敬请转告王京州同学，我就不再直接给他回信了。

匆匆不尽，敬颂

研祺！

徐文堪拜上

2002-11-16

汉语大词典出版社　　20×16=320

漢語大詞典出版社

19　年　月　日　第　頁　共　頁

国威先生：

久未通信，时以为念。王京州同学人很朴实，学习刻苦，敝社负责人及人事部门与他接触后，确有予以"引进"的打算和考虑。他本人与其家庭当也已商量过，未知已作决定否？我在本月月底前有香港之行（短期），故盼在近日给我一个答复为感。当然，晚几天亦无妨。此事自应全面考虑，不必勉强也。

专此，顺颂

大安！

徐文堪

2003-04-05

王京州同学处，并乞致意。刚写此信，就收到王京州同学电话，知他的意向。我已向人事部门同志说明，没有关系。表格一份请便中递给他。

地址：上海新华路200号　电话：62811435　传真：62810149　邮编：200052

漢語大詞典出版社

19　　年　　月　　日　第　　　页　共　　　页

国威先生：

您寄来的茶叶已收到，实在不好意思，但却之不恭，只好在此表示深切谢意。原定4月29日赴港大访问，但近来此间防疫措施加强，故此行暂予取消。我近况尚好，您也请多多保重。

专此，敬颂

安好！

徐文堪拜上

2003.04.30.

装　订　线

地址：上海新华路200号　电话：62811435　传真：62810149　邮编：200052

漢語大詞典出版社

19　　年　　月　　日　第　　頁　共　　頁

国威先生：

辛华林先生惠赠《温子升集校注》，早已收到，因忙未及时奉告，歉甚。您需要的美国宇文所安先生的中国文论英译，已托上海社科院出版社代购。我原定4月间访问香港大学，后因"非典"改期，现拟6月3日起程，约二至三周即返沪，特告。您要的书到后，自有人会代收并寄上，请放心。我在港期间电话为00852-2859-2822。

专此，敬颂

大安！

徐文堪拜上

2003-05-30

地址：上海新华路200号　电话：62811435　传真：62810149　邮编：200052

世纪集团

CENTURY PUBLISHING GROUP OF SHANGHAI

193 FuJian Zhong Road, Century Publishing Building Zip:200001 Tel.:(021)53594508 Fax:(021)63914288

上海世纪出版集团

地址：中国上海市福建中路193号
世纪出版大厦
电话：(021)53594508转
传真：(021)63914288
邮编：200001

国威先生：

您给我打电话的次日，上海社会科学院的友人就将宇文所安《中国文论：英译与评论》一书寄来。如果尊处还有需要，请示知，当寄上。

另有一事奉恳：在香港时该地中国语文学会的有位先生问起贵校一位教古典文学的中年教师，常穿长袍，他们想与他联系，且以海外中文报纸刊载的一条消息见示（附照片），托我打听一下。但归后找不到这张影印件了。这位先生的姓名我也回忆不起来了。如您确知有其人，此消息属实，望示下，不胜感荷。香港中国语文学会正研究讨论中国传统礼仪在今日之作用问题，故拟与其联系商讨也。

专此，敬颂

暑祺！

徐文堪拜上

2003-07-07

世纪集团

CENTURY PUBLISHING GROUP OF SHANGHAI

193 FuJian Zhong Road, Century Publishing Building Zip:200001 Tel:(021)53594508 Fax:(021)63914288

上海世纪出版集团

地址：中国上海市福建中路193号
世纪出版大厦
电话：(021)53594508转
传真：(021)63914288
邮编：200001

国威先生：

来信收悉。多谢。在港时曾有人问及此事，并给了我一份报纸的复印件，但一时找不到了。承您费心，不必再深究了。

宇文所安先生书的中译本当另行挂号寄上，请查收。

专此，敬颂

暑祺！

徐文堪拜上

2003-07-21

漢語大詞典出版社

国威先生：

近好！

尊著《六朝文学与六朝文献》已经奉到，不胜感荷。展读后深觉考订邃密，胜义纷陈，钦佩之至。

一别经年，堪早已进入老年，身体亦不如前，但大体还过得去，差堪告慰。永言先生处，便中乞代问安为感。

上海数月来天气炎热，至今高温不止歇，殊以为苦。尊处当一切安善，为颂为祷。

不尽，敬颂

研祺！

徐文堪拜上

2010-09-09

国威先生：

手示敬悉，足下研究成果累累，钦佩之至，益有先睹之快。扬州昔日繁华为世人称为"扬一益二"者，早已成为陈迹，城中"文选楼"虽为一假古董，并于数年前化为灰烬，后虽重建，纯然一庙，香火甚盛，与《文选》已全然不相干矣，可发一叹。足下来游极好，到扬后可以电话联系，附一名片。

目前外出一段时间，迟复甚歉。匆匆，颂

夏安！

顾农上

1998.7.23

20×15=300　　扬州大学师院中文系　　第　　页

第　　页

国威先生：

两信均悉，承教甚感，已经见书，我相信足下的说法。我手头本子甚少，这一类问题注意得亦不甚多。今后望多多指教。大著出版稍稍延迟，此乃常事，校对得更仔细些方是好事。

这里合并以后，纠葛甚多，不少人纷纷想走，无法可想。我已于日前以健康为原因辞去系主任一职。川大基础较好，国内有数，似不宜因一点小事急于离去，至于有些莫名其妙的事情，则滔滔者天下皆是也。不知足下以为然否。近日颈椎病发作，匆匆奉复，此致

礼！

顾农上

1998.12.4

装 订 线

国威兄：大译收到，谢谢。
永青文库本文选注
残卷未见，此本极有
价值，冈村繁先生的笺
订细致入微，极为钦佩。
此种译文
极有益于学术研究之
深入，钦佩之至。先生
成果甚多，均为佩服
实地的真资料，较之无益
之空论高明多矣。匆匆
即颂
新春大吉！
一了砚先生 98年

国威先生：

寄赠之大译《永青文库藏敦煌本〈文选注〉笺订》收到，谢谢！此本极可珍贵，冈村繁氏功夫细密，有功于文选学非浅。日本学者做学问，长于文献考订，有不少值得我们学习之处。

书稿因种种细故出版推期，是难免的事，到时当拜读。所说二刊物上文章亦当细读。先生成果丰富，而且都十分切实厚重，非花拳绣腿者可比。明年将在长春开选学大会，到时当有机会深谈请益也。此地入秋后大热，务乞珍摄！

顾农上
1999.8.14.

20×15=300　　扬州大学师院中文系　　第　　页

第　页

国威先生：

手示及大作《永青文库藏敦煌本〈文选注〉补笺》均收到，尊作援据广博，信而有征，洵为该注功臣。日本学人注重文献，固为有些资料在彼，遂得以先行一步，而真正深入的工作，尚须我们自己来做。足下奋斗多年，不务空言，极为钦佩！此地藏书不足，许多工作无从进行，往往只好去发空论。今年此处文献学课程由弟承乏，拟以于相关部分举足下工作为例。

《文选》分类，近读南大周勋初先生文（《江苏文史研究》），持38种之说，并引《文苑英华》为旁证，与小所见略同，但最好有更直接的版本上的证据。

近来忙于俗务，匆匆草此，即颂

文安

弟顾农上

1999.9.26

扬州大学师范学院稿纸

扬州大学师范学院稿纸

国威先生：

连得二信，以病迟复。今年几次生病，耽误事情不少。尊说《文选》分三十八类，极为赞同，傅刚君用台湾杂志试说，依据只是一个陈八郎本，而置其他种种情形于不顾。大作博引文献，很有说服力。先生在选学方面功力甚深，贡献很大，钦佩之至。

我今年应友人之约，取旧作20则编为一册《魏晋文章新探》，估计新年前后可望印出，到时当寄呈请予指教。

近日稍忙，有大批信须复，请恕草草，此颂

文安

顾农上

1999.11.22

第　页

扬州大学师范学院稿纸

国威先生：

手示及所赠大著《敦煌本〈昭明文选〉研究》收到，谢谢！大著实是求事，细密深入，钦佩之至。尚待细读。文选学因大著之问世得以深入，此真文苑盛事。孝萱先生曾在本校任教，素所景仰，去年他主编一部古代文学作品选教材，令我审读魏晋南北朝部分的选文和注释，此书已由华中师大出版社出版。他主编"六朝文学丛书"，亦功德无量之事。今日事多，匆匆先写这些，顺颂

文安

顾农上

99.12.15

第　页

扬州大学讲稿纸

国威兄：

近读尊撰《文馆词林校证》，极佳。为作一书评，寄呈请指教。此书在中华似乎搁得过久。

我近几年身体不佳，中间又搬家，疲劳不堪，近日始渐渐恢复，偶作一小文以自娱。兄近况想佳胜，有新作乞寄示。匆匆，问

文安

顾农上 02.4.25.

第 页

读《日藏弘仁本文馆词林校证》

顾农

《文馆词林》原是唐高宗时由权臣许敬宗（592-672）领衔奉敕编撰的一部大型总集，于显庆三年（658）完成，凡一千卷。大约是书的部头太大了，当时又没有印书这回事，这部大书比较早的就亡佚了；宋朝以后的人基本上没有见过此书。

但日本却有从中土带回去的唐时写本《文馆词林》，后来又有多种早期的传钞本，但一直藏之名山，不甚为世人所知。直到近代以来，经过许多日本和中国学者的努力，其存世的部分得以陆续面世，先后出版了过多种版本，如《佚存丛书》本、《粤雅堂丛书》本、《古逸丛书》本、杨葆初刻本、《适园丛书》本、《丛书集成初编》本以及董康影印日本高野山正智院所藏弘仁十四年（日本嵯峨天皇年号，当唐长庆三年）钞本，让世人大开了眼界，辑佚工作者从这里得到许多宝贵的材料，例如严可均利用《粤雅堂丛书》本《文馆词林》，在他编辑的《全上古三代秦汉三国六朝文》中补进了不少文章；逯钦立在编辑《先秦汉魏晋南北朝诗》时利用了多种版本的《文馆词林》，取得了很大的成绩。可惜过去问世的那些本子都未能包括存世《文馆词林》之全部，而且现在查阅起来也不是十分方便。

到1969年，日本古典研究会推出了《影弘仁本〈文馆词林〉》30卷，凡存世的《文馆词林》全部搜罗在内，可以取代过去所出的各种版本。此书一出，中国学者高度重视，曾经有所介绍，并据此来研究先唐文学，如林家骊先生先后作有《日本所存〈文馆词林〉中的王粲〈七释〉》（《文献》1988年第3期）、《日本影印弘仁本〈文馆词林〉与我国先唐遗文》（《文献》1989年第2期）等等，给予读者很深的印象，但一般读者不容易看到原书；现在好了，中华书局新近出版了以《影弘仁本〈文馆词林〉》为底本的《日藏弘仁本文馆词林校证》（2002年10月第一版），从此要阅读和利用《文馆词林》就十分方便了。

校证出于著名古籍整理专家罗国威先生之手，他做的工作大抵分五个方面：一，将载有《文馆词林》现存篇目之其他典籍一一检出，与日藏弘仁本《文馆词林》细加对勘，说明他本的收录情况，补出底本残缺而非补出不能籀读的少量文字以便读者；二，考订某些残篇的写作年代；三，拼补某些残件使之成为完整的文本；四，指出哪些文本可补《全上古三代秦汉三国六朝文》与《全唐文》之未备；五，为全部文字加标点。罗先生的工作做得非常认真细致，经过他的加工整理，原书眉目分明，清爽可读，校证提供了大量信息，读者能从中得到许多有用的线索，得以重新思考问题。

例如西晋灭吴，统一中国，是历史上的一件大事，左思那篇引起"洛阳纸贵"的《三都赋》就是为此而写的；当时歌颂此事的大文章还有张载的《平吴颂》，《艺文类聚》（卷59）曾节引二百余字，严可均据以辑入《全晋文》（卷85），但这一文本显然只是片段而非全文——《艺文类聚》一向摘文章摘抄，存文虽多，惜非原貌（该书还有其他毛病，参见力之先生《〈艺文类聚〉的问题种种》，《古籍整理研究学刊》1998年第4、5期合刊，近来力之又陆续发表其《〈艺文类聚〉刊误》，《古籍整理研究学刊》2002年第2期起连载）——《文馆词林》卷348亦载此文，虽然仍非全文，但这里的序显得相当完整，大大有助于人们研究西晋文学。张载在序中写道——

> 吴为长蛇，僭虐历代，跋扈杨越，不供贡职。既凭京山洞庭之险，又限三江五湖之难，自近代之所常患，前叶未遑而服焉。远（逮？）至我皇，仁育品物，威仪穆惠，愍边萌之荼毒，怨六合之未泰，乃潜谋独断，指授成规。运筹樽俎之间，而决胜千里

之外。计不下堂，而席卷长江之表。命将于季冬，收功于仲春。八旬之间，而吴会谧如也。昔鬼方小夷，四国僅寇，高宗周公，三年乃克。孟津之会，戎车累驾。采薇之役，载离寒暑。矧今泛舟溯流，而荆门不守；浮军污汉，而夏口自开。衡阳瓦解于西，秣陵土崩于东。兵不污刃，而逋据稽颡；师不逾时，而蛮越来同。斯岂非玄圣之上略，神武之高智也哉……

这些内容在《艺文类聚》、《全晋文》中是看不到的；据此可知张载撰写此颂的目的全在歌颂"我皇"即晋武帝司马炎的"上略"和"高智"，该颂的正文贯彻了这一意图，有"我皇怨中夏之既戢，忿江表之跋扈，制庙胜于帷幄，发神策于独睹。违众臣之常议，任圣聪而不顾。乃雷奋而电激，遂有事于金武"等句。分裂已久的中国在西晋初年复归于统一，确实是值得热烈歌颂的。不过武帝是不是那样英明颇为可疑，事实上他对于平吴之役曾经颇为迟疑，指挥也不见得得力。当时的大臣中不少人忙于攫取政治经济特权，埋头经营庄园，追求奢华的生活，以所谓"身名俱泰"（《晋书·石崇传》）为最高人生理想。只有羊祜、王濬、杜预等少数人埋头苦干，为平吴作准备，而他们往往受到腐败官僚的牵制和猜忌，处境相当困难。咸宁二年（276），坐镇荆州的羊祜上表请伐吴，略谓"夫期运虽天所授，而功业必因人而成，不一大举扫灭，则兵役无时得息也。蜀平之时，天下皆谓吴当并亡，自是以来，十有三年矣。夫谋之虽多，决之欲独。凡以险阻得全者，谓其势均力敌耳；若轻重不齐，强弱异势，虽有险阻，不可保也……今江淮之险不如剑阁，孙皓之暴过于刘禅，吴人之困甚于巴蜀，而大晋兵力盛于往时，不于此际平一四海，而更阻兵相守，使天下困于征戍，经历盛衰，不可长久也"，他认为平吴的时机已经完全成熟，有必胜的把握；但当朝诸公"议者多有不同，贾充、荀勖、冯紞尤以伐吴为不可"（《通鉴·晋纪二》），事情再一次搁置起来。咸宁四年（278）羊祜以病求入朝，向晋武帝面陈伐吴之计，不久病逝；杜预为镇南大将军，都督荆州诸军事。五年（279），王濬、杜预先后上表请伐吴，司马炎这才终于下定了决心，而贾充、荀勖等仍然持反对态度，所以后来的情形竟然是，以反战派首领贾充为大都督全面指挥平吴之役；而平吴得手后，真正的功臣并没有得到足够的褒奖，朝廷上仍然是腐败官僚贾充等人专横跋扈。左思的《三都赋》不去描写平吴的具体过程，恐怕正是考虑到那样将牵涉到许多敏感的问题，难以措辞，他避开具体的政局，用传统的京都大赋手法写三方面的种种情况，歌颂统一这件事本身，并且特别着力强调必须用中原的文化统一全国。结果《三都赋》得到热烈的反响，洛阳为之纸贵；张载的《平吴颂》调门虽高，却没有引起太大影响。这一文学史现象很值得深思。《文选》卷四《三都赋·序》李善注引臧荣绪《晋书》说：

左思字太冲，齐国人。少博览文史，欲作《三都赋》，乃诣著作郎张载，访岷邛之事。遂构思十稔，门庭藩溷，皆著纸笔，遇得一句，即疏之。征为秘书。赋成，张华见而咨嗟，都邑豪贵，竞相传写。三都者，刘备都益州，号蜀；孙权都建业，号吴；曹操都邺，号魏。思作赋时，吴蜀已平，见前贤文之是非，故作斯赋，以辨众惑。

前人引书往往下限不明，容易与自己的话混为一谈，这里"三都者"以下的文字也许已是李善自己的注释而非臧书原文；但总之《三都赋》的撰写历时颇长，其间左思看到了当时关于平吴的其他作品（所谓"前贤文"），张载是他的熟人，其《平吴颂》更是一定会看到的；左思在写作中采取自己的方针，看来有他自己独立而深入的思考。不将《三都赋》与《平吴颂》作比较的研究，水平的高下就不容易看清楚。没有资料则无从比较。《文馆词林》的价值通过这一个例子就可以看得很清楚了。《校证》一书的出版必然能推动中古文学的研究向着更深入的地方发展。

据《凡例》，本书校勘的方针是"只以载有《文馆词林》所存篇目的其他典籍作比勘。

所谓比勘，只是交待其他文献的刊载情况，个别残脱文字据之补入，并不予以通校。”考虑到本书的预期读者，这一方针不能说没有道理，但到底与书名之“校证”二字不尽相合，而且会带来一些后遗症，例如因为不通校，底本上存在的问题无从彻底解决，有时就影响到标点的准确。试举一例以明之。本书卷四五七有孙绰的《江州都督庾冰碑铭并序》，其序文有云——

> 君讳冰字季坚……少有令规，元兄器之，常以为庾氏之宝，有晏平之风。司徒辟，不就博士。征秘书丞，封西阳县都乡侯，司徒右长史。

“不就博士”一语费解，司徒府中一向不设什么博士，所以这里疑有文字之误。检《晋书》卷四十三《庾冰传》，此公有关生平记为——

> 司徒辟，不就，征秘书郎。预讨华轶功，封都乡侯。王导请为司徒右长史，出补吴国内史。

据此可知《江州都督庾冰碑铭并序》中误衍“博士”二字，自当删去；可是由于《校证》的校勘方针是“不予以通校”而只补那些非补即不能顺利地读下去的少数文字，于是衍文就无从删除，而标点也只好迁就，弄得难以通读了。所以凡例中所说的这个方针是否明智颇可怀疑。非普及型的书如果不通校，往往会带来若干后遗问题，标点以及注释、今译等等受到拖累那是难以避免的。既然能补字，为什么不能删字？不动原文，作出说明就是了。

本书的印刷和校对都相当不错，但也偶见小疵。如本书序言引用董康《跋高野山藏原本〈文馆词林〉》一文，有云：

> 癸亥仲春，欧墨归航，扶桑重到，忆及森立之《访古志》谓是书真本藏高野山，乃偕京都擅名写真制版之小林忠次亲诣是山，果于灵宝馆获十九卷，内二卷为宝性院物，余皆正智院物，背为释千观《三宗相对钞》，亦佚籍也……

这是很有趣味的记载，只是“亲谐”二字费解；我想也许是“亲诣”之误。董康影印本我没有见过，其跋文也许原来就是这样，这里大胆作一意校，请国威兄指教。

通信：225002 江苏 扬州大学人文学院中文系 顾农
电邮：gunong44@sohu.com

第　　页

国威兄：

信悉，惠赠的《冤魂志校注》收到。谢谢！此书极好，已读一部分，尚待细读。

收储词林事读信后方知何以会如此，从事该书的方针与还下述书一向的办法不同，当时颇以为怪，现在则已释然。但中华之责编何以出此策，仍百思不得其解，一拖几年更难以理解。

这几年贱躯一直不佳，近日肺部感染，正在挂水。匆匆先行布复，再谈。此颂

安

弟 顾农 再拜

五月十九日。

15×20=300　　扬州大学师范学院古代文学教研室稿纸

第　页

国威兄：

来示敬悉。拙作书评经阁下过目后寄给《古籍整理研究学刊》，不知能否刊出。我想发表此文或有助于中华有关编辑反思他们提出的方针，促进本书再版时有所更新。来信提到中华已拟出修订本，此是佳音。拙作如发表，一定寄呈备存查。他处有该书书评当为留心，寄去供参考。

此书的通检在阁下并不费事，只要投入若干时间即可。

我为镇江会议提交的文章是《阮籍咏怀诗中的"仙心"》，是一篇旧作而经过较大修改者。镇江方面有领导重视，会议筹备得很过细，已开过几次会，因为其间要到扬州一游，所以也曾与我有所联系。到时当可畅叙也。即颂

秋安

弟　勋初上

2002.8.16.

我今年在《书品》发表过两则短文，如见到请多指教。又及

15×20=300　南京大学师范学院古代文学教研室稿纸

610064
中国邮政 CHINA POST
贺年有奖明信片
60分
CHINA 中国邮政
自行剪下兑奖无效
662107
成都
四川大学　中文系
罗国威　教授
扬州大学文学院
邮政编码　顾农
225002
国家邮政局发行
Issued by the State Postal Bureau
HP 2004 (4–1)
申年大吉
修订本刘孝标集校注奉到，谢谢，当细读。近日忙于考试阅卷，一周内可望结束。
农再拜

国威先生：

来信及惠寄的《温子昇集校注》收到，前此的汇款也早收到，谢谢。

高徒的校注尚待细读，看他的凡例是很好的。尊处培养学生从最根本处下功夫，而且坚持不懈，成果斐然，令人肃然起敬。现在花架子太多，而文本问题不得解决，一切皆是空谈。

最近忙于学生答辩，以及其他结束工作。《温集校注》读后如有所见当奉告也。匆匆，颂

夏安

近有小文一则涉及北朝，寄一份请指教。又及

2003，6，3

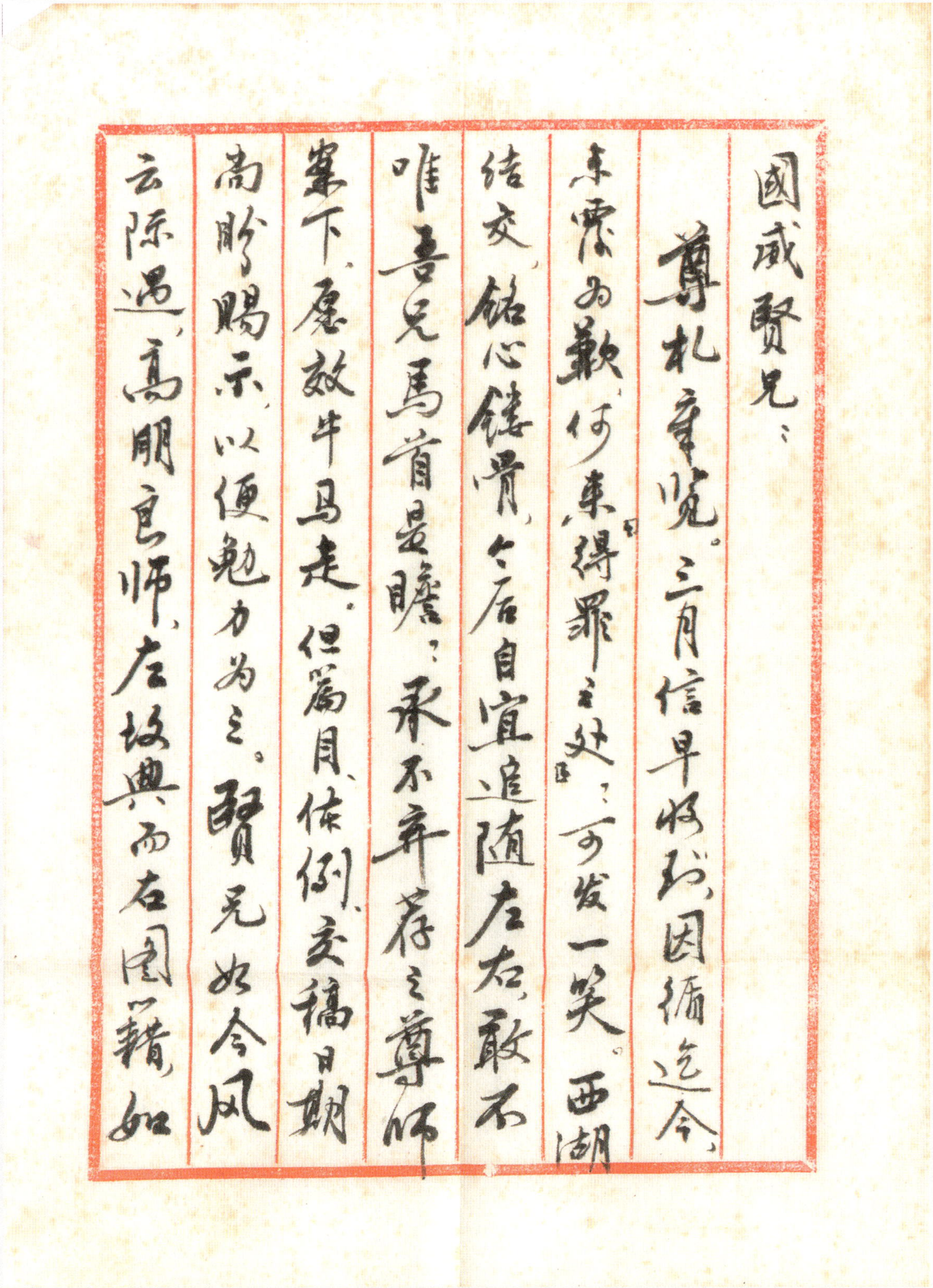
國威賢兄：
尊札幸覽。三月信早收到，因循迄今，
未覆為歉。何來得罪之處？可發一笑。西湖
結交，銘心鏤骨，今后自宜追隨左右，敢不
唯吾兄馬首是瞻。承不棄，存之尊師
案下，愿效牛馬走。但篇目、体例、交稿日期
尚盼賜示，以便勉力為之。賢兄如今风
云际遇，高朋良师，左坟典而右图籍，如

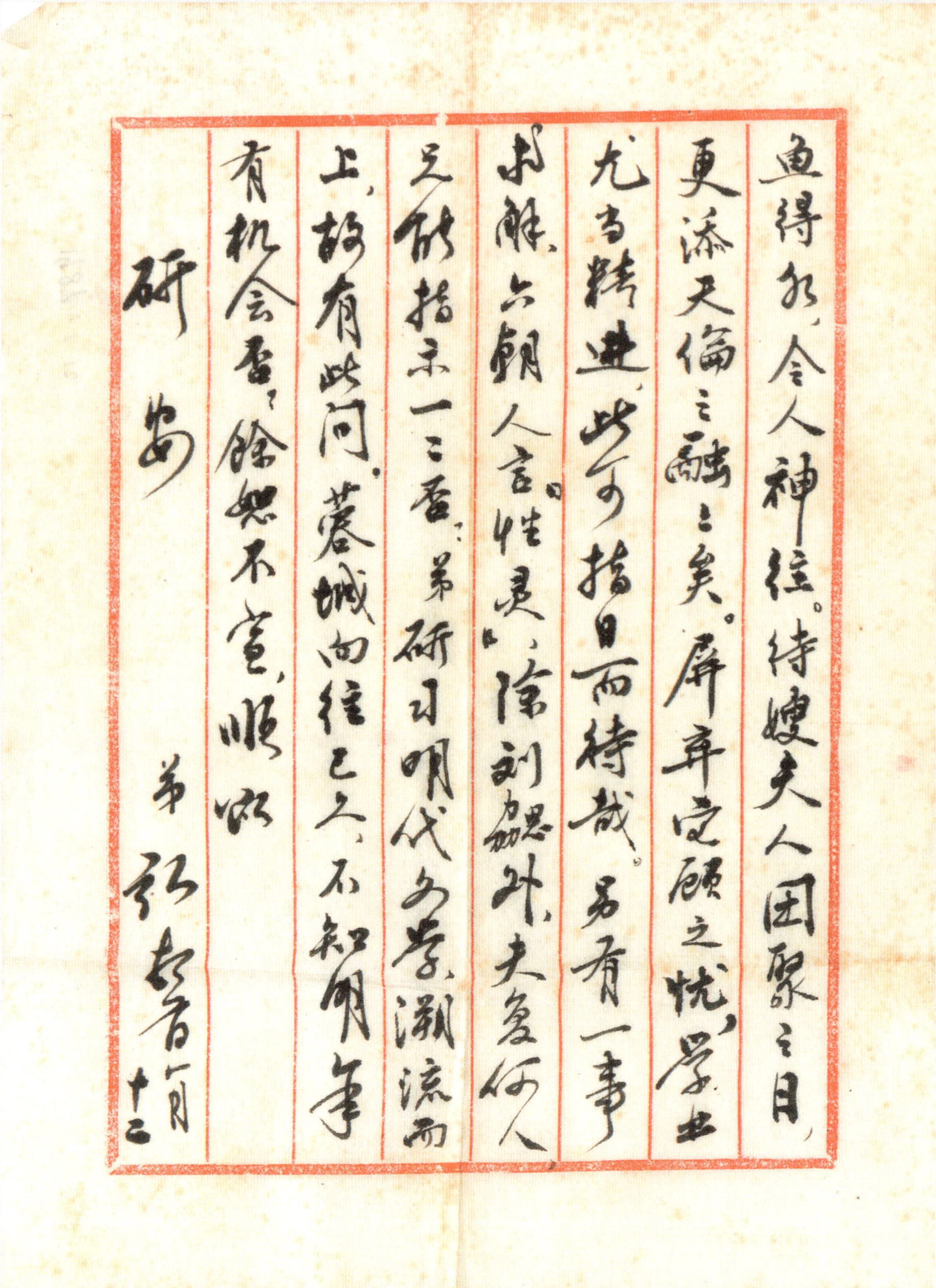
亟得飛，令人神往。待嫂夫人团聚之日，
更添天伦之融融矣。屏弃后顾之忧，学业
尤当精进，此可指日而待哉。另有一事
求解，六朝人言性灵，除刘勰外，夫复何人
兄能指示一二否？弟研习明代文学溯流而
上，故有此问。蓉城向往已久，不知明年
有机会否？余恕不宣，顺颂
研安
弟 弘 拜启 一月十二

張弘，華東師範大學教授。

中華書局

（　　）字第　　号　　　　　　年　　月　　日

罗先生：

您好！

首先说明《文史》从未停刊。我一直在《文史》效力。

当然，中华书局换了新领导。《文史》有二变化：

一是要提高档次。

二是要加快出版速度，改为季刊。

对阁下的大作，我必须直率地说明，我对"年谱"体裁反感，一是它占篇幅太多，二是它之中别人成果与自己成果混在一处，难以区别优劣。我建议您从中提取自己的独创，改为一篇考据性文章，或许比年谱更好用些。得罪得罪！见谅。

此致

敬礼

汪圣铎 1998.4.6

北京王府井大街36号　电话55.6848　电报挂号6848

中華書局

（　　）字第　　号　　　　年　　月　　日

罗国威先生：

您好！

大函拜悉。

杨明照先生大作，我保证随到随发，年内即可刊出。

您的大作从题目上看也与《文史》相合，如果无他问题，我拟安排明年上半年推出。

尊意如何，如同意，望尽快将大作寄赐，以便及时安排。

此致

敬礼

汪圣铎匆草

1998.4.15

北京王府井大街36号　电话55.6848 电报挂号6848

中華書局

（　　）字第　　号　　　　　　　年　　月　　日

罗先生

您好！

承蒙垂询《文史》及大作事，特奉告如下：

因今年本局资金周转出现暂时困难，故决定将《文史》改为季刊的时间推迟到明年。这样，各辑《文史》的出版将延迟半年时间，即原订第三季度的第46辑改为年底出版，第47辑改为明年四月份出版，明年还将推出第48、49两辑。

这样，您的大作推出的时间也将延迟，但如无大变动，应在明年内可以面世。但目前本局正在实施大的调整，包括人员的调整，如若非常变故发生，则又在预期之外。特奉告，不赘

此致

敬礼！

代问杨先生好！

汪圣铎拜上

1998.9.28

北京王府井大街36号　电话55.6848　电报挂号6848

中華書局

（　）字第　号　　　　年　月　日

罗先生：

您好！

大函收悉。

大作《文馆词林》确实早已排出，不幸被我局"重中之重"旅游指南丛书冲击，被搁置一旁。

我已将大函转呈责编张荷女士，并向其室领导敦促此事，但他们讲，类似书稿不少，须依次处理，故还请耐心等待，或直接给他们、或局总编室催写信促。不赘。

因此事不属我管，人轻言微，望鉴谅。

此致

敬礼

冯宝锋

2000，10，18

北京王府井大街36号　电话55.6848　电报挂号6848

THE CHINESE UNIVERSITY OF HONG KONG 香港中文大學

SHATIN · NT · HONG KONG · TEL.: 609 6000 609 7000 TELEGRAM 電報掛號：SINOVERSITY TELEX 電訊掛號：50301 CUHK HX FAX 圖文傳真：(852) 603 5544 香港新界沙田・電話：六〇九六〇〇〇 六〇九七〇〇〇

中國文化研究所
INSTITUTE OF CHINESE STUDIES

電話 TEL. 2609 7394 電話 ~~TEL. 609 7394~~
圖文傳真 FAX 2603 5149 圖文傳真 ~~FAX 603 5149~~

國威教授鈞鑒：

我是饒宗頤教授的學術助手。先生來信及《抱朴子外篇校箋》均先後收悉。饒公對明照先生的學問極為欽佩，並允寫書評，並已向《明報月刊》主編輯打過招呼，要他預留數千字的版面，待他寫完後立即刊出。

饒公近日很忙，明日將同中大文物館一行前往上海、杭州、蘇州、南京訪問（約十天），下月初到北京參加國際漢學研討會，因而屬我回信，並向明照先生問候。

家母黃婉家是明照先生五十多年前的學生，她已於九六年去世，但她生前曾多次向我們提及明照先生的道德文章。八十年代中，家母到成都市還曾親自拜訪過明照先生，因此也請您轉告我們作晚輩的對明照先生的敬意。

祗此奉達，並頌

教安

鄭會欣敬上

四月三日

鑽研此殘卷 發表
鴻論垂示愚生
隨信奉上一張合影望祈
笑納順頌
文安

晚生 弘道謹上
九九年十一月十九日

羅先生函丈蜀地握別忽經兩月

容秋奉接

鈞函疎于具覆至今歉仄惟祈

格外恕 我參加學會拜晤短

暫未及細論深談愚生亦深

爲遺憾每憶學德丰標無不

神馳左右也欣諗向所奉贈

上野氏本文選複印件

先生歷年搜訪之書聊爲中日

學術交流深愜下懷伏望

贈以故宮本之理與觀海堂殘本二
十卷。居守元先生文選導讀中曾言及
之文選學會召開在目睫間，伏維
先生一定參加。晚生亦陪岡村繁先生
清水凱夫先生參加在長春會議上
擬介紹弊國江户時代版本文選。敬
請
教言　恭頌
文禧

晚生　芳村弘道謹上
二〇〇〇年七月十九日

羅先生座右 今春奉
手諭未答一函俗塵紛沓加以調換致
阻裁牋自知罪責罄竹難書乃蒙
海涵包容愈增慚怍惟有默禱天心 晚生
三月從岡山就實女子大學調到母校
京都立命館大學現任文學部教授
鈞函垂詢森立之舊藏古鈔文選二十
一卷影印本有否容夏奉贈之一卷
往昔由森氏轉爲楊守敬所藏再轉
歸日本上野氏者也楊氏另藏日本
古鈔殘本二十卷（缺卷一至四、十一至十四、十七、九十八凡十卷）十冊此本現藏台灣故宮博物
院楊氏觀海堂但未影印 愚以爲京
都大學校長所贈給台灣博物院之
長必是京大影印本文選集注豈有

弍

期刊載又築島裕先生重鈔無識語本在同誌上刊載茲據該誌復印一九九八年每日新聞社出版之國寶重要文化財大全第七册收載書影並復印附呈大全又有二種文選鈔本一則上野氏所藏敦煌本卷二十七辯命論殘卷上野氏藏另一古鈔本（晚生去年奉上）昭和十八年已認定為重要文化財但至今未復制藉此附上大全所載書影另一書影則近時發見之冷泉家時雨亭文庫所藏寬喜二年（一二三〇年當南宋紹定三年）鈔本卷二殘卷（首缺）有此卷為日本最早之文選鈔本比九條家本中之正慶二年（一三三三年當元統元年）鈔本約早一百年也真可惜目前未影刊朝日新聞社繼續出版時雨亭文庫所藏珍籍晚生切盼復制今試取大全書影以胡刻本

壱

羅國威教授文席

長春傾蓋細論選學

惠賜大作二本無任感荷揖别

半標忽過一月涼飈薦爽序值新秋遡

維

先生絳帳高懸

文祺茂介晚生歸國以来俗塵紛沓無

從修書奉寄至今歉仄謹乞恕我另

函踐諾奉呈猿投（さなげ）神社所藏古鈔本

文選復印件猿投神社在愛知縣豊

田市藏有三種鎌倉時代鈔本即弘

安五年（一二八二年當元至元十九年）正安四年（一三〇二年當大德六年）及

無識語本也可惜並未影刊但昭和

三十六年至次年（一九六一～二年）研究古代日

語之大師小林芳規先生影鈔正安

本在訓點語（と）和訓點資料雜誌上分

肆

間有譌字而尚存~~特~~獨自之異文、殘卷二種

今唯見書影未能以一斑而推全貌揣測

如上不知

先生贊同否肅此敬請

道安

晚生　芳村弘道謹上

九月八日

参

奎章閣本及宋刊五臣對校有異同處如下

第四行而字　胡本同奎本五臣作於

五　蔚　胡本同奎本作鬱〻善本作蔚

五臣作鬱

九　譽　胡本同奎本作美〻善本作譽

五臣作美

同　也　胡本同奎本五臣並無同字

據此言之則此卷雖屬三十卷本而其文稍近乎李善六十卷本又校上野氏敦煌本如下

第九行　豈字　胡本奎本五臣並作焉

十一　尼（尼〻）　各本作任　案尼字形近之譌

同　或　各本作惑是也

禍　胡本作鶻奎本五臣作禍

十二　生民（未避太宗諱）　胡本作生人奎本五臣並作小人

十七　名　各本作召　案名字形近之譌

卷十高唐賦首有缺至別安成詩（即屬三十卷本）。為島田翰舊儲。唯見題下引善注或五臣注，並無集注諸家之注解。正文間有異同，亦可以資校勘。請求複制，一兩箇月之後，能夠到手。又奉送複印件。專此順頌

著安。

芳村弘道叩啓

二〇〇〇年十月十日

羅國威先生賜鑒：

九月十九日手諭已奉悉。猿投本、時雨亭本及上野氏藏敦煌本，未聞影印之計，將来付影之時，複制奉呈。隨信奉寄文選李善注引書攷證複印件一張。不能及時還雲，伏乞原諒。不久開始複制九條本。但紙張綦多，需要不少時間。請再等一下。晚頃出席日本中國学会去東京。乘此機会，赴静嘉堂文庫調査日本古鈔文選殘卷二軸・存

獲已之處，惟祈
俛諒下情，勿以推托見猜為幸。頃悉猿投神
社所藏古鈔文選有影印本，到手之後即
時覆印奉寄。專此上覆，藉詢
刻安

芳村弘道叩上
二〇〇〇年十二月初二

羅先生撰席：日臨長至，雲物書祥，緬想
丰標，無不神馳左右也。客夏長春相逢，晚應
覆制九條家本文選之
雅屬，諸事匆匆，無從奉寄，歉仄奚似。九條家
本文選影片為六十多年前京都帝国大
學東方文化研究所吉川幸次郎教授所
拍照，當時未有胶卷攝影技術，用玻璃板
攝影。戰後東方文化研究所改為人文科
學研究所，晚詢問原板存否，頃得悉庫房裏
保管完好，但現在国内已絕玻璃板洗印
之法。原書古鈔二十三軸早已由九條家
轉歸東山御文庫，即天皇藏書之秘庫也，
不但不允披閱，也不許覆制。雖然用舊制
影片覆印時，亦須領得許可，手續綦難，審
查嚴格。意欲勉圖報
命，無如所謀輒左轉輾，熟思毫無良策，其不

按書法行格集注殘卷分為二系統一則九條家舊藏本即卷八九兩卷一則金澤文庫本即其他卷零簡四行與九條家本吻合不差書法遒勁正文每行約十四字注小字雙行廿三字烏絲闌茲據古籍店目錄書影擴大複印且逡錄一過隨信並奉上敬請

惠存謹此肅泐上陳恭請

撰安

弘道叩啟

三月三日

羅先生座右 年初
大札早已收悉稔先生疎懶加上校務甚
忙作答頗遲惟祈恕我藉悉
先生鶯遷華厦燕賀遠將會見光增輪
奐矣靜嘉堂所藏古鈔文選卷十殘
卷複印件已經到手但有錯簡略加
整理以後再複印奉寄近來拜讀
大作文選集注傳存管見得悉周勛初
先生編唐鈔文選集注彙存之中御
茶の水圖書館所藏部分原來
先生提供欽佩公益之
雅情最近京都市某古籍店出售文選集
注卷七張衡南都賦零簡索直九萬
圓僅存首四行吉光片羽晚不惜重
價訂購但不料猶商轉售歎惋良久

羅先生鈞鑒：

上月我給您報告新發現的《文選集注》零簡。最近聽說買主某氏研究這件零簡，擬寫論文。在他發表之前，您把這件資料介紹學界，真令人爲難。伏請立刻通知出版社把玉稿撤回您的手頭。謹此懇切順請

履安

芳村弘道謹上

二〇〇一年四月十九日

羅教授座右

本月初旬奉
大札不勝欣慰所論之事尚無頭緒上野氏藏敦煌本辨命論是私人秘笈國内学者尚且無一人研究只見書影一二片耳未影印全卷利用上野本目下毫無良策靜嘉堂之影印規則綦為嚴格只允許應徵人利用不許轉送別人筆擬写研究靜嘉堂古鈔卷十殘卷之論文写完後一定寄上恭請
雅教耑此著安並頌
夏祺

芳村弘道拜上
二〇〇一年七月十九日

羅先生座右
昨月中旬奉
大柬所
諭之中國歷史博物館藏法書大觀斠校
不藏有前天纔得悉京都佛教大學
所藏晚今天到佛大圖書館複製卷
內另有敦煌本文選序斷簡已收入
饒編印面模糊不堪卒讀但可惜大觀所
收後半九行耳今併複印奉寄文
選集注零簡之新主人未發表論文
雖然
玉稿屬于一篇介紹敬勿比他早一步
發表不情之請尚乞寬宥肅請
秋安
芳村弘道上啟
二〇〇一年九月五日

羅先生侍右昨奉
尊緘仰蒙
先生寵錫
鴻著冤魂志校注謹領之餘愧難克
當惟有遙望
雲天泥首百拜六朝志怪注釋書寥寥
可數
大作詳校精注前所未有感佩之忱
莫可言宜肅此謹鳴謝悃虔請
文祺

晚生弘道頓首

二〇〇一年十月十三日

贈霞印件　肅覆並頌

文安

晚生　芳村弘道拜上

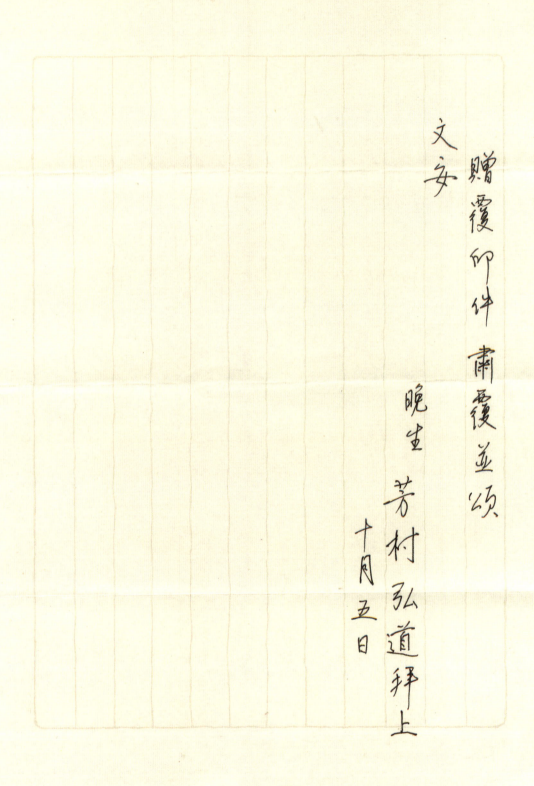

十月五日

羅國威先生侍右

七月捧
惠函跡于貝霞惟祈恕我本月文選
學會晚擬參會報告日本偽書文
選上野氏所藏敦煌本文選辨命
論因私家秘籍國內學者尚罕過
目者全卷覆印無法辨別敬乞
曲諒歉仄奚如今年七月底京都
大学西脇常記先生刊出德國
伯林所藏吐魯番本文選無注卷
四、五殘卷影印付釋文本此卷未
收饒翁影印本鎮江暗談之日奉

題

拜讀。《杜甫研究学刊》（旧稱《草堂》）晚創刊以来訂購，但缺九二年第一期（总第三十一期）。不情之請，尚乞以各一本見寄。專此奉懇，祗請

春祺。

晚

芳村弘道拜上

二〇〇四年一月十八日

羅國威先生：

手諭及

鴻撰《劉孝標集校注》、

高足牟華林先生《温子昇集校注》俱已拜領，

謝尤增感。

大作《劉集校注》寒齋旧有上海、臺灣兩版。

重訂之勤，使人感佩。温詩風韻，覺近盛唐，

頗堪玩索。牟先生校注，详记博引，亦足

信今傳後。

森野先生《魏晋六朝散文作品の考记》搜

求多日，未得頭緒。

先生何由闻知，敬祈惠教。

頃，敝誌《學林》第三十八期出版，另函奉上

一本，惠存為幸。

貴校董志翹教授九四年由吉林教育出版社出版

《中古虚词语法例釋》，访求多年，未獲

羅國威教授惠鑒

尺素鮮通，至為歉仄。遥想

先生起居清福，不勝欣慰。今春垂詢森野繁夫先生《魏晋六朝散文作品の考記》有無刊出。近来晚問廣島大學富永一登教授。富永教授直接打听森野先生，知悉当年先生報告昭和四十八年度科学研究補助費的《魏晋六朝散文作品の考記》只以《廣島大學文学部紀要》第三十五卷登載之《嚴鐵橋全晋宋文補遺》一文而已，其後沒有撰作《魏晋六朝散文の考記》。作答太遲，敬乞原諒。富永教授特意覆印森野先生《嚴鐵橋全晋宋文補遺》，托晚奉送

先生。茲附寄上，并謹呈拙作一篇，請賜正為荷。肅此奉答

并頌

時安。

晚 芳村弘道 拜上

二〇〇四年五月廿四日

羅先生撰席

六月六日

手教并宜賓會議邀函已奉到每年四

月校務紛披不克與會無任惆悵　晚

往年奉呈愛知縣猿投神社所藏舊

鈔文選影摹本聞此本另有影印本

多年求不得頃者愛知大學松尾肇子

副教授從豐田市猿投神社從此圖書館藏本

覆印惠贈夙望得償　另函奉呈敬請

賜收　專此奉覆　并頌

夏安

晚　芳村弘道拜覆

二〇〇四年六月十八日

羅先生文席：

已拜領手教，驚悉客冬
貴體違和，諒必用功太過所致，遙想
已筮不藥之占。
新鄉学會，晚陪岡村繁、清水凱夫、
俞慰慈三位與會，擬報告《靜嘉
堂文庫所藏古鈔無注本文選殘
卷校讀記》，謹祈
賜教。不久重逢，曷勝欣快。專此肅復，
並頌
時安

晚 芳村弘道拜復
二〇〇五年四月廿七日

"LEOPARD"　MARUZEN

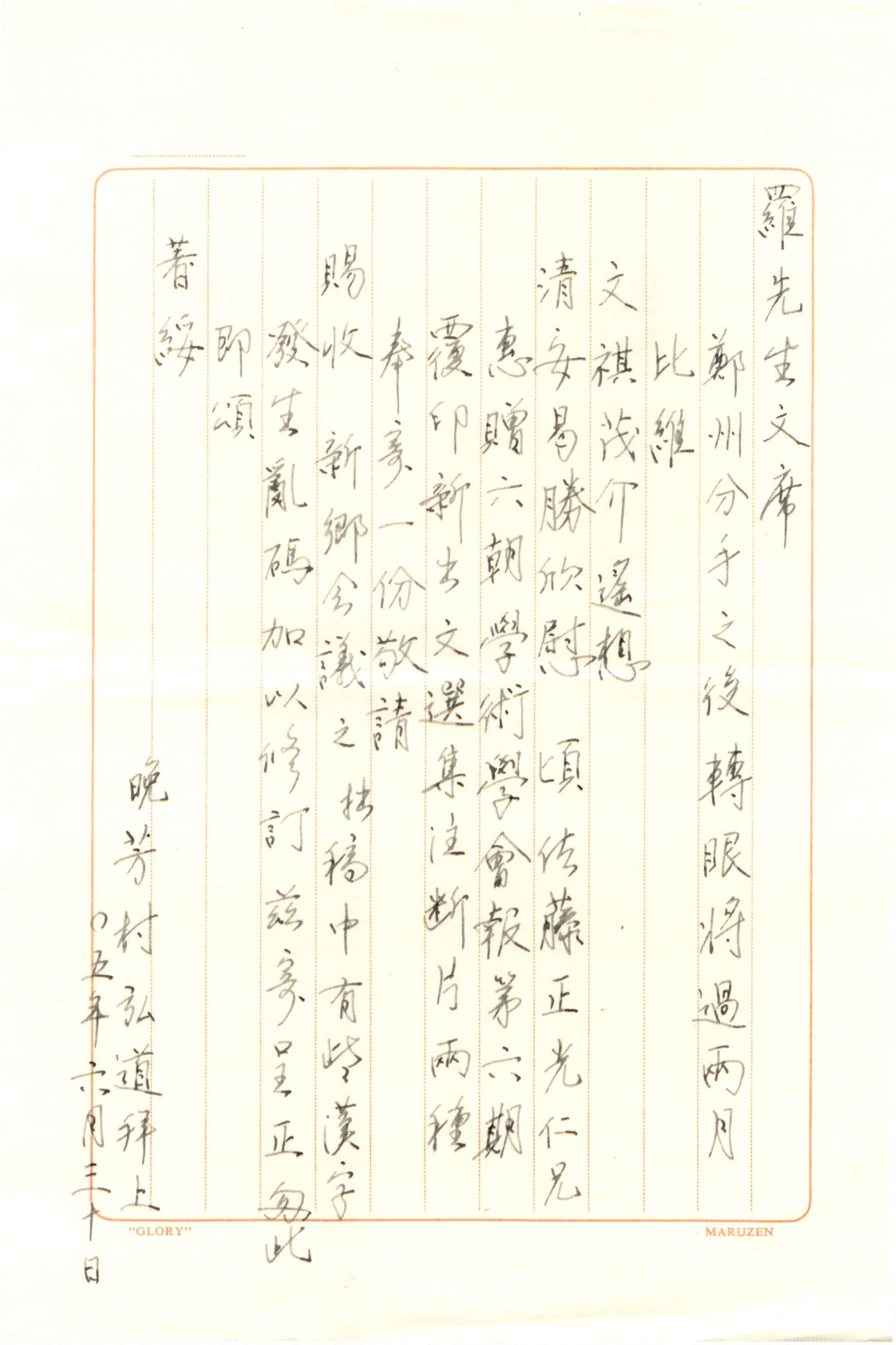

羅先生文席

鄭州分手之後轉眼將過兩月

比維

文祺茂介遥想

清安曷勝欣慰 頃 佐藤正光仁兄

惠贈六朝學術學會報第六期

覆印新出文選集注斷片兩種

奉寄一份敬請

賜收 新鄉會議之拙稿中有些漢字

發生亂碼加以修訂茲寄呈正匆此

即頌

著綏

晚 芳村弘道拜上

〇五年六月三十日

即頌
研安

芳村弘道拜上
二〇〇五年八月十日

"LEOPARD" MARUZEN

羅先生文席

七月十一日々覆示已捧讀 敬悉

高足撰述孝釋趙志集之宏文甚感

興趣趙志集爲敝國佚存珍籍

往年先師中田勇次郎先生占先

考釋最近大阪市立大學齋藤茂

先生等又詳細研究

高足鴻篇想必精審在日本發表一定

有意義伏祈發表于敝會學林以

光篇幅但目前未接

高足電子郵件 四十二期現在進行

編輯擬十月份出版敬請

轉告盡早寄送 寒舍郵箱地址如下

fangcun@lily.sannet.ne.jp

(大学) hyt20026@lt.ritsumei.ac.jp

"LEOPARD" MARUZEN

復旦大學

地址：上海市邯郸路220号　邮编：200433　电话：65642222(查询)　网址：//www.fudan.sh.cn

頃撰朝鮮本孤本《選詩演義》與撰者曾原一之一文，不久奉呈

賜教。專此，肅覆，並頌

春安

晚　芳村弘道拜上

二〇〇八.四.十八

FUDAN UNIVERSITY 1905

复旦大学

地址：上海市邯郸路220号　邮编：200433　电话：65642222(查询)　网址：//www.fudan.sh.cn

羅國威教授大鑒

昨月已拜領惠札欣悉

鴻著發刊而裁覆遷延至今

尤為歉仄務祈

原諒　晚昨年底到复旦已

過三周但未習慣中国生活

住宿地址如左

上海市楊浦区国福路三〇弄

一号复旦大学南苑专家楼

三〇五号室

電話号碼　六五六四二九一一

電子郵件地址不變　fangcun@lily.sannet.ne

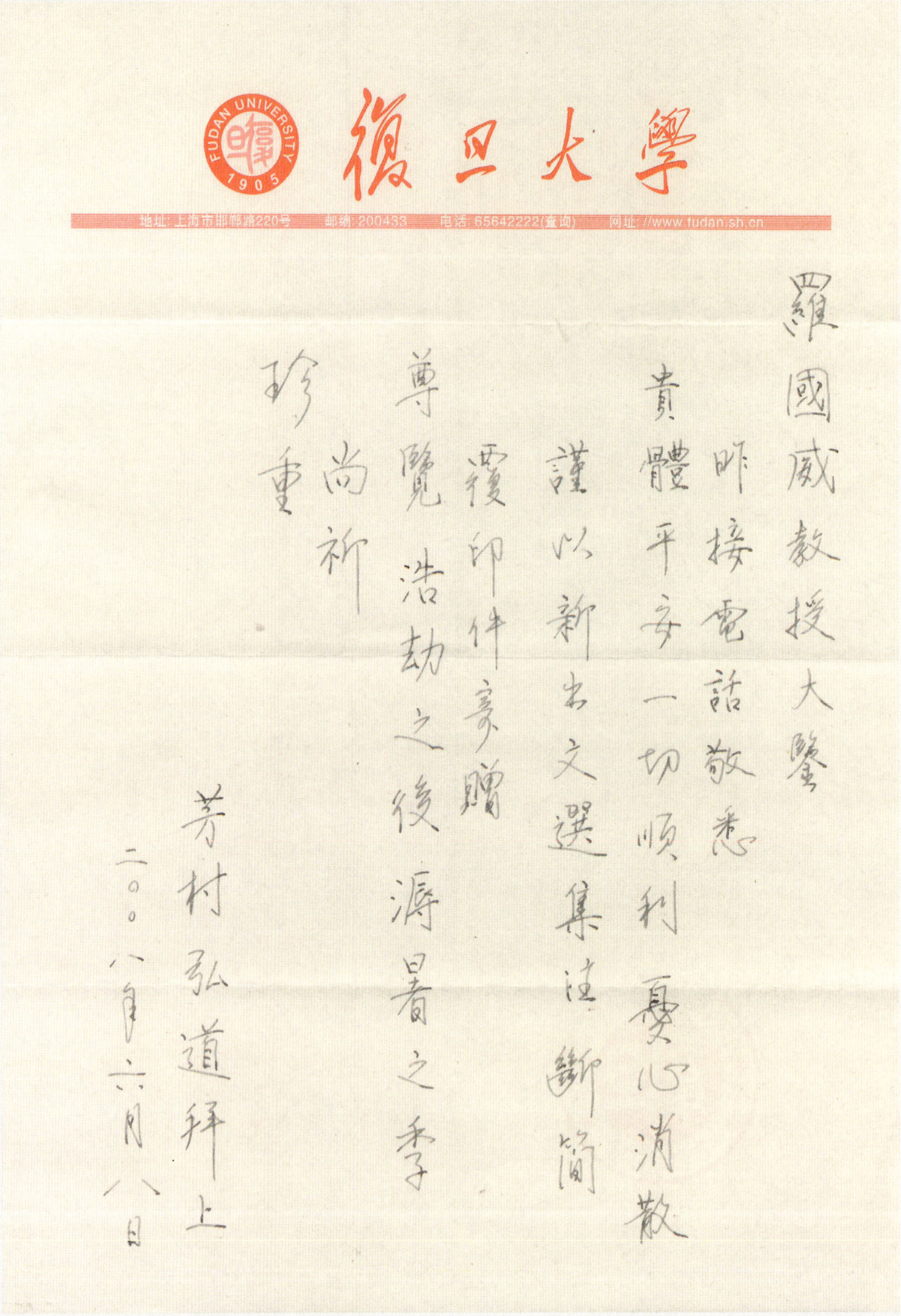

羅國威教授大鑒

昨接電話敬悉

貴體平安一切順利憂心消散

謹以新出文選集注斷簡

覆印件奉贈

尊覽浩劫之後溽暑之季

尚祈

珍重

芳村弘道拜上

二〇〇八年六月八日

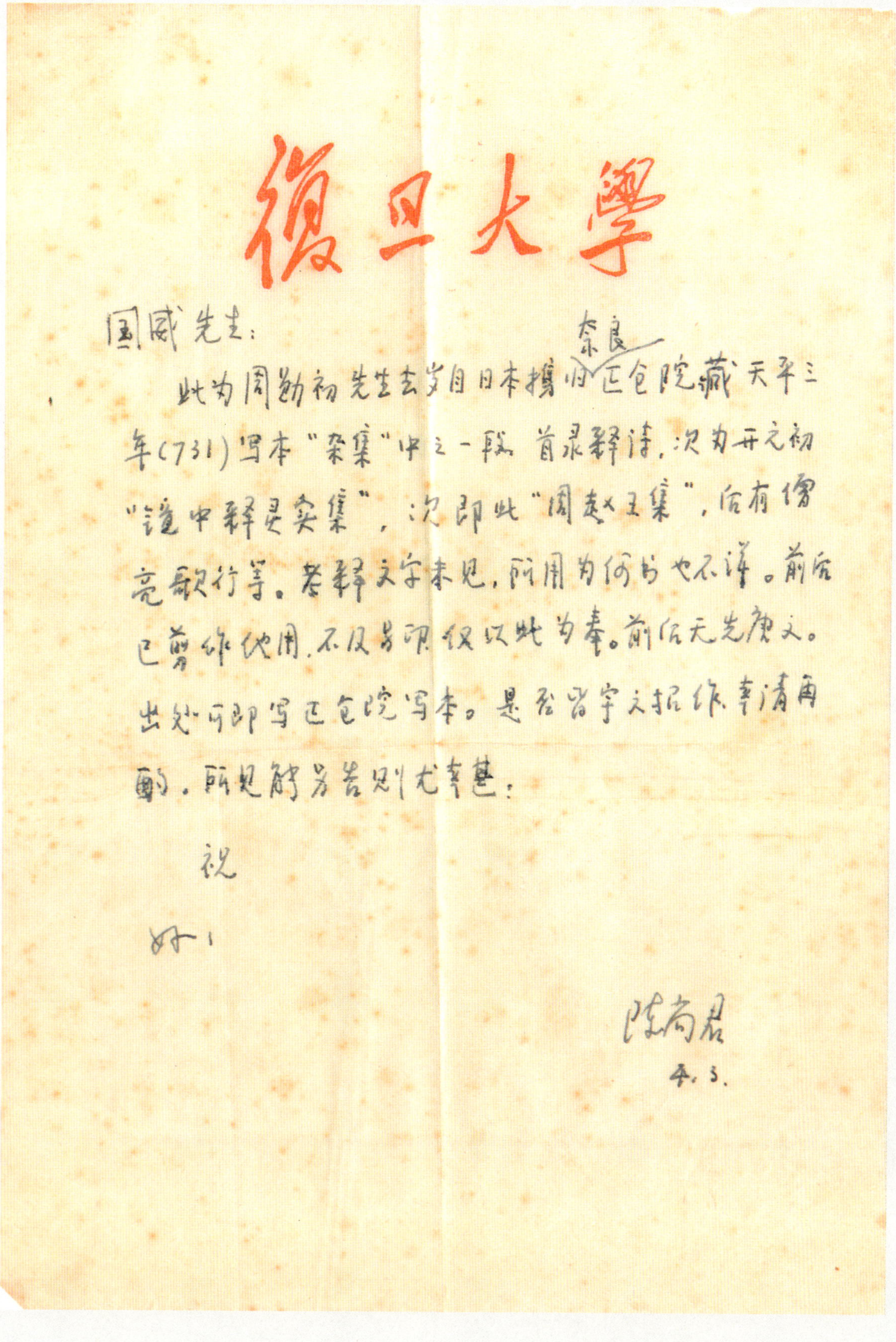

復旦大學

国威先生：

此为周勋初先生去岁自日本携回奈良正仓院藏天平三年(731)写本"杂集"中之一段，首录释诗，次为开元初"镜中释灵实集"，次即此"周赵王集"，后有僧亮歌行等。卷释文字未见，所用为何书也不详。前后已剪作他用，不及另印，仅以此为奉。前信无先唐文。出处可即写正仓院写本。是否当字之据作，幸请再酌。所见解另告则尤幸甚！

祝

好！

陈尚君

4.5.

國威先生惠鑒：

十月底大札奉悉有日，前未能復接獲厚貺

大作二冊，何勝歡忭？

在下習作能盡屬單篇論文，待日後集結成

書，定當郵呈以期斧政。耑此。順頌

研祺

朱曉海謹上

十二月廿八日

電話：（〇三五）七一三六七七
傳真機：（〇三五）七二五九七三

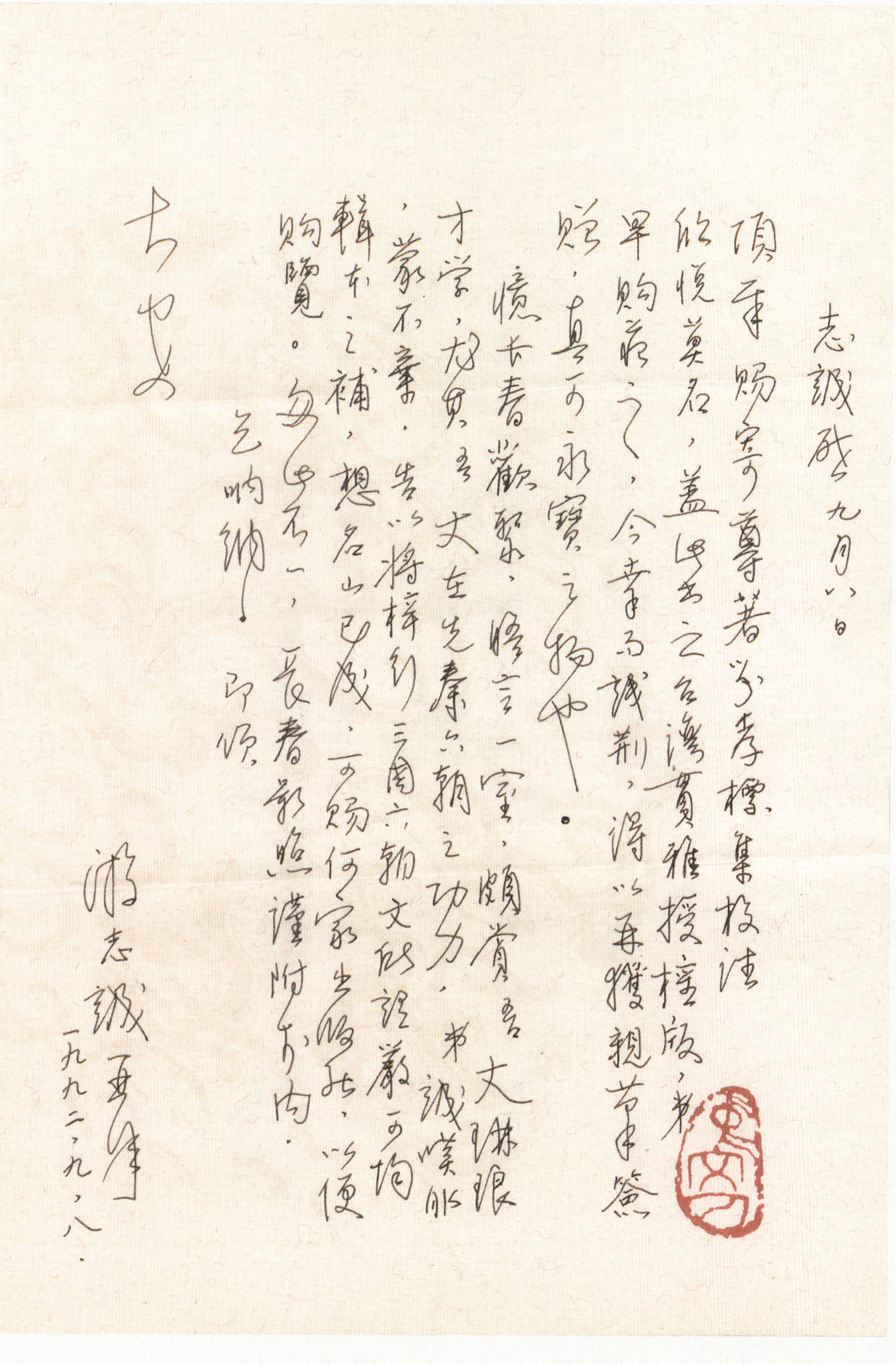

志誠我兄：九月八日

頃奉賜寄尊著《劉孝標集校注》，欣悅莫名，蓋此書之台灣貫雅授權版，弟早購藏之，今幸承識荊，得以再獲親筆簽贈，真可永寶之物也。

憶長春歡聚，暢言一室，頗賞吾兄琳琅才學，尤見吾兄在先秦六朝之功力，弟誠嘆服，蒙不棄，告以將梓行三國六朝文訂證嚴可均輯本之補，想名山已成，可賜何家出版社，以便購覽。匆此不一，長春彩照謹附函內，乞哂納。

即頌

大安

游志誠再拜

一九九二、九、八

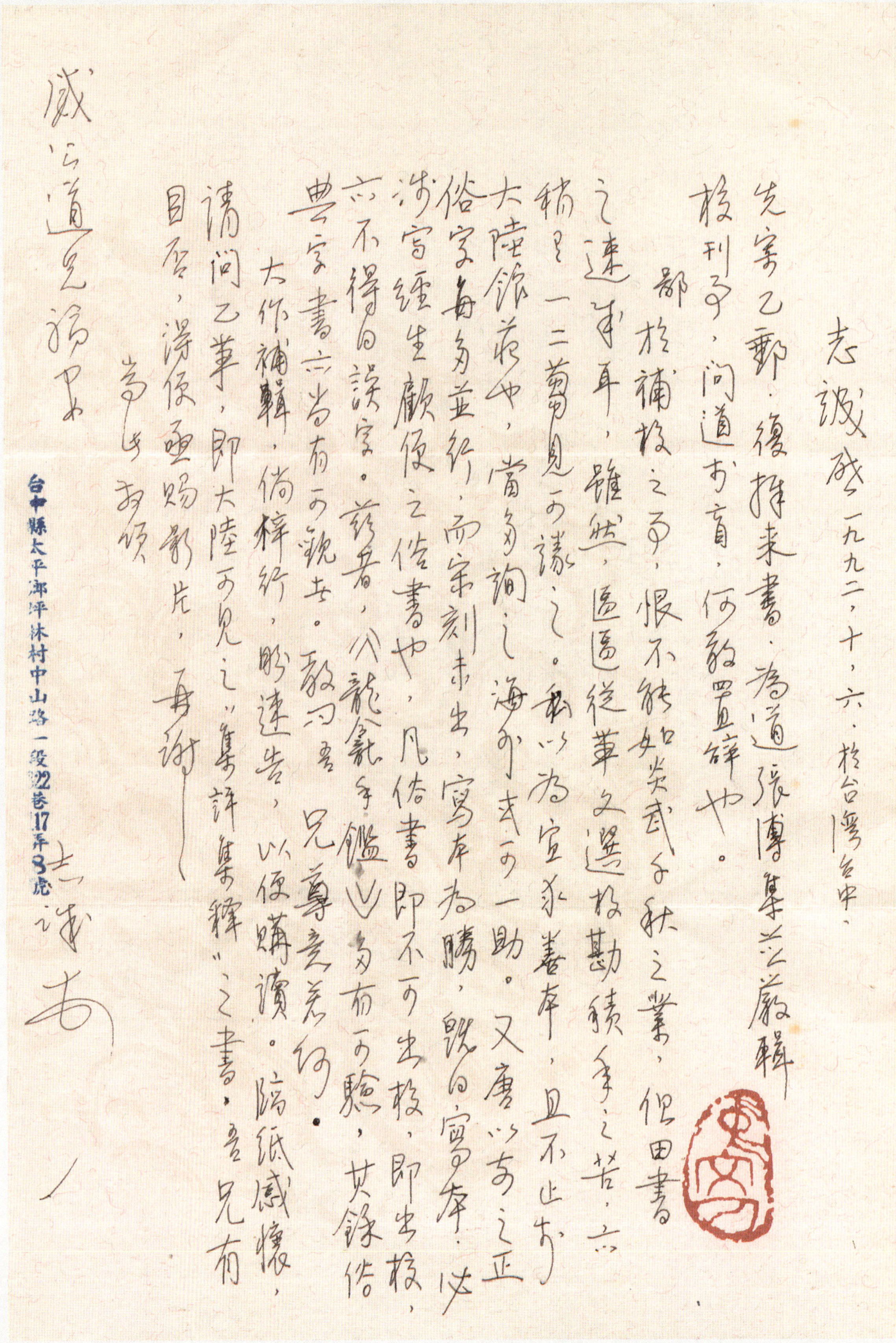

志誠函 一九九二，十，六，於台灣台中。

先寄乙部，復接來書，為道張溥集並嚴輯校刊事，問道於盲，何敢置辭也。鄙於補校之事，恨不能如炎武千秋之業，但用書之速成耳。雖然，區區從事文選校勘積年之苦，亦稍見一二芻見可議之處。私以為宜求善本，且不止於大陸館藏也，當多詢之海外，或可一助。又唐以前之正俗字每多並行，而宋刻未出，寫本為勝，既自寫本，必涉當經生顧便之俗書也，凡俗書即不可出校，即出校，亦不得目誤字。諸君以《龍龕手鑑》多有可驗，其錄俗異字書亦當有可觀者。敢問吾兄尊意若何。

請問乙事，即大陸可見之《集評集釋》之書，吾兄有大作補輯，備梓行，盼速告，以便購讀。臨紙感懷，目昏，渴便函賜影片，再謝！

盛公道兄撰安

弟 敬頌

志誠 上

台中縣太平鄉坪林村中山路一段22巷17弄8號

志誠啟 一九九三、四、三、

捧讀大札，拜悉，又再辱賜示，誠惶誠恐。
承詢及陳八郎本已畢事，謹奉陳如下，今以鄭
州大學已設文選研究中心，俞主任及許逸民兄力成其事，
經曹道衡及沈玉成鼎見，囑將陳八郎本置於
鄭大，以為公物，凡大陸崇賢諸君子有須參閱者
悉可借。其意甚美，乃與岡村繁子同各持明州本及
陳八郎本為贈，以為鄭大提倡選學之賀。以是誠
謹將陳八郎本原書置鄭大，吾公得便即往參之。
影印亦同。否則，自臺灣影全書郵寄，書重量大
恐非易事。未審吾公意見如何？
曩昔嘗聞先生已校嚴輯全文，未審出書否？誠近
閱任昉本集，疑處不少，以贛州本校之，所得又前人未知者。
此書若校成，真學界偉功。匆匆不一，順頌
大安

志誠 拜

志誠啓一九九三、七、十四

手尊示七月五日大札敬悉

承數度催詢陳八郎本子皆莫以

歉愧甚甚 誠七月下旬有中

州之旅將親持先生書往會 紹公

是以今尚未寄出也

書丈近来校書甚勤 敬問 嚴

輯之校成書否又何處可購

肅此不一 敬頌

大安

志誠 上

志誠弟 九三、十、十六、

八月豫中之旅頗瞻中原之勝旋往
三秦攬勝過秦嶺入漢中遙想
先生深入劍門之內惟以時日不許未
及晤面一嘆 迨九月返台乃見 先生
大札再詢陳八郎本 歡甚
是本已親持往贈鄭大古籍所 先生
可乘便往觀了 不一
嘗見大陸各單位封閉圖書善本據
以私藏之習甚鉅 僕聞之 李之亮兄

詔去來嘗訪之湯炳正公詢之
文選事又叩之屈守元公皆不得
遂不免長嘆 僕亦嘗訪書於清華
亦遭拒於門外 憶學術公器恐亦清
言之 若是凡門閥學派之爭固
亦有之 幸而台灣已力革此弊 舉
公器於本凡有目可尋者凡人皆得而
即可借之 今人目耕之福遂無於
古人矣 餘不一 即頌
羅教授道安

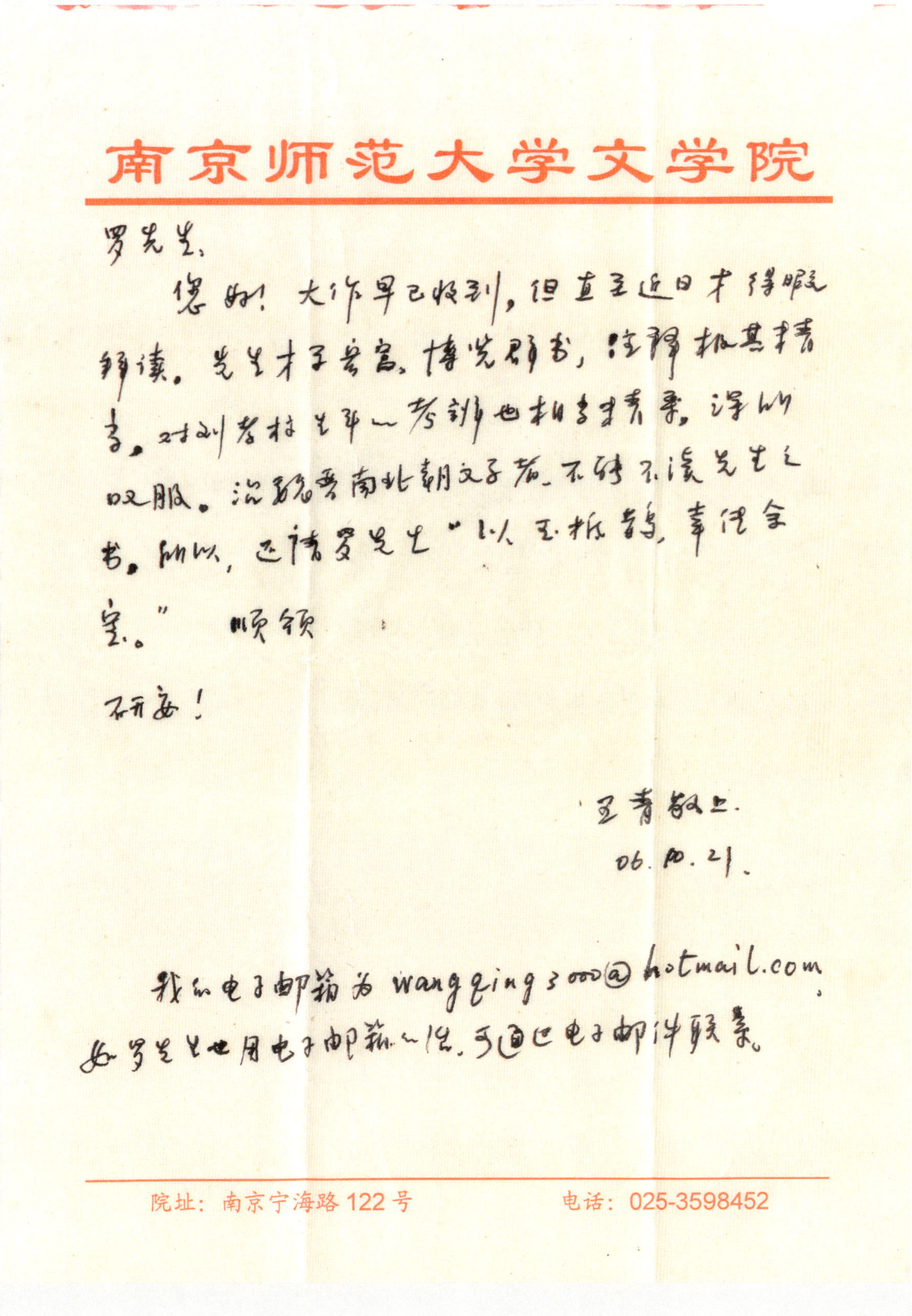

南京师范大学文学院

罗先生：

您好！大作早已收到，但直至近日才得暇拜读。先生才学宏富，博览群书，注释极其精审，对刘孝标生平之考辨也相当精采，深以叹服。治魏晋南北朝文学者，不能不读先生之书。所以，还请罗先生"以玉振铎，幸使全室。"顺颂

研安！

王青敬上.

06.10.21.

我的电子邮箱为 wangqing3000@hotmail.com.

如罗先生也用电子邮箱之话，可通过电子邮件联系。

院址：南京宁海路 122 号　　电话：025-3598452

南京师范大学文学院

罗先生尊鉴：

顷获大作，匆匆拜读一过，不胜钦敬。先生对海内外所藏《文选》诸珍稀版本之掌握与整理，国内学者无出其右。考订之精审详核，为我辈之楷模。所制作之南北朝诸家年谱，此前未有如此详实者，为治文史者所必备。今蒙先生赠阅，如获珍宝。

惟《〈冤魂志〉提要补疑》一文，窃以为《提要》提及彭生、申生、伯有、浑良夫诸事，意在说明冤报故事早见于正史所载，以中土传统的冤魂厉鬼之说来解释，胜于释氏天堂地狱等虚幻之言。未必即意味原本《冤魂志》即有此上述记载。不知罗先生以为然否？

敬叩

撰祺！

王青顿首

2010.10.5.

院址：南京宁海路122号　　电话：025-83598452